세계여성 복지정책의 비교연구

홍세영

박문사

세계여성
복지정책의
비교연구

머리말

오늘날 여성의 활발한 사회활동은 사회의 전반적인 구조를 바꾸고 있다. 가족, 종교 활동, 친목 모임 등 사적인 공간에만 머물러 있었던 여성들은 점점 경제 · 정치 · 문화의 영역으로 진출하면서 자신들의 문화와 담론을 만들어 가고 있다. 많은 페미니스트들은 여성의 존재가 타자이고 수동성, 모성, 가치 절하 등에 제한적인 이미지에 대해서 비판하였다. 그러나 오늘날 여성의 모습은 변해가고 있다. 점점 공적 영역의 주체가 되고 있으며, 기존의 남성 영역이었던 금단의 지역을 허물기 시작하였다. 점점 더 여성들의 교육수준은 높아지고 있으며, 탈산업화의 특징은 여성 인력을 필요로 하고 있으며, 다양한 분야에서 여성은 자신들의 목소리를 정치적으로 높이고 있다. 이러한 현상은 더욱더 국가의 복지 정책이 여성에게 초점을 맞추도록 하고 있다. 특히 여성의 활발한 사회활동은 저출산, 고령화, 핵가족 붕괴 등 또다른 사회적 문제를 만들어 내고 있다. 이러한 현상은 산업화를 경험한 국가들 사이에 보편화 되고 있으며, 이들에 대한 가족정책이 발전하지 못한 국가일수록 심각한 것으로 제시되고 있다. 더욱이 이러한 현상은 한국에서 심각하다. 한국의 고령화 속도는 다른 국가들보다 빠르게 진행되고 있으며, 2000년대 이후 저출산율은 세계에서 최하위 수준으로 극복하지 못하고 있다.

이 책은 이러한 흐름에 맞추어서 탄생했다. 가족정책의 미비한 상황에

서 현재 한국 사회가 경험하고 있는 인구학적 문제와 가족문제를 극복할
수 없다. 더욱이 복지정책을 만드는 주요 주체 세력이 수동적이라면 적절
한 복지 정책을 만들 수 없다. 여성의 경제적 세력화와 정치적 세력화는
복지국가를 구성할 수 있는 주요 권력자원이다. 한국에서 여성의 사회적
지위가 높아졌다고 하지만, 복지정책을 살펴보면 여성들을 위한 복지정
책이 미미한 점은 아직도 가야할 길이 멀다는 것을 보여주고 있다. 이에
좀 더 국가별 비교연구를 통해 한국의 여성의 지위와 가족정책의 발달을
객관적으로 규명해볼 필요가 있다.

　본 책은 Korpi를 중심으로한 권력자원론과 Esping Andersen의 탈상
품화 및 제도주의 관점에 입각하여 여성의 권력자원을 논의했으며, 여성
의 경제적 세력화와 정치적 세력화라는 두 주요 변수를 기준으로 유형화
하여 복지국가의 성격을 규명하였다. 결론부터 말하자면 여성의 권력자
원은 양성평등을 구현할 수 있는 핵심 변수이다. 이 두 변수는 오늘날
유사한 사회문제에 대해서 국가별로 다르게 대응하게 만들고 있다. 본
책을 통해서 앞으로 한국 사회가 어떤 유형으로 복지국가를 건설해야 하
며, 여성의 역할이 무엇인지 성찰하기를 바란다.

　본 책이 나올 수 있게끔 적극적으로 지원해주신 부모님, 편집과 내용
을 도와준 류우영, 김윤미, 그리고 바쁜 일정에도 불구하고 본서의 출판
을 맡아주신 박문사 직원 여러분께 깊은 감사를 표한다.

2010년 10월 31일

홍 세 영

목차

◆ 머리말 … 03

 서 문 … 11

제1장 서론 ··15

제2장 이론 검토 ···23

제1절 여성의 경제적 세력화와 정치적 세력화   25

　　1. 여성의 사회적 지위와 복지국가 발전 관련성   25
　　2. 여성의 경제적 세력화   32
　　3. 여성의 정치적 세력화   37
　　4. 여성의 경제적 세력화와 여성의 정치적 세력화에 의한 유형화   42

제2절 가족정책의 성격   46

　　1. 가족정책의 발달과정과 가족정책의 성격   46
　　2. 가족정책의 탈상품화적 성격   50
　　3. 가족정책의 탈젠더화적 성격   58

제3절 여성의 사회적 지위와 가족정책   65

　　1. 여성의 지위와 가족정책의 탈상품화적 성격   65
　　2. 여성의 지위와 가족정책의 탈젠더화적 성격의 관계   68

제4절 분석과제   73

제5절 분석모형   74

제3장 **유형화** ···75
    1. 여성의 경제적 세력화   77
    2. 여성의 정치적 세력화 정도   83
    3. 여성의 경제적 세력화와 정치적 세력화에 따른 군집화   89

제4장 **국가별 가족정책 발달 과정과 종류** ·······················103
제1절 여성의 탈상품화 성격의 가족정책   105
    1. 여성의 탈상품화 발달과정   108
    2. 여성의 탈상품화 성격의 가족정책 종류   140

제2절 가족 내 탈젠더화 성격의 가족정책   173
    1. 가족 내 탈젠더화 가족정책 발달과정   173
    2. 가족 내 탈젠더화 성격의 가족정책 종류   209

제5장 **결론** ··271

◆ 참고문헌 ··278

표목차

〈표 1〉 유형별 여성의 경제적 세력화와 여성의 세력화 정도 ·····················45
〈표 2〉 Wick(1991)의 Beverage 보고서 가정들을 정리한 내용 ·····················47
〈표 3〉 가족정책 성격 ·····················55
〈표 4〉 여성의 탈상품화적 가족정책과 가족 내 탈젠더화적 가족정책의 특징 ····64
〈표 5〉 OECD 30개 회원국 여성의 경제적 세력화현황 ·····························77
〈표 6〉 여성의 정치적 세력화 현황 ·····························83
〈표 7〉 여성의 경제적 세력화와 정치적 세력화에 따른 초기 군집 ··············89
〈표 8〉 여성의 경제적 세력화와 정치적 세력화에 따른 반복 계산 ···············90
〈표 9〉 여성의 경제적 세력화와 정치적 세력화에 따른 소속군집 ···············90
〈표 10〉 최종 군집중심과 최종 군집중심간 거리 ·····························92
〈표 11〉 최종 군집중심간 거리 ·····························92
〈표 12〉 여성의 경제적 세력화와 정치적 세력화 분산분석 ·····················93
〈표 13〉 여성의 경제적 세력화와 정치적 세력화에 따른 각 군집 케이스 수 ··93
〈표 14〉 여성의 경제적 세력화와 정치적 세력화에 따른 유형 국가 분류 ··94
〈표 15〉 여성의 경제적 세력화와 정치적 세력화에 따른 국가별 군집 유형 ···95
〈표 16〉 여성의 경제적 세력화와 정치적 세력화에 따른 유형 국가 ·············96
〈표 17〉 급여와 내용 ·····························142
〈표 18〉 아동수당 급여액 ·····························144
〈표 19〉 독일의 산전 산후 휴가 급여체계 ·····························150
〈표 20〉 급여체계 ·····························159
〈표 21〉 여성 연금 크레딧 급여 ·····························164
〈표 22〉 국가별 여성의 탈상품화 정책 ·····························165
〈표 23〉 사례 유형국가별 출산 정책 내용 ·····························167
〈표 24〉 사례국가별 아동수당 현황 ·····························169
〈표 25〉 사례국가별 아동양육수당 ·····························170
〈표 26〉 사례국가별 여성 연금 크레딧 ·····························171
〈표 27〉 스웨덴 양성평등 제도 ·····························176
〈표 28〉 양성평등정책을 위한 5개년(1988~1993) 행동계획 ·····················178

〈표 29〉 1992년 스웨덴 양성평등정책 목표 ·····························179
〈표 30〉 무자녀 고학력 여성비율 ·····································182
〈표 31〉 건강 가족 사업 프로그램 주요 내용 ·····················199
〈표 32〉 17대 국회 여성 및 가족 관련 법인 발의안 ···············201
〈표 33〉 2008년도 가족정책 기본 방향 ·····························202
〈표 34〉 부모 휴가 급여 ···211
〈표 35〉 스웨덴 보육시설과 내용 ····································214
〈표 36〉 육아 휴직 급여 대상자 ·····································218
〈표 37〉 해고로부터 보호받을 수 있는 조건 ·······················220
〈표 38〉 년도별 연령에 따른 보육시설 등록 현황 ···················222
〈표 39〉 독일의 보육서비스 종류 및 내용 ··························224
〈표 40〉 가족의료휴가 수급대상 ····································226
〈표 41〉 헤드 스타트 적용 대상자 ··································231
〈표 42〉 조기헤드스타트 급여내용 ··································232
〈표 43〉 미국의 보육 급여 종류 및 내용 ····························237
〈표 44〉 자격조건 ···239
〈표 45〉 급여체계 ···240
〈표 46〉 사회보장법 401항에 언급된 TANF의 목적 ···············243
〈표 47〉 TANF 대상 및 근로조건 ···································243
〈표 48〉 빈곤율 ··244
〈표 49〉 자격조건 ···247
〈표 50〉 보육서비스 급여 대상 ·····································252
〈표 51〉 보육서비스 지원대상 및 지원 금액 ·······················253
〈표 52〉 아이 돌보미 대상 및 급여 ·································255
〈표 53〉 국가별가족 내 탈젠더화 정책 ·····························257
〈표 54〉 부모휴가제도 사례국가별 내용 ····························260
〈표 55〉 보육서비스 사례국가별 내용 ·······························263
〈표 56〉 3세 이하 돌봄시설 등록현황, 2007 ·······················264
〈표 57〉 평균 임금 67% 전일제 소득 중 한명의 부모 소득의 자녀 순 비용 ···265
〈표 58〉 국가별 가사 노동 분담 현황 ·······························267
〈표 59〉 성별에 따른 학령전 아동 돌봄 현황 ·······················268

그림목차

〈그림 1〉 여성의 경제적 세력화와 정치적 세력화에 따른 유형화 ·············42

〈그림 2〉 분석모형 ···74

〈그림 3〉 OECD 회원국 여성관리직 현황 ····································79

〈그림 4〉 OECD 회원국 여성전문직 현황 ····································80

〈그림 5〉 OECD 회원국 남성대비여성소득 현황 ·························80

〈그림 6〉 OECD 회원국 여성고용율 현황 ···································81

〈그림 7〉 여성의 경제적 세력화 ··82

〈그림 8〉 OECD 회원국 여성국회의원 현황 ·······························85

〈그림 9〉 OECD 회원국 여성장관직 현황 ···································85

〈그림 10〉 여성의 정치적 세력화에 따른 소속 군집 ·····················86

〈그림 11〉 OECD 회원국 노동조합 현황 ·····································87

〈그림 12〉 여성의 정치적 세력화에 따른 군집국가 분류 ···············88

〈그림 13〉 여성의 경제적 세력화와 정치적 세력화에 따른 분류 ·······101

〈그림 14〉 여성의 경제적 세력화와 정치적 세력화에 다른 사례 유형 국가 ···107

〈그림 15〉 CTC 전달체계 ··160

〈그림 16〉 EITC전달체계 ···248

세계여성
복지정책의
비교연구

서문

본 연구는 젠더적 관점에서 국가별 복지국가의 발달과정과 성격을 분석하였다. 연구문제는 다음과 같다. 첫째, 여성의 경제적 세력화와 정치적 세력화 기준에 따라 복지국가들이 어떻게 분류되는가? 둘째, 여성의 경제적 세력화와 정치적 세력화가 가족정책의 형성과정에 어떻게 영향을 미치는가? 셋째, 여성의 경제적 세력화와 정치적 세력화 기준에 의해 유형화되는 가족정책의 성격은 어떠한가?

연구 방법은 군집분석과 내용분석이었다. 군집분석은 여성의 경제적 세력화와 여성의 정치적 세력화를 기준으로 하여 OECD 나라를 유형화하기 위해 사용되었다. 내용분석은 확인된 유형별로 사례국가를 하나씩 택하여 가족정책의 여성의 탈상품화 정책과 탈젠더화 정책의 형성과정과 성격을 심층적으로 비교하기 위해 사용되었다.

분석결과는 연구 문제 순서대로 분석되었고 결과는 다음과 같다. 첫째, 여성의 경제적 세력화와 정치적 세력화 기준에 따라 복지국가들이 어떻게 분류되는가? OECD 나라 들 중에서 여성의 경제적 세력화와 정치적 세력화 정도가 상대적으로 모두 높은 국가는 덴마크, 핀란드, 아이슬란드, 노르웨이, 스웨덴이다. 다음으로 여성의 경제적 세력화는 낮지만 여성의 정치적 세력화 정도가 높은 국가는 오스트리아, 벨기에, 체코, 독일, 그리스, 아일랜드, 멕시코, 포르투갈, 스페인, 영국이다. 그리고 여성의 경제적 세력화는 높지만 여성의 정치적 세력화가 낮은 국가는 호주, 캐나다, 헝가리, 뉴질랜드, 폴란드, 슬로바키아, 스위스, 미국이다. 마지막으로 여성의 경제적 세력화와 여성의 정치적 세력화 모두 낮은 국가는 이태리, 일본, 네덜란드, 터키, 한국이다.

둘째, 여성의 경제적 세력화와 정치적 세력화가 가족정책의 형성과정에 어떻게 영향을 미치는가? 본 분석에 따르면 여성의 경제적 세력화와 여성의 정치적 세력화 정도에 따라 유형별 복지국가 발전 양상과 성격은 달랐다. 여성의 경제적 세력화와 여성의 정치적 세력화가 높을수록 가족정책은 여성의 탈상품화적 성격과 가족 내 탈젠더화적 성격을 강화시켜 주는 방향으로 가족정책이 설계되었다. 여성의 경제적 세력화가 낮지만, 여성의 정치적 세력화가 높은 경우 가족정책은 가족 내 탈젠더화 가족정책 보다는 여성의 탈상품화적 가족정책이 발전하였다. 여성의 경제적 세력화는 높지만 여성의 정치적 세력화가 낮은 경우, 여성의 욕구를 반영한 가족정책 발전은 미비한 편이었다. 여성의 경제적 세력화와 정치적 세력화가 낮을 경우 여성 스스로 자신들의 경제적·사회적가 지위가 낮은 것을 자연스러운 현상으로 인식하는 경향이 강해, 가족정책에 대한 욕구가 상당히 낮았다. 결국, 국가는 복지국가 설계시 여성의 노동권, 모성권, 남성의 부성권 등을 무시고 복지의 책임을 가족구성원 중 여성에게 전담하는 경향이 강한 것으로 발견되었다.

셋째, 여성의 경제적 세력화와 정치적 세력화 기준에 의해 유형화되는 가족정책의 성격은 어떠한가? 제 1유형인 스웨덴은 여성의 탈상품화와 가족 내 탈젠더화 수준이 높았다. 종류, 내용, 수준 측면에서 다른 국가들에 비해 높았다. 특히 가족 내 탈젠더화 수준은 다른 유형 국가들 중에서 가장 높았다. 제 2유형 사례국가인 독일은 여성의 탈상품화 정도를 높은 편이었지만, 가족 내 탈젠더화 정책은 탈상품화 정책보다 발전하지 못했다. 그러나 가족 내 탈젠더화 성격은 제 3유형의 나라와 제 4유형의 나라보다 높았다. 제 3유형인 미국은 여성을 탈가족화 또는 상품화 시킨다는 면에서 여성의 탈상품화보다는 가족 내 탈젠더화에 가깝다고 볼 수 있으나, 유급 부모휴가의 부재, 저소득 중심의 보육서비스 제공과 같이 그 발전이 미미하였다. 제 4유형인 한국은 명목상으로는 여성의 탈상품화 정책과 가족 내 탈젠더화 정책이 존재했지만 효과성 면에서 다른 유형 사례국가 중에서 가장 낮았다.

넷째, 본 분석을 통해서 결론을 내리자면 다음과 같다.

양성평등적 복지국가를 건설하기 위해서는 여성의 경제적 세력화와 정치적 세력화 둘 다 높아져야 한다. 여성들의 경제적 세력화가 높아지면 아동의 양육 등과 같은 필수적인 돌봄노동을 노동시장에 얽매이지 않고 할 수 있는 욕망이 커진다. 이에 따라 여성의 탈상품화 요구가 증가한다. 그런데 이런 여성의 노동시장에 대한 요구를 실현시켜주는 가족정책은 여성의 정치적 세력이 강할 때만 형성될 수 있다.

한편 여성들의 경제적 세력화가 높아지면 다른 한편에서는 노동시장에 참여하려는 욕망도 커짐에 따라 가사노동으로부터 해방되려는 요구가 커진다. 이에 따라, 여성들은 가사노동의 탈가족화(상품화, 사회화)와 함께 가사노동의 남녀 분담(가족 내 탈젠화)을 요구하게 된다. 그런데 이런 가족 내 탈젠더화를 지원해주는 가족정책은 여성의 정치적 세력화가 진전되어야 만이 형성될 수 있다.

다음으로 본 분석은 앞으로 한국의 복지국가 발전에 방향성을 제시할 수 있다고 본다. 본 분석을 통해 한국은 다른 국가들에 비해 젠더적 관점에서 복지국가가 가장 낙후되어 있다는 것을 알 수 있었다. 그 주된 원인이 한국 여성의 경제적 세력화와 정치적 세력화가 낮기 때문인 것으로 볼 수 있다. 앞으로 이런 상태가 계속된다면 한국의 복지국가 설계 시

여성은 현재와 같이 수동적 입장에 있을 가능성이 크다. 따라서 좀 더 적극적으로 여성의 욕구를 반영할 복지국가를 구현하기 위해선 여성의 경제적 세력화와 정치적 세력화를 키워야 한다. 그렇지 않으면 변화하는 사회 속에서 가족 내 여성은 주요 복지의 책임자로 남아있을 확률이 크다. 또한 급속히 변화하는 한국사회에서, 저출산, 고령화, 근로 빈곤층 양상 등과 같은 신사회 문제에 가장 큰 피해자가 될 가능성이 크다.

본 연구의 한계점은 다음과 같다.

첫째, 자료의 제한성이다. 이는 비교논문의 일반적인 한계성으로 각 국가마다 언어와 문화가 다르기 때문에 유사한 자료라도 연구자의 해석에 따라 다른 결과를 도출할 수 있다는 점이다. 둘째, 일반화이다. 본 연구는 OECD 국가를 중심으로 유형화한 후 각 군집에서 한 국가를 선택하여 내용분석을 하였다. 유형별로 한 국가를 통해 각 국가군의 특징을 일반화하는 데에 무리가 있다고 본다. 셋째, 개념의 불명확성이다. 우선 본 연구는 여성의 탈상품화와 가족 내 탈젠더화를 구분하여 가족정책을 분석하였다. 이 두 개념은 서로 중복되는 부분이 있고 완전히 배타적이지 못했다. 그러나 이론적 논의를 통해 여성 탈상품화와 가족 내 탈젠더화적 성격의 가족정책을 규명하였고 정책의 종류들을 분류하였다. 마지막으로 본 연구는 내용분석으로 이루어졌기 때문에 가족정책과 가족 내 탈젠더화 정도의 영향, 상관성 등을 밝히지 못했다. 추후 엄격한 변수 선정을 통해서 가족 내 탈젠더화 지수가 만들어지고, 풍부한 실증적 연구가 뒷받침되어야 한다고 본다.

세계여성 복지정책의 비교연구

제1장

서론

세계여성
복지정책의
비교연구

세계여성 복지정책의 비교연구

제1장

서론

　최근 복지국가에 관한 논의에서 젠더에 대한 관심이 높아지고 있다. 산업화를 경험한 대부분의 국가는 사회보험, 사회복지서비스 등 다양한 복지정책 분야에서 젠더의 문제를 고려하기 시작하였다. 특히 1990년대 부터 많은 국가들은 부모휴가제, 보육 서비스, 아동보육 수당, 주부 연금 크레딧, 여성 개별연금 수급권 등 복지국가를 설계함에 있어 여성의 복지에 초점을 맞추고 있다. 이러한 현상은 그동안 공공부조의 주요 수혜자에 머물고 있던 여성이 사회보험의 주요 수급권자로 부상했음을 의미할 뿐만 아니라, 복지국가에 의존적이며 수동적인 입장에 있던 여성이 복지국가 제도를 변화시키는 주체적인 입장으로 변했다는 것을 의미한다.

　특히 여성의 경제적 세력화와 정치적 세력화는 복지국가의 재편에 있어 핵심 요인이다. 여성의 경제적 세력화 향상은 가족 내 여성의 의사결정권을 강화할 뿐 아니라, 그에 따라 여성들이 기존에 자신들의 역할로 고정되어 있던 돌봄과 육아, 가사노동에 대해 의문을 제기하는 배경으로 작용하기 시작하였다. 결국 이러한 현상은 가족 내 젠더관계의 양상을

변화시키고 있으며, 사회적으로는 저출산과 고령화라는 인구학적 위기와
이혼, 한부모 가족의 증가, 동거 가족의 증가 등 이른바 새로운 사회적
위험(new social risks)을 야기하고 있다(UNDP, 2008; Blossfeld and Drobnic,
2001; 류연규, 2005; 채구묵, 2005; Neyer, 2003). 이러한 새로운 사회적
위험들은 복지국가 태동 당시의 노령, 질병, 실업, 산업재해 등과 같은
일반적인 사회적 위험들과 질적으로 다른 성격을 지니고 있다. 새로운
사회적 위험들이 여성과 관련이 밀접하다면, 기존의 사회적 위험들은 남
성과 관련이 깊었다. 결국 이러한 현상은 기존의 사회보험이나 공공부조
로는 새로운 사회적 위험을 대응할 수 없다는 것을 의미한다. 새로운 사
회적 위험들은 가족정책이나 사회적 서비스의 확장을 요구했으며, 노동
정책과 가족정책의 결합을 통해 여성들의 노동시장 진출을 보장할 것을
요구하였다. 그러나 이러한 새로운 사회적 위험들보다 더 중요한 점은
여성의 경제적 세력화 향상에 의해 여성들이 주요 납세자로 등장하면서
복지국가 재정에 기여하고 있다는 점이다. 이러한 사실은 여성이 드디어
완전한 시민으로 성장하였음을 의미하며, 나아가서는 여성들도 사회권에
입각하여 복지급여를 받을 수 있게 되었을 뿐만 아니라 시장으로부터 자
유롭게 될 수 있다는 것을 의미한다.

　또한 1970년대 이후 여성운동은 정당·의회와 같은 정치적 제도권으
로 진출하여 정책형성 과정에서 직접적인 영향력을 행사하고 있다. 국가
페미니스트라고 불리는 일련의 여성운동가들은 제도권 밖에서 활동해온
기존의 여성운동으로는 젠더 평등을 달성하는 데 한계가 있다는 반성 속
에서 정부 부문으로 진출하기 시작하였다. 이들 여성운동가들의 적극적
인 노력을 통해 공직 할당제나 여성부와 같은 행정 부처가 설립됨으로써
여성 국회의원과 여성 관료들의 비중이 증가하기 시작하였다. 또한 이들
은 제도권 외부의 여성운동 세력과 연대를 모색하거나 여성 친화 정당과
노동조합의 후원을 이끌어냄으로써 강력한 정치적 지지 기반을 확충해가

고 있다. 이러한 노력을 통해 여성운동은 오늘날 사회정책이 형성되고 집행되는 과정 전반에 걸쳐 성인지적인 관점을 투입하고 있다. 오늘날 제도권 내에서 여성의 정치적 진출과 그에 따른 정치적 세력화의 정도야 말로 양성평등에 입각한 사회정책의 입안과 집행을 이끌어내는 데 있어 핵심적인 요인으로 평가받고 있다. 그렇기 때문에 많은 페미니스트들과 UN을 중심으로 한 많은 인권 관련 국제기구에서는 복지제도를 통해 양 성평등을 실현시킬 수 있다고 보고 제도화된 여성의 세력화를 강구하고 있다(Gilbert and Terrell, 2005; Lambert, 2008; Dalherup, 1986; Korpi, 2000; Hobson and Lindholm, 1999; 김형준 외, 2007 외 다수).

이런 현상과 맞물려 오늘날 복지국가 체제는 남성생계부양자(male breadwinner) 체제에서 이중소득자(dual breadwinner) 체제로 전환되 고 있다. 이중소득자 체제를 뒷받침하기 위해서 가족정책은 여성으로 하 여금 직장 생활과 가족생활을 양립할 수 있도록 해주는 가족친화 정책으 로 나아가고 있다. 그런데 가족친화 정책의 성격은 가족 중 누가 가사노 동을 책임지느냐에 따라 그 성격이 달라진다. 여성이 가족 내 가사노동과 돌봄노동을 책임지고 국가가 그것을 지원하는 성격으로 정책의 방향이 설계되는 경우가 있는가 하면, 다른 한편으로는 가족 내 여성과 남성이 가사노동과 돌봄노동을 동시에 책임지고 국가가 지원하는 방향으로 설계 되는 경우도 있다. 전자의 경우는 여성의 특수성을 인정하면서 여성의 모성권을 강조하는 정책으로 여성의 탈상품화를 지향하는 경우라고 할 수 있다. 이에 대해, 후자의 경우는 여성과 남성이 동등하다는 관점에서 가족 내 남성과 여성을 공히 생계부양자임과 동시에 돌봄 책임자로 전제 하면서 가족 내 남녀 역할의 탈젠더화를 목적으로 하고 있다. 오늘날 탈 산업화를 경험한 복지국가들이 공통적으로 지향하고 있는 직장-가족 양립정책들은 이 두 가지 접근 방법 중 어느 쪽에 초점을 맞추는가에 따 라 그 양태가 달라진다고 볼 수 있다.

그런데 이러한 정책적 접근의 방향은 다시 여성의 경제적 세력화와 여성의 정치적 세력화 정도에 따라 달라질 수 있다. 전술한 바와 같이, 여성의 경제적 세력화와 정치적 세력화는 복지국가 발달에 영향을 미치는 핵심 요인이며, 이 두 가지 요인의 양상에 따라 복지국가의 발달 경로가 달라지고, 가족정책과 관련해서도 여성의 탈상품화적 성격과 가족 내 탈젠더화적 성격이 달라질 수 있다. 그러나 여성의 경제적 세력화와 정치적 세력화가 정책형성 과정에 구체적으로 어떻게 영향을 미치는지, 여성의 탈상품화적 성격과 가족 내 탈젠더화적 성격은 또 어떻게 달라지는지 등에 대한 논의는 이루어지고 있지 않다.

물론 복지국가에 대한 젠더적 관점에서의 연구는 1980년대부터 풍부하게 이루어지고 있다. 1980년대 주류 페미니스트들의 연구들(Dahlerup, 1986; Pateman, 1988; McIntosh, 1981; Hernes, 1987; Borchost and Siim, 1987)은 주로 단일 국가에 대한 사례연구를 통해 복지국가의 은폐된 가부장적 관계를 밝혀내는 데 기여하였다. 이들의 논의는 여성의 재생산과 남성의 독립성, 마샬(T. H. Marshall)의 몰성적인 시민권 개념들을 사용하여 여성이 복지국가에서 남성과 국가에 의존하게 되는 과정과 방식을 드러내주었다. 1990년대 이후 젠더와 복지국가에 관한 연구들(Siaroff, 1994; Pfau-Effinger, 2004; Sainsbury, 1996, 1999; Orloff, 1993; Lewis, Jane, 1992; Hobson, 1994; Christopher, 2002; Crompton, 1999; Daly, 1994; Fraser, 1994; Olsen and O`Connor, 1998; Walby, 2001; HobsonandLindholm, 1997; Harding, 1996)은 젠더체제(gender regimes)의 개념을 도입함으로써 다양한 관점에서 국가, 시장, 가족의 세 차원에서 전개되는 젠더 관계의 역동성에 분석의 초점을 맞추었다. 젠더체제 관점의 유용함은 기존의 복지국가 연구들이 무시해온 젠더관계의 불평등 양상을 드러냄으로써 새로운 논의를 촉발시켰다는 데 있다. 특히 남성생계부양자 체제를 비판적으로 분석한 Lewis(1992)와 Sainsbury(1996,

1999) 등의 젠더체제 논의들은 오늘날까지 젠더를 분석하는 많은 연구들에서 기초적인 분석틀로 이용되고 있다. 국내에서도 2000년 이후 젠더적 관점에서 접근한 복지국가 연구들이 풍부하게 수행되고 있다(Ahnn, 1999; 서수경, 2002; 박미석 외, 2003; 김혜경, 2003 외 다수). 젠더적 관점에서 분석한 연구들은 이론적 탐색을 비롯하여 외국 정책의 소개라든가, 한국의 젠더적 가족정책에 관한 정책 분석, 혹은 국가별 유형론 등 그 주제들도 다양한 범위를 망라하고 있다.

그런데 이처럼 국내외에서 젠더체제를 중심으로 한 복지국가 연구들이 풍부하게 진행되고 있음에도 불구하고, 여성의 경제적 세력화와 정치적 세력화에 따른 복지국가의 발달 양상에 대한 논의는 아직 이루어지고 있지 않다. 대부분의 연구들은 유형화를 통한 횡단적 분석에 머물러 있거나, 단일 사례연구를 통해 복지국가의 발달을 설명하는 수준에 그치고 있다. 그러나 복지국가에 대한 좀더 심도 있는 연구를 위해서는 이 둘을 결합하여 복지국가의 발달을 맥락 속에서 이론화하는 작업이 필요한 것으로 여겨진다.

이에 여기서는 여성의 경제적 세력화와 정치적 세력화 정도에 따라 복지국가들의 성격이 어떻게 달라지는가를 묻는 문제의식에서 출발하고자 한다. 이러한 문제의식 하에 구체적으로 복지국가의 젠더관계에 핵심적인 영향을 미치는 가족정책에 초점을 맞추어 여성의 탈상품화적 성격과 가족 내 탈젠더화적 성격을 기준으로 복지국가들의 실태와 양상을 분석하고자 한다. 여성의 경제적 세력화와 정치적 세력화가 어떻게 복지국가 형성에 영향을 미치고 있으며, 가족정책의 성격은 어떻게 달라지는지를 비교 연구를 통해 밝히고자 한다.

제 2 장

이론 검토

제 1 절 여성의 경제적 세력화와 정치적 세력화
제 2 절 가족정책의 성격
제 3 절 여성의 사회적 지위와 가족정책
제 4 절 분석과제
제 5 절 분석모형

세계여성
복지정책의
비교연구

세계여성 복지정책의 비교연구

제2장

이론 검토

제1절 여성의 경제적 세력화와 정치적 세력화

‖1‖ 여성의 사회적 지위와 복지국가 발전 관련성

권력자원론과 제도주의는 복지국가의 발전 과정과 복지제도의 국가별 상이성을 설명해주는 대표적인 이론이다. 이 이론들은 복지제도의 분석과 복지국가 비교연구, 복지국가 유형론 연구 등에 많은 영향을 미쳤을 뿐 아니라 오늘날 복지국가 연구를 위한 기본틀을 제시해주고 있다. 1990년대부터 젠더체제를 중심으로 분석된 복지국가 연구들도 이들 두 이론을 토대로 발전하기 시작하였다(Siaroff, 1994; Pfau-Effinger, 2004; Sainsbury, 1996, 1999; Orloff, 1993; Lewis, 1992; Hobson, 1994; Christopher, 2002; Crompton, 1999; Daly, 1994; Fraser, 1994; Olsen and O`Connor, 1998; Walby, 2001; Hobson and Lindholm, 1997; Harding,

1996).

권력자원론은 복지국가 수렴론의 전통에서 복지국가의 발달을 설명했던 산업화 이론을 반박하면서, 복지국가들의 다양성과 상이성, 그리고 복지제도의 재분배 효과를 권력자원의 동원에 의해 설명하였다. 권력자원론에 의하면, 자본주의 사회에서 생산수단을 소유한 자본가는 노동자를 착취할 수 있는 유리한 입장에 있다. 그러나 노동계급은 정치적 자원을 통해 노동자와 자본가 사이의 권력의 분배 양상을 변화시킬 수 있고, 이렇게 수정된 권력관계는 복지국가의 정책을 통해 제도화됨으로써 유지될 수 있다. 여기서 정치적 자원이란 투표권과 노동조합의 결성, 집단행동, 정당 등을 의미한다. 이러한 정치적 자원의 보유 정도에 따라 개인과 조직, 집단, 국가 마다 평등의 차원과 수준이 달라진다는 것이다. 특히 권력자원론은 자본가 계급과 노동자 계급 사이의 권력관계에 주목하면서, 노동자들 사이의 연합과 동원은 의회민주주의를 통해 사회정책을 형성하는 의사결정에 영향을 줄 수 있으며, 이런 행위는 궁극적으로 기존의 노자간 권력분배 관계를 수정할 수 있다고 보았다(Korpi, 1983; Bardly et al, 2003).

제도주의는 권력자원이 복지국가 발달을 설명하는 데 어느 정도 기여했지만, 권력자원론의 인과론적 설명이 너무 단선론적이며 산업화론과 마찬가지로 수렴론의 전통에 머물고 있다고 비판한다. 제도주의에 따를 때, 권력자원론에서 말하는 좌파 정당의 힘과 노동계급의 힘이 중요한 것은 분명하지만, 복지국가의 발전은 계급정치의 연합구조와 국가형성의 역사적 유산과 같이 다양한 요소들이 결합된 결과물이며, 따라서 복지국가들은 복잡한 경로를 따라 발전한 것이다(Esping-Andersen, 1990). 이러한 제도주의적 관점에서 Esping-Andersen(1990)은 T. H. 마샬의 시민권 원리에 입각하여 탈상품화 개념을 정교화하였고, 이 탈상품화의 정도를 기준으로 복지국가를 유형화하면서 시장과 복지국가의 관계를 구체적으로 해명하였다.

탈상품화란 개인이나 가족이 시장참여 여부와 상관없이 사회적으로 받아들여질 수 있는 생활수준을 유지할 수 있는 정도를 의미한다. 탈상품화는 자본주의 사회에서 상품화된 노동자들을 보호하기 위한 필수조건이다. 자본주의 사회에서 인간의 노동력은 상품화될 수밖에 없다. 자본주의 사회에서 생산수단으로부터 자유로운 노동자는 생존을 위해 자신의 노동력을 자본가에게 판매하지 않으면 안 된다. 즉 노동자들은 노동력의 상품화를 통해 지속적으로 임금노동을 수행하지 않으면 생존할 수 없는 것이다. 그런데 상품화된 노동력은 실업, 노령, 질병, 산업재해 등과 같은 사회적 위험으로 인해 노동활동이 중단되기 쉬운 특징을 가지고 있다. 또한 노동시장에서 개별화된 노동자들은 서로 경쟁해야 하는 입장에 있기 때문에 적절한 제도적 장치가 없으면 자신의 노동력의 값이 떨어지는 불리한 입장에 있다. 이러한 상품화된 노동자들의 문제를 해결해주기 위한 방안이 바로 시민권이다(Marshall, 1950). 권리에 입각한 시민권은 상품화로 인한 근본적인 문제를 해결해주고 첨예한 계급대립을 완화해주는 효과가 있다. 이런 의미에서 복지국가에서 시민권은 탈상품화로 표현된다. 복지국가의 발전 경로가 다양한 것은 결국 탈상품화를 향한 대응 전략이 다양하다는 것을 의미한다. Esping-Andersen(1990)은 사회정책의 역사를 시장원리로부터의 이탈을 어느 정도나 허용할 것인가의 문제로, 다시 말해 사회권을 보장해주는 정도의 범위와 연관지어 설명하였다.

권력자원 관점과 제도주의적 접근은 다양한 층위에서 전개되는 다양한 양상들을 특정한 요인 하나로 수렴시켜 설명하고자 하는 기존의 관점들을 반박하면서 복지국가의 국가적 전통과 유산에 따라 복지국가의 발전 정도와 양상에 있어 다양한 스펙트럼이 있을 수 있음을 보여주었다는 데서 의의를 찾을 수 있다. 그런데 이러한 장점에도 불구하고 페미니스트 관점의 연구자들은 탈상품화 개념과 권력자원이론이 건장한 남성 노동계급 이외에 여성이나 장애인 등과 같이 상품화 이전 단계에 놓여 있는 취약계층들을 분석에서 누락시켰다는 점, 지나치게 몰성적인(gender blind) 관점에 경도되어 있다는 점, 그리고 가족 내에서 성별 분업을 지렛대로 하여 전개되는 권력관계를 간과했다는 점 등을 비판하였다(Siaroff, 1994; Pfau-Effinger, 2004; Sainsbury, 1996, 1999; Orloff, 1993; Lewis, 1992; Hobson, 1994; Christopher, 2002; Crompton, 1999; Daly, 1994; Fraser, 1994; Olsen and O`Connor, 1998; Walby, 2001; Hobson and Lindholm, 1997).

페미니스트들은 특히 권력자원론에 대해서 여성과 남성의 권력자원이 다르다는 점과 남성계급 외에 다른 계급을 권력자원으로 설명할 수 없다는 점에 비판의 초점을 맞춘다. 권력자원은 정치적 힘의 동원에 의해 복지 프로그램을 확충할 수 있다는 논리를 담고 있다. 이러한 논리에서 정치적 힘이란 남성의 집합적인 힘을 의미할 뿐, 정치적 단결력이 상대적으로 약한 여성의 집합성은 대표하지 않게 된다. 이러한 틀은 정당이나 조합에서 상대적으로 약한 지위에 있거나 정당에 접근하기 어려운 집단들에 대해서는 이론적 공간을 제공해주지 못하며, 시민권이 개정되고 재구성되는 전환기의 순간을 분석하는 이론적 도구 역시 제공해주지 못한다(Hobson and Lindholm, 1997).

이러한 비판의 맥락 속에서 페미니스트들은 권력자원론을 젠더관계로까지 확대시켜 복지국가 내에 존재하는 불평등한 젠더 권력관계를 설명하고자 시도하였다. 이들에 따르면, 복지국가는 여성이 배제된 채 남성 노동계급의 주도에 의해서 설계되었기 때문에 복지국가는 다분히 가부장적 성격을 지니게 된다. 복지국가에서 여성들은 남성에 의존해서만 가능한 부수적인 복지급여를 받게 되고, 이는 가족 내 불평등한 권력관계를 고착화하게 된다. 이러한 주장을 뒷받침하기 위해 페미니스트들은 복지 제도를 분석하면서 산업화를 경험한 복지국가들에서 여성을 위한 복지 프로그램조차도 시민권에 기초한 권리적 성격이 아니라 최저생활을 보장해주기 위한 수혜적 성격의 것이었다고 보았으며, 결국 이러한 구조는 여성에 대한 남성의 착취라는 억압구조를 만들어낸 것으로 평가한다 (Dahlerup, 1986; Pateman, 1988; McIntosh, 1981; Hernes, 1987).

또한 이들 페미니스트들(Dahlerup, 1986; Pateman, 1988; McIntosh, 1981; Hernes, 1987; Borchost and Siim, 1987)은 복지국가의 은폐된 억압적인 가부장적 관계를 밝히면서 복지국가의 수정을 위해 여성의 정치적 세력화가 절실함을 강조하였다. 복지국가에서 여성의 의존성을 권력의 문제로 접근한 Hernes(1987)와 Borchost and Siim(1987) 등은 여성이 남성에 비해 열등한 권력을 가지고 있기 때문에 복지국가의 수립과 전개에 있어서 미미한 영향력을 발휘할 수밖에 없다고 보았다. 따라서 이들은 여성들의 정치적 세력화를 통해 사회정책에 영향력을 행사함으로써 젠더관계를 변형시켜야 한다고 주장하였다(Walby, 2001). 이들에 따르면, 기존의 복지국가는 남성 중심의 설계물로서 여성들은 공적 영역에서 배제됨으로써 남성에 의존해서만 복지급여를 받을 수 있는 부수적이고 종속적인 존재이기 때문에 여성과 남성 사이에 권력의 불평등이 존재하게 되었다. 따라서 이러한 불평등은 복지정치와 동시에 젠더정치를 통해서만 극복될 수 있다. 복지정치는 가족 내 젠더평등의 문제에 있어서도 중요한 의미를 갖는다. 그것은 복지정치가 젠더 사이의 유급/무급 노동시간의 배분에 영향을 미칠 수 있으며, 누가 돌봄을 제공하고 어떤 형태로 돌봄 서비스를 제공할 것인지에 영향을 미칠 수 있기 때문이다.

이와 같이 여성의 정치적 세력화를 강조하는 한편으로, 이들 페미니스트들은 탈상품화 개념에 대한 비판적 분석을 통해 여성의 경제적 세력화가 복지국가를 수정하는 핵심 요인임을 인식하였다. Esping-Andersen (1990)이 제시한 탈상품화 개념은 노동력의 상품화, 즉 노동시장의 참여를 전제로 성립한다. 그런데 여성은 사적 영역의 주요 책임자로 남아 있기 때문에 상품화 이전 단계에 머물러 있거나 불완전한 상품화 단계에 그치고 있는 경우가 대부분이다. 노동시장에서 여성들의 이러한 열악한 지위는 다시 여성들의 복지 수급권에 영향을 미친다. 상품화 이전 단계에 있는 여성들의 경우 혼인관계에 의해 성립하는, 남편으로부터 파생된 수급권에 의해 복지급여를 받을 수 있게 된다. 만일 여성이 미혼모로 남아 있다든지 이혼이나 별거 상태에 있게 되는 경우 이러한 파생된 수급권마저 박탈되어 여성들은 공공부조 수급권자로 전락하게 된다. 이러한 이유로 페미니스트들(Pateman, 1988; McIntosh, 1978; Dahlerup, 1986; Hernes, 1982)은 복지국가들이 전반적으로 남성생계부양자 모델에 입각해 있으며, 가족정책조차도 상품화된 남성 노동자의 탈상품화를 지원하기 위한 것이기 때문에 여성들이 사회권에서 배제될 수밖에 없다는 점에 비판의 초점을 맞춘다. 이러한 논거를 뒷받침하는 대표적인 증거는 복지국가들이 대부분 사회보험과 공공부조로 이원화된 제도에 의해 구성되고 있다는 점이다. 사회보험은 사회권으로 표현되는 대표적인 복지제도로서, 대부분 제조업 부문에 종사하는 정규직 남성을 수급대상으로 한다. 이에 반해, 공공부조는 빈곤구제의 대체물로서 사회권과 결별한 대표적인 복지제도로 평가될 뿐만 아니라(Marshall, 1964), 그 수급대상도 대부분 노동시장에서 배제된 여성들이다. 사회보험과 공공부조로 이원화된 복지 프로그램에 남성과 여성이 서로 차별적으로 배치되는 이유는 분명하다. 사회보험은 공적 영역으로서 남성 중심의 노동시장을 기반으로 하는 데 반해, 공공부조는 노동시장에서 배제되거나 사적 영역에 머물러 있는 계층을 대상으로 하기 때문이다. 결국 여성들은 노동시장 진출에서 배제된 채 사적 영역에 머물러 있음으로써 상품화 이전 단계에 놓여 있게 되고, 이는 탈상품화 개념 자체가 여성들에게는 적용될 수 없는 몰성적인 개념이라는 것을 의미하게 된다. Orloff(1993)에 의하면, 노동시장에서 배제된 계층들에게 있어서 상품화는 계급의 구속으로부터 해방될 수 있는 잠재력을 지니고 있다. 나아가 여성에게 있어 상품화는 그들의 권력관계를 변형시킬 수 있는 권력자원이 될 수 있으며, 이러한 자원의 소유는 사적 공간에서 여성이 남성의 지배로부터 벗어날 수 있는 길을 마련해준다. O'Connor(1993)는 여성의 노동시장 참여는 젠더 평등과 기존의 복지국가를 재구성해줄 수 있다고 보았으며, 시민권을 독립성에 기초하는 것으로 파악한 Pateman(1994)은 복지국가와 시민권의 역사가 고용사회 발전의 역사와 긴밀한 연관이 있다고 보았다. 이러한 독립성은 노동시장에서 자신의 상품화를 통해서 우선적으로 달성될 수 있다는 것이다. UNDP, OECD, ILO, WORLD BANK 등과 같은 국제기구들도 양성평등의 핵심적인 방안으로서 여성의 노동시장 참여를 권장하고 있다. 결국 여성의 상품화는 여성의 탈상품화의 전제조건이자 양성평등으로 갈 수 있는 지름길이라고 볼 수 있다. 그러나 노동시장 참여만으로 여성의 탈상품화가 완성될 수 있는 것은 아니다. 노동시장 내에서의 임금 수준이나 직종, 고용형태 등 다양한 측면에서 여성의 경제적 세력화가 높아져야만 비로소 온전한 탈상품화가 될 수 있는 것이다.

결국 여성의 정치적 세력화는 복지국가의 재분배와 관련된 의사결정에 영향을 미칠 수 있다는 점에서, 그리고 여성의 경제적 세력화는 탈상품화의 전제조건이라는 점에서, 이들 두 요인은 양성평등적 복지국가를 형성하는 데 있어 매우 중요한 의미를 갖는다고 하겠다. 이에 좀 더 구체적으로 여성의 경제적 세력화와 정치적 세력화에 대해서 살펴보고자 한다.

‖ 2 ‖ 여성의 경제적 세력화

여성의 경제적 세력화란 일반적으로 노동시장 내에서의 여성의 지위를 의미한다(UN, 2003). 이런 맥락에서 많은 학자들(Siaroff, 1994; Pfau-Effinger, 2004; Sainsbury, 1996, 1999; Orloff, 1993; Lewis, 1992; Hobson, 1994; Christopher, 2002; Crompton, 1999; Daly, 1994; Fraser, 1994; Olsen and O`Connor, 1998; Walby, 2001; Hobson and Lindholm, 1997; Harding, 1996)과 국제기구들(UNDP, OECD, ILO, WORLD BANK)은 여성의 경제적 세력화를 사적 영역과 공적 영역 모두에서 양성 평등을 이룰 수 있는 핵심 변수로 보고 여성의 고용을 장려하고 있다. 또한 오늘날 경제구조의 변화로 인해 여성이 주요 납세자로 등장하면서 복지국가 재정에 대한 여성의 기여가 점점 중요한 의미를 띠어 가고 있다.

오늘날 여성의 경제적 세력화는 산업구조와 밀접한 관련을 맺으면서 복지국가 재편에 있어 핵심적인 요인으로 자리잡고 있다(Esping-Andersen, 2002; Mahon, 2002; Berquist and Nyberg, 2002; 윤홍식, 2005). 자본주의 사회에서 세계화와 탈산업화[1]는 경제구조를 변화시키면서 여성 인력의 필요성을 더욱 강화시키고 있기 때문이다. 탈산업화 사회는 지식과 정보, 상징 노동이 물리적 가치를 창출하는 핵심 요인으로 등장하는 사회를 의미한다. 지식과 상징, 기호의 경제로 특징지어지는 탈산업 사회는

---

1) 21세기는 지식정보화, 세계화 및 디지털 경제로 특징지워지는 사회로 전세계는 경제, 사회, 정치, 문화 등의 모든 면에서 급속도로 변화하고 있다. 특히 오늘날 경제적인 실익에 따른 협조와 국가 간 교류가 그 어느 때보다 활성화되고 있다. 이와 함께 여성들의 고학력화, 소자녀화, 가사노동 부담 감소 등으로 인해 여성의 사회적 진출과 맞물려 여성의 경제활동은 꾸준히 증가할 것으로 예상된다.

여성의 인적자본과 여성 친화적인 사회로, 선진국들의 경우 이미 여성의 인적 자원을 적극 활용하고 있는 추세이다. 이러한 여성 인적자본의 활용은 가족 내 다양한 문제를 발생시키면서 결국 가족정책의 확대를 요구한다. 그러기에 선진국들은 여성 인적자본의 활용을 위해 제도적 장치를 마련하여 여성의 상품화를 적극 추진하고 있다. 선진국이나 고도성장 국가일수록 여성의 경제참여율이 높은 편인데, 이는 인력, 자본활용, 기술 발전에 의한 노동생산성 증가가 경제성장의 핵심 요소로 꼽히는 상황에서 여성들이 인력충원과 노동생산성의 향상에 중요한 기여를 하고 있기 때문이다(강성애, 2008).

이처럼 여성의 노동시장 참여를 중시하는 현상은 복지국가 기반을 유지하는 재원의 대상으로서 여성 납세자들이 중요한 부분을 차지하게 되었다는 것을 의미하는 것이기도 하다. 이런 점에서 보면, 복지국가의 차원에서도 재원 확보를 위해 여성들을 위한 복지제도를 확충해야 할 상황이 되고 있다. 실제로 많은 선진 복지국가들은 복지국가 재편의 시기에 남성 위주의 사회권을 축소하거나 수정하는 한편으로 가족의 문제에 관심을 돌려 여성의 고용으로 인해 발생하는 저출산 문제와 노인 및 아동의 돌봄 문제에 적극 대처하고 있는 추세다. 복지국가들의 이러한 재편 전략은 결국 여성을 사적 영역에 머물게 하기보다는 공적 영역으로 끌어내기 위한 정책들이라 할 수 있으며, 이러한 현상은 이제 지구적 차원에서 나타나는 보편적인 현상이 되고 있다.

여성의 경제적 세력화는 일반적으로 노동시장 참여의 정도, 노동시장 내의 지위, 여성의 직종, 남녀 임금격차 등에 의해 설명될 수 있다. 이러한 척도들 가운데 특히 여성의 경제적 세력화를 평가하기 위한 핵심 요인은 노동시장 참여의 정도이다. 여성의 노동시장 참여는 자원의 분배과정에의 참여인 동시에 남성과 여성의 계층화에 변화를 가할 수 있는 추동력이기 때문이다. Korpi(2000)에 따르면, 복지국가에서 여성의 노동시장 참여는 분배과정에의 참여를 가능케 하고, 이는 결국 젠더간 불평등한 관계를 수정하는 동력이 될 수 있다. 노동시장을 통한 분배 과정은 다시 가족 내의 분배과정에도 영향을 미친다. 또한 많은 연구들은 여성의 경제적 세력화를 여성의 경제참여 정도와 동일시하면서, 여성의 노동시장 참여 정도에 따라 복지국가 발전의 양상이 달라질 수 있음을 보여주고 있다(Rosen and Sundstrom, 2002; Berqusit and Jungar, 2002; Haas, 1992). Guo and Gilbert(2006)는 여성의 노동시장 참여에 대한 종단적 분석을 통해 여성의 탈가족화에 따라 가족정책이 변화고 있다는 점을 보여주었다. 이들은 탈상품화 정도가 높을수록 가족정책의 발전 수준이 높다는 1990년대 Esping-Andersen의 주장을 반박하면서 Esping-Andersen의 복지체제가 여성의 고용률에 따라서 그 양상이 달라진다는 것을 밝혀주었다.

여성이 관리직과 전문직에 진출하는 문제는 여성의 경제적 세력화와 관련하여 질적인 측면에서 중요한 의미를 갖는다. 자본주의 사회에서 조직내 임원이나 관리직과 전문직은 사회정책을 통제할 수 있는 능력과 권한을 행사한다. 이들은 조직내 의사결정의 양상과 방식을 결정할 수 있다. 말하자면, 이들은 여성들의 욕구나 문제를 의사결정 과정에 반영함으로써 여성에게 긍정적인 방향으로 정책을 형성할 수 있다. 역으로 여성의 낮은 직급으로 인해 여성이 의사결정 과정에서 배제되는 경우 여성은 시민으로서의 지위를 성취하지 못한 채 수동적 입장의 수혜자로 머물게 된다(Hernes, 1982). 사실 산업화 이후 노동시장에서 여성은 남성에 비해 관리직 및 전문직 진출의 비율이 낮은 것이 일반적이다(Ginn, Street and Arber, 2001; Hernes, 1982). 그 이유는 인적자본 이론에 의해 설명될 수 있다. 인적자본론에 의하면 여성은 남성에 비해 교육, 기술, 건강 등의 측면에서 열등하기 때문에 노동시장 내에서 남성보다 낮은 지위에 머문다는 것이다. 그러나 오늘날 여성의 교육 수준과 기술 수준은 향상되고 있으며, 스웨덴이나 미국과 같이 선진국일수록 오히려 여성의 교육 수준이 높아지고 있는 추세이다. 이러한 점은 앞으로 여성의 고위직, 전문직 진출 비율이 높아질 것임을 시사한다.

마지막으로 여성의 임금은 가족 내 재화를 구입하고 아동보육 서비스 비용을 지출하는 데 영향을 미치는 주요 요인이다. 여성의 임금이 높을수록 여성의 탈가족화 수준이 높아지며, 사적 영역의 책임을 시장에 의존하여 해결하거나 남성과 공유하는 경향도 높아질 것이다. 실제로 가족 내 여성과 남성 간 소득의 격차는 노동시장에의 진출 여부나 가족 내 보육 책임 여부에 영향을 미치는 것으로 나타나고 있다(Walby, 2001). 일반적으로 대부분의 국가에서 여성보다 남성의 임금 수준이 높다. 이러한 보편적 현상은 성별 분업론에 기초한 노동시장 구조에 의해 설명할 수 있다. 여성과 남성의 생물학적 차이에 기초한 성별 분업은 가족 내에서뿐만 아니라 노동시장에서도 분리되어 있다. 이러한 성별 분업에 기초하여 일반적으로 남성은 고임금 직종인 생산 부문에, 여성은 저임금 노동시장으로서 재생산 부문에 종사하고 있다. 성별 분업론에 의하면, 성별에 따른 노동시장의 분절과 불평등 구조는 자본주의 사회의 기본 법칙인 착취구조에 기인한다. 성별에 의해 분절된 노동시장은 여성의 인력이 자본축적을 위한 효과적인 수단이 될 수 있다. 사적 노동에 대한 여성의 책임은 시장의 재생산 비용을 낮추어줄 수 있으며, 여성의 저렴한 노동력은 잠재적인 산업 예비군의 형태로 노동시장의 임금 수준을 하향적으로 압박하는 역할을 하고, 또한 경제영역에서 여성이 수행하는 케어나 재생산 서비스는 여성의 일로서 비교적 낮은 임금 수준에 묶어둘 수 있기 때문이다(Pierson, 1991). 그러나 전술한 바와 같이, 탈산업화 사회로 진입한 오늘날 성별 분업에 기초한 직종분리 현상은 점차 허물어지고 있는 추세이다. 지식경영과 세계화의 흐름은 여성 인력의 중요성을 부각시키고 있으며, 각국은 이러한 노동력의 수급 차원에서 여성 인력을 적극적으로 활용하기 위한 각종 제도들을 마련해가고 있다. 또한 남성에 의한 가족임금 체계가 흔들리면서 여성의 소득이 더욱 중요한 의미를 갖게 됨에 따라 젠더화된 임금체계도 서서히 허물어지고 있다(OECD, 2007).

결론적으로 여성의 경제적 세력화는 노동시장에서 여성이 갖는 위치를 의미한다. 이러한 여성의 경제적 세력화는 오늘날 주요 납세자로서 복지국가 재편에 핵심 요소이자 복지국가를 통해 젠더관계를 변형시킬 수 있는 주요 요인으로 등장하고 있다. 오늘날 여성의 노동시장 참여율, 여성의 전문직과 관리직 진출, 여성 임금 수준 등은 꾸준히 상승하고 있으며, 이러한 변화는 양성 평등적 복지국가로 나아가는 데 일정한 영향을 미칠 것으로 판단된다.

▌3▐ 여성의 정치적 세력화

여성의 정치적 세력화란 여성의 정치적 능력의 향상과 그 결과로서 정
치적 의사결정 과정에서 여성들이 일정한 권한을 행사하게 되는 것을 의
미한다(World Economic Forum, 2005). 여성의 정치적 세력화는 여성들
로 하여금 자신들이 처한 상황과 차별, 자신들의 권리와 기회를 인식토록
할 수 있으며, 여성으로서의 집단적 정체성을 가지고 하나의 집단으로
활동할 수 있는 힘을 갖게 해주고, 계획하고 결정을 내리는 활동을 여성
스스로 조직하고 운영하고 수행할 수 있도록 해준다는 점에서 커다란 의
미가 있다. 결국 여성의 정치적 세력화는 가족과 직장, 사회에서 여성이
직접 권력을 통제하고 결정권을 행사하도록 해줌으로써 젠더 평등을 향
한 핵심적인 기반으로 작용할 수 있다(Karl, 1995).

특히 여성의 정치적 세력화는 여성들이 집합적인 정치적 행위를 통해
복지국가에 영향을 미칠 수 있는 주요 변수라 할 수 있다. 정치(politic)란
권력을 둘러싼 인간들의 행동을 의미한다. 정치현상설에 의하면, 정치는
국가나 정부를 중심으로 한 의사결정 및 공권력을 행사하는 사람들의 활
동으로서 오늘날 민주주의를 경험하고 있는 사회에서 그 누구도 정치와
무관한 생활을 할 수 없다. 여기서 중요한 점은 정치의 공식적이며 핵심
적인 장(field)으로서 국가나 정부라는 곳에서 권력을 둘러싼 정치적 역
동성이 발생한다는 점과 정치적 성격이나 세력에 따라 정부와 정책의 형
태가 달라질 수 있다는 점이다(민병학·연병모, 2006). 복지국가 역시 이
러한 정치적 현상을 통해서 탄생한 결과물이라고 볼 수 있다. 복지국가는
자본주의 성립 이후 정부의 기능과 역할을 확대함으로써 사회적 위험을
집합적으로 보호하는 사회안전망을 구축해 왔으며, 사회경제적 세력에
대한 분배와 재분배를 실현하고 조정하는 역할의 주요 모체로서 기능해

왔다. 나아가 복지국가는 바로 이러한 역할을 통해 국가의 정치적 지배를 정당화하는 역할을 수행하고 있다. 그러나 보다 중요한 것은 이러한 복지국가 그 자체가 다양한 계급과 집단 간의 권력을 둘러싼 투쟁과 노력을 통해 출현한 산물이기 때문에 국가마다 복지국가의 성격이 다르다는 점이다. 이런 점에서 하나의 계급이자 집단으로서의 여성에게 있어서도 정치 활동은 중요한 의미를 갖는다.

여성의 정치적 활동은 행위(Agency)로 표현된다. 행위란 세계에 대한 개입은 물론, 이미 존재하고 있는 국가의 행위(Affair)나 사건의 원인을 변화시킬 수 있도록 차이를 만들어낼 수 있는 능력을 의미한다. 행위는 또한 정치적인 수준에서의 행동을 선택할 수 있는 능력을 의미한다(Annesley, 2007). 여성의 행위는 미시적 수준에서 자신의 일상생활을 결정할 수 있는 능력임과 동시에 집합적 수준에서 공식적인 정치에 영향을 줄 수 있는 능력을 의미한다. 결국 여성의 정치적 행위란 정치적 정책을 구성하는 공식적·비공식적 제도를 무대로 하여 정치적 수준에서 행동을 선택할 수 있는 의식적인 능력이라 할 수 있다(Annesley, 2007).

여성의 정치적 행위는 일반적으로 두 가지 방법과 경로에 의해 가능한데, 하나는 풀뿌리 여성운동과 같이 아래로부터(bottle-up)의 세력화이고, 다른 하나는 정부의 대표제나 고위 관리직과 같이 제도화된 권력자원인 위로부터(top-down)의 세력화 방법이다. 이른바 국가 페미니즘으로 불리는 후자의 방법은 여성운동이 국가 권력기관의 내부로 진출하여 제도화된 권력으로 등장함으로써 국가 자체로 하여금 성 평등적인 정책 결정을 할 수 있도록 하는 것이다. 여기서 말하는 제도화란 사회운동 조직이 점점 정당이나 이익집단으로 되어가는 과정을 의미한다. 이러한 제도화를 통해 운동 조직은 자신이 필요로 하는 자원의 유입을 안정화하는가 하면, 조직의 목적을 온건화할 수 있고, 정치적인 행동양식을 관습화함으

로써 이익중재를 위한 기존의 제도정치에 스스로 편입해갈 수 있게 된다
(Kriesi, 1996; 김경희, 1998). 중요한 점은 오늘날 여성운동의 성공 여부
가 이같은 제도화의 성패와 밀접한 관련을 맺고 있다는 것이다. 많은 연
구들은 여성들이 스스로 국가기구 내부에 진출하여 제도화된 권력으로서
자신들의 정치적 의제(agenda)를 제도정치의 장으로 끌어들임으로써 여
성친화적인 정책들을 만들어가는 한편, 여성운동 자체의 정당성과 재정
자원을 확보하고 있음을 보여주고 있다(김경희, 1998). 이런 의미에서 국
가 페미니즘이라 불리는 여성들이 주도하는 세력은 여성 국회의원과 여
성 장관, 여성 관련 평등 부처 등으로 구성되며, 이들은 아래로부터 세력
화된 여성조직 및 여성운동과 결탁하여 정부라는 공식적인 장소에서 정
책을 결정하는 과정에서 젠더관계를 변화시키기 위한 노력을 경주한다.
    이런 맥락에서, 여성의 정치적 세력화를 보여주는 핵심 지표는 여성
국회의원수와 장관의 수, 여성친화 정당존재와 노동조합의 세력 정도 등
이 있다(Annesley, 2007). 국가 페미니즘론에 따를 때, 여성 국회의원과
여성 장관의 수는 여성 정책에 영향을 미칠 수 있는 핵심 세력들이다.
여성 국회의원들의 경우 당파를 초월하여 여성에 고유한 문제들에 공통
적인 관심을 기울이는 경향이 있다. 남성 의원들에게 간과되었던 육아나
환경, 사회복지, 여성의 권리신장 등은 여성 의원들의 공통적 관심분야이
기 때문에 여성들의 직접적인 관심 분야에 초점을 맞추어 좀더 합리적인
방식으로 이러한 문제들을 해결할 수 있다(김지선, 2002)[2].

---

2) 여성 의원들은 여성 단체들과 긴밀한 연계를 맺고 있으며, 이들을 기반으로
   정치활동을 하는 경우가 많다. 여성 의원과 여성 단체의 이러한 관계 형성은
   여성의 정치적 세력화를 위한 연대 형성으로도 설명할 수 있다. 여성 후보의
   편에서는 여성 단체의 지원과 연대를 통해 의회 진출의 기반을 마련할 수 있
   고, 여성 단체의 입장에서는 여성들의 욕구를 정치 과정에 반영시킬 수 있다
   는 점에서 양자는 상보적인 이점을 누릴 수 있는 것이다(이아미, 2006).

그런가 하면, 여성 장관은 행정 각 부처의 장으로서 실질적인 예산과 기획 과정에 중요한 영향력을 행사할 수 있는 위치에 있다. 어떤 정책이든 정책은 일반적으로 목표하는 바에 따라 그리고 이해관계에 따라 그 성격이 달라진다. 여성 장관은 이런 맥락에서 정책을 형성하는 과정에서 양성 평등적인 정책 설계를 제안할 수 있다. 따라서 여성 장관이 많을수록 정책 결정에 있어서 각 부처마다 여성의 욕구를 반영할 확률이 크며, 여성 장관들은 상호 협력하여 각 부처에서 성 인지적 관점에 기초하여 정책을 형성하는 데 영향력을 행사할 수 있다(김정희, 1997).

한편, 여성의 정치적 세력화는 정당의 성격에 따라서도 달라질 수 있다. Wennemo(1992)와 Esping-Andersen(1999)은 정당의 성격에 따라 가족정책이 달라진다는 점을 입증하고 있다. 이들 연구자들에 따르면, 보수주의 성향이 강한 정당은 가족의 가치와 종교적 권위 등 비공식적 복지를 중요시한다. 보수주의 정당이 지배하는 국가는 가족에 대한 개입을 꺼려하기 때문에 결국 이러한 정당은 가족 내 젠더 불평등을 유지하고자 하는 성향을 보인다. 자유주의 성향이 강한 우파 정당의 경우에는 이념상 작은 정부를 지향하기 때문에 가족에 대한 개입에 소극적인 성향을 보인다.[3] 결국 자유주의 정당은 보수 정당보다는 국가의 개입을 어느 정도 허용하지만 복지 책임을 시장과 비공식적인 가족에게 부과하는 경향이 강하다고 할 수 있다. 즉, 사회민주주의 이론에 의하면, 복지국가는 노동계급을 대변하는 사회민주주의 정당과 같이 좌파 정당이 강력할수록 발전하는 경향을 보인다(Stephans, 1979). 이 점은 젠더 이익과도 맥락을

---

3) 자유주의 정당들은 그들이 공적 영역에서 추구하는 신자유주의(neo-liberalism), 즉 탈규제와 민영화, 경쟁 등으로 인해 기존의 남성생계부양자 모델을 지탱해 주던 가족임금 체제를 무너뜨리게 되고, 그로 인해 각 가구들은 이중 소득자가 되지 않을 수 없게 되고, 이는 결국 가족에 대한 국가의 개입을 어느 정도 허용할 수밖에 없게 된다는 점에서 모순에 빠지게 된다(Crompton, 2000).

함께 하는 바, 좌파 성향의 정당들은 일반적으로 계급간의 평등을 중요시하기 때문에 여성 평등에 대해서도 관심을 갖는다. 사회민주당과 같은 좌파 성향의 정당은 평등의 이념을 추구하기 때문에 국가 개입과 역할의 증대를 통해 젠더 평등에 대한 관심과 탈가족화를 지향하는 정책을 추구하게 된다(Crompton, 2000).

또한 오늘날 노동조합의 현실을 살펴볼 때, 남성 조합원은 감소하고 여성 조합원이 증가하는 추세를 확인할 수 있다. 당연한 일이지만, 이러한 현상은 여성들의 노동시장 참여가 증가한 데 따른 것이다. 이처럼 조합원의 성별 구성이 변화함과 동시에 가구내 맞벌이 부부가 증가하는 현상으로 인해 보육과 육아, 가사노동에 대한 남녀 공통의 책임 수행과 이를 뒷받침하기 위한 국가적 차원의 지원이 요구되고 있다. 오늘날 국제노동기구(ILO) 등도 그 이념과 활동에 이러한 현실의 변화를 적극 반영하여 각국에 대해 남녀평등을 지향하는 가족정책의 설계를 요구하고 있다.

결론적으로 여성의 정치적 세력화는 여성 자신이 삶의 모든 부면에서 권력을 통제하고 결정권을 행사할 수 있도록 해줌으로써 젠더 평등을 이루기 위한 핵심 요인으로 작용한다고 할 수 있다. 오늘날 여성들은 스스로 정치적 세력화의 길에 나섬으로써 전반적인 사회구조의 수정과 변화에 영향을 미치고 있다. 특히 여성들의 정치적 결집은 국가나 정부라는 장에서 이루어지는 정책의 형성과 결정 과정에 영향력을 행사할 수 있다. 여성 국회의원과 여성 장관, 여성친화 정당, 여성 주도의 노동조합 등은 여성의 정치적 발언권을 강화시켜주는 주요 요소로서 젠더적 관점에서 정책을 설계하도록 하는 데 일정 부분 기여할 수 있는 것으로 나타난다.

▌4▐ 여성의 경제적 세력화와
여성의 정치적 세력화에 의한 유형화

이상의 논의를 정리하면, 여성의 경제적 세력화와 정치 세력화의 양상과 정도가 어떠한가에 따라서 복지국가 가족정책의 성격이 달라진다고 할 수 있다. 따라서 본 연구는 이러한 이론적 논의와 인식을 기초로 여성의 경제적 세력화와 정치 세력화가 가족정책의 성격을 결정하는 데 어떤 영향을 미치는가를 기준으로 다음과 같은 유형화를 시도하고자 한다. 여성의 경제적 세력화와 정치 세력화를 상하좌우의 두 축으로 하여 유형화를 시도한 결과는 다음과 같다.

<그림 1> 여성의 경제적 세력화와 정치적 세력화에 따른 유형화

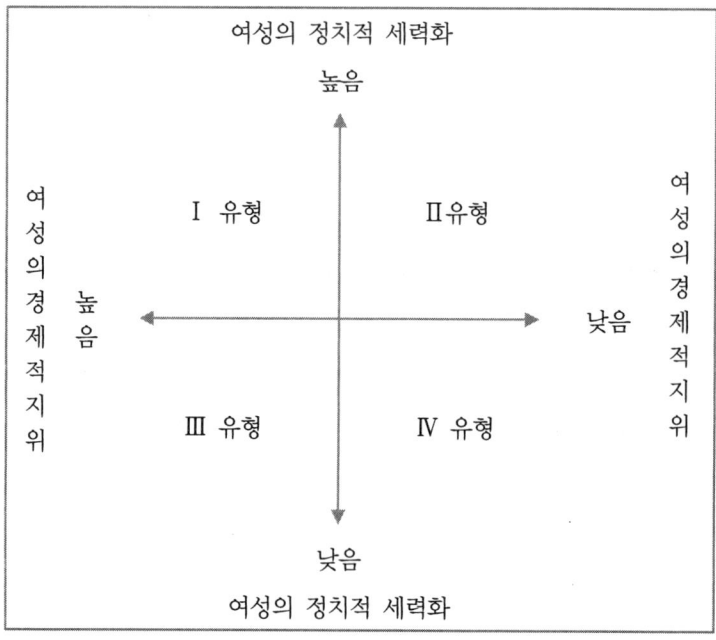

제1의 유형은 여성의 경제적 세력화와 정치적 세력화 모두가 높은 군집의 국가들로서 이들 국가에서의 가족정책은 남성과 여성이 가족 내 이중소득자이자 돌봄 책임자가 되는 성격을 띨 가능성이 크다. 여성의 활발한 경제활동에 따른 보육과 가사노동의 분담 욕구가 여성의 정치적 세력화에 의해 적절히 뒷받침될 수 있기 때문에 이들 군집에 속하는 사례들의 가족정책은 여성의 상품화와 보육 및 가사노동의 탈가족화, 그리고 남성의 탈상품화와 남성의 가족화가 동시에 이루어진다.

제2의 유형은 여성의 경제적 세력화 수준은 낮지만 여성의 정치적 세력화 정도가 높은 군집으로서 이들 군집에서 가족정책은 여성의 노동력을 탈상품화하는 방향을 취한다. 이들 사례에서는 여성의 높은 정치 세력화를 토대로 국가가 여성의 가사노동과 돌봄노동에 대해 사회적으로 지원하는 정책을 도입할 것이기 때문에 여성이 시장과 남성에 의존하지 않을 수 있게 된다. 그러나 여성의 노동시장 참여 정도가 낮고, 따라서 여성의 경제적 세력화 역시 낮을 것이므로 가족에 대한 남성의 책임을 강화하는 데는 어려움이 따를 것이다. 그러나 여성의 경제적 세력화가 높지 않다고 해서 이들 군집의 탈상품화된 가족정책이 반드시 낮은 수준의 양성평등을 보여준다고 단정할 필요는 없다.

제3의 유형은 여성의 경제적 세력화는 높은 반면 여성의 정치적 세력화는 수준 낮은 군집으로서 이들 사례에서는 젠더를 고려한 국가적 차원의 가족정책이 상대적으로 덜 발달할 수 있다. 그 대신 이들 국가군에서는 여성의 노동시장 참여 수준이 높기 때문에 가족 내 돌봄이나 가사노동의 책임이 상당 부분 시장이나 민간에 전가될 것으로 판단된다. 따라서 이 군집에 속하는 국가들의 가족정책은 여성 노동력의 상품화를 추구하기 때문에 가사노동이나 돌봄 서비스를 시장에서 값싸게 구입하도록 하거나 출산휴가를 무급화하는 등 국가의 직접적인 개입보다는 시장 기능

을 좀더 강조하는 경향을 보일 것이다. 이들 사례에서는 남성과 여성이
둘 다 낮은 수준의 가족책임을 보여줄 것이지만, 주의할 사실은 이런 경
우에 대체로 가족에 대한 책임은 남성보다 여성에게 전가된다는 점이다.
그것은 여성의 정치 세력화 수준이 낮은 탓에 여성의 욕구가 정치권에
의해 적절히 반영되지 못할 것이기 때문이다. 이런 점은 맞벌이 부부의
형태로 부부가 모두 노동시장에 참여하지만 퇴근 후 가족에 대한 책임이
대부분 여성에게 전가되는 현실로 나타날 수 있다.[4]

　　제4의 유형은 여성의 경제적 세력화 및 정치적 세력화 정도가 모두 낮
은 유형으로, 분배 및 재분배 정책의 면에서 젠더 간에 계층화가 클 것으
로 예견된다. 이러한 유형에서는 가족책임에 관해 남녀간 성별분업이 확
고할 뿐더러 남성은 공적 영역, 여성은 사적 영역으로 엄격한 분리가 나
타날 것이다. 이처럼 엄격한 남녀간 성적 분업과 영역의 분리는 공사 영
역 모두에서 여성의 불평등을 심화시킬 수 있다. 이러한 군집에서는 특히
여성의 빈곤화와 가정폭력, 자원의 비대칭적 접근성 등의 면에서 심각한
불평등이 나타날 것이다. 특히 이 경우에는 여성들 노동시장 참여가 저조
하기 때문에 가구내의 자원에 대한 여성의 통제권은 그 만큼 줄어들게
된다.[5]

---

4) 가족정책 측면에서 살펴보면 상품화를 장려하는 정책은 미국의 EITC와 같은
　 근로 유인 제도가 있다. 이 제도는 자녀를 가진 근로 빈민층이 세금혜택을
　 받는 제도이며, 또한 공공부조와 같은 근로 연계 급여, 자활 정책 등이 대표적
　 이라고 할 수 있다. 즉 국가에 의한 급여는 여성 노동력의 가족화보다는 높지
　 만 낮은 편이다.
5) 다시 말해 여성들은 생산적 자원(productive resource)에 대한 통제력이 취약
　 하고, 소득을 창출할 능력도 떨어지기 때문에, 이러한 유형에서 여성은 가족
　 내 자원 할당에 영향력을 행사한다든가 의사결정을 하는 등의 면에서 권력을
　 행사하기 어렵게 된다. 남성에 비해 불평등한 권력과 열악한 사회 경제적 세
　 력화는 행위의 주체로서 정치적 과정에 참여할 여성의 능력을 제한하고, 나아
　 가 지역사회와 국가적 수준에서 이루어지는 의사결정에 대한 여성의 영향력

이상의 유형별 논의를 간략히 요약하면 아래의 〈표 1〉과 같다.

<표 1> 유형별 여성의 경제적 세력화와 여성의 정치적 세력화 정도

	여성의 경제적 세력화 정도	여성의 정치적 세력화정도
제1유형	높음	높음
제2유형	낮음	높음
제3유형	높음	낮음
제4유형	낮음	낮음

을 제한하게 된다(UNDP, 2007).

제2절 가족정책의 성격

‖1‖ 가족정책의 발달과정과 가족정책의 성격

통상적으로 가족정책이란 국가가 가족에게 행하는 모든 정책들을 의미한다(Kamerman and Kahn, 1978; Zimmerman, 1995; Wilensky et al, 1985). 이러한 포괄적 개념은 가족에게 직접적으로 영향을 미치는지 또는 간접적으로 영향을 미치는지 여부에 따라 명목적 가족정책과 묵시적 가족정책으로 분류되기도 한다(Kamerman and Kahn, 1978). 젠더적 관점에서 가족정책은 그 성격이 어떠하냐에 따라 가족 내 여성의 위상이 달라질 수 있다는 점에서 중요한 의미를 갖는다. 그리고 여성의 이러한 위치는 더 나아가 다른 사회제도들에도 영향을 미칠 수 있기 때문에 많은 페미니스트들은 가족정책을 중심으로 복지국가 연구를 수행해왔다(Siaroff, 1994; Lewis, 1992; Sainsbury, 1999).

가족정책은 2차 세계대전 이후 미국을 제외한 대부분의 국가에서 보편적인 복지제도로서 발전하였다. 그 이유는 가족정책은 다른 사회보장과 달리 시장에 미치는 영향이 크지 않기 때문에 자유주의 성향이 강한 유권자들로부터 저항을 받지 않았으며, 오히려 가족정책이 모든 계층에게 혜택을 줄 수 있다는 점에서 선호의 대상이 될 수 있었다(Wennemo, 1998). 이러한 보편주의에 입각한 가족정책은 베버리지 보고서에서 그 정당성을 확보하였다. 베버리지 보고서는 사회보장 체계가 사회권에 입각하여 설계되도록 제안하였다. 베버리지 보고서는 우선 그 대상 면에서 모든 시민을 포괄했으며, 원리 면에서도 기여에 의한 급여의 조건으로 권리를 강조하여 시민권의 형태를 완성했다고 볼 수 있다. 베버리지 보고서[6)로부터 영향을 받은 가족정책은 가족임금, 아동수당, 아동의무교육

확대 등 1960년대까지 보편주의 성격으로 발전하였다.

그러나 1940년대에서 1960년대에 이르는 시기의 가족정책은 남성 생계부양자를 전제로 한 제도였다. 베버리지 역시 남성은 생계부양자, 여성은 가족 부양자라는 기준에 입각하여 영국의 사회보장체계를 설계했으며, 이는 대부분의 유럽에 커다란 영향을 끼쳤고, 이러한 골격은 각국의 사회보장 체계에 아직까지도 잔존하고 있다(김영란, 2006).

<표 2> Wick(1991)의 Beverage 보고서 가정들을 정리한 내용

가 정
결혼은 평생 간다 - 결혼을 유지해야 한다는 법적 의무는 배우자와 사별하거나 다른 사람과 재혼 할 때까지 계속되어야 한다.
성행위나 출산은 오직 결혼관계를 통해서만 이루어져야 한다.
기혼여성은 정상적으로 임금노동을 하지 않는다.
가사와 자녀양육은 여성이 해야 한다.
규칙적인 성관계를 가지며 함께 살면서 지출을 공유하고 있는 커플은 항상 이성간의 커플이다.

---

6) 2차 세계대전은 영국 국민을 하나로 단결시켜주는 계기가 되었다. 양 전쟁 중 정부는 국민들에게 희생할 것을 강요했으며, 영국 국민들은 이러한 희생에 대한 대가를 요구하게 되었다. 이렇게 전쟁으로 인한 단결과 보상의 대가는 베버리지 보고서를 탄생시키게 된 계기가 되었다. 2차 세계대전 이후 영국정부는 윌리엄 베버리지에게 저소득 상태에 있는 국민을 도울 수 있는 보고서를 작성할 것을 요구하였고 1942년 근로 연령계층의 사람들은 1주일 마다 정액을 기여 해야 하며, 병자, 실업, 노인, 과부는 급여를 받을 수 있는 원칙을 내놓았다. 즉 베버리지의 이 제도는 최소 생활수준의 적절성을 제안하고 있다. (http://www.spartacus.schoolnet.co.uk/www.beveridgereport.htm)

1970년대에 이르면서 남성 생계부양자를 전제로 한 가족정책은 이중
소득자를 전제로 한 가족정책으로 성격이 변화하기 시작하였다. 이러한
변화의 배경은 경제사회적 측면에서 설명할 수 있다. 경제적 측면에서
노동의 유연화와 탈산업화, 세계화 등으로 표현되는 새로운 조류는 여성
인력을 점차 주변적인 노동시장으로 몰아갔다. 사회적 측면에서는 이혼
율의 증가와 만혼, 저출산, 가족해체, 노인부양 거부 등 많은 문제를 일으
키면서 가족의 형태와 기능을 변화시켰다. 특히 여성의 경제활동 증가는
이러한 가족문제의 근본적인 원인으로 지목되었으며, 국가들은 기존의
남성 생계부양체계를 전제로 한 가족정책으로는 더 이상 가족문제를 해
결할 수 없다는 인식에 도달하게 되었다. 그에 따라 가족정책은 남성과
여성이 함께 노동시장에 참여하는 동시에 가족생활을 영위할 수 있도록
하는 방향으로 설계되기 시작하였다. 이런 형태의 가족정책을 가리켜 가
족 친화정책 또는 가족·직장 양립 정책이라고 일컫는다.

가족 친화정책이란 가족, 노동, 젠더와 관련이 있으며 일반적으로 직
장과 가족의 생활을 양립할 수 있도록 하는 고용 중심의 사회정책이라고
정의할 수 있다. 이러한 가족 친화정책은 적절한 가족 자원과 아동개발을
목적으로 하며, 노동과 돌봄의 부모의 선택을 중요시하고, 고용기회에서
젠더 평등을 추구한다(OECD, 2007).

근로자로 하여금 가족과 직장을 양립(reconciling)할 수 있도록 하는
목적으로 설계된 가족 친화정책은 모든 유럽에서 핵심적인 정책이 되고
있다. 1993년 UNECE를 시작으로, 1994년 Europe Population Conference,
그리고 Cairo의 ICPD의 Action Programme에 이르기까지 가족 친화정
책의 중요성은 계속해서 증가하고 있다. 2000년 Lisbon 전략에서 EU는
2010년까지 세계에서 가장 역동적이고 경쟁력 있는 경제력을 갖추기 위
해 적극적인 노동시장 정책의 중요한 조건으로서 직장과 가족의 양립과

함께 젠더 평등의 문제를 강조하게 되었다(Jancaityte, 2007).

그런데 이러한 가족 친화정책은 일반적으로 두 가지 방향을 취한다. 하나는 정책의 주요 수급자를 여성으로 한정하여 여성의 가사노동이나 돌봄노동을 인정하는 방향을 취하는 것이다. 또 다른 방향은 남성과 여성을 동등하게 주요 수급자로 한정하면서 부부로 하여금 가족 내 생계부양자인 동시에 돌봄책임자의 역할을 공유하도록 하는 것이다. 좀더 구체적으로 살펴보면, 유럽의 일부 국가들에서는 가족의 육아나 간병을 위한 여성의 휴직기간 동안 자녀에게 들어가는 비용이나 자녀를 둔 가정을 돕기 위해서 가족에게 현금혜택을 제공한다. 이러한 현금혜택은 대부분 가족수당이나 양육수당의 명목으로 이루어지며, 재정보조도 아울러 제공된다(European Commission, 2002). 이런 의미에서 본 연구는 여성으로 하여금 노동시장이나 가족에 의존하지 않으면서도 모성의 역할을 할 수 있도록 한다는 의미에서 이러한 현금혜택 중심의 정책을 여성의 탈상품화로 정의하고자 한다. 다시 말해 이러한 성격의 정책은 모성권을 위주로 한 정책으로서 양육의 사회화를 인정한다는 점에서 여성의 탈상품화 성격이 강한 정책이라고 볼 수 있다는 것이다(Lambert, 2008; Annesley, 2007; Leira, 1998).

또 다른 국가들에서는 가족에 대해 여성과 남성이 동등한 책임과 의무를 져야 한다는 전제 하에 사회 서비스를 확장하여 부부의 노동권을 보장하는 동시에 남성의 부성을 강조한다. 이들 국가들에서처럼 가족 내 남성과 여성의 노동권과 부모권을 동시에 인정한다는 점에서 이러한 정책적 지향을 가족 내 탈젠더화로 정의할 수 있을 것이다. 여성의 노동권 보장을 중핵으로 하는 가족정책은 공적 영역이나 사적 영역에서 남녀 구별 없이 동등한 책임을 강조한다는 의미에서 가족 내 탈젠더화 정책으로 볼 수 있다(Lambert, 2008; Annesley, 2007; Leira, 1998).

여성의 탈상품화와 가족의 탈젠더화에 대해서는 위와 같이 대략적으로 정의할 수 있지만, (1) 여성의 탈상품화 성격과 (2) 가족 내 탈젠더적 성격에 대해 젠더적 관점에서 보다 구체적으로 논의할 필요가 있을 것이다.

▌2▐ 가족정책의 탈상품화적 성격

가. 가족정책의 탈상품화적 특징

전술한 바와 같이, 탈상품화의 고전적 의미는 "시장에 의존하지 않고 생계를 유지할 수 있는 정도."이다(Esping-Anersen, 1990). 많은 페미니즘 학자들은 남성과 달리 여성은 노동시장에 완전히 참여하지 못한 상태에 있기 때문에, 다시 말해 여성은 남성과 달리 온전한 상품화 단계에 있지 못하기 때문에 탈상품화 개념을 적용하는 데는 한계가 있다(Sainsbury, 1996; Lewis and Ostener, 1994). 이들은 탈상품화 개념에 대한 대용으로 "자율적 가구주"와 "탈가족화"를 제안한다. 여기서 자율적인 가구주란 여성이 남성에게 의존하지 않은 채 독립적으로 가정을 이루고 살아갈 수 있는 능력을 의미한다[7]. 또한 이와 유사한 맥락에서 많은 페미니스트들은 여성이 복지국가에서 자신들의 지위를 향상시키고 보편적인 수급권을 획득하기 위한 전제조건으로서 여성의 탈가족화를 제시한다. 탈가족화란 여성이 독신, 이혼, 사별 등 가구 상황에 관계없이 노동시장에 참여하는 동시에 사회보장 급여의 수급권을 인정받음으로써 사회적으로 안정된 삶의 기준을 획득할 수 있는 상태로 정의할 수 있다. 여성은 탈가족화됨으

---

7) Orloff(1993)는 탈상품화 개념이 상품화 이전 단계에 놓여 있는 여성에게는 적용될 수 없으므로 여성의 존재를 아우를 수 있는 개념으로서 자율적으로 가구를 형성하고 영위할 수 있는 능력의 개념을 사용해야 한다고 주장하였다.

로써 비로소 시민권적 지위를 보장받을 수 있게 되기 때문이다(Lister, 19
94; 김혜연, 2009).

 그런데 여성이 탈가족화 되기 위해서는 여성의 무급노동에 대한 사회
적 해결이 필요하다[8]. 가족 내 돌봄 및 가사노동이 해결되지 않는다면
여성은 탈가족화의 전제조건인 완전한 상품화가 될 수 없기 때문이다.
여기에 대한 대안으로 페미니스트들은 여성의 가족 내 가사노동을 사회
적으로 인정하라는 점과 직장과 가족을 양립시키되 그 주요 초점이 여성
이 되어야 한다는 점을 요구하였다. 윤홍식(2006, 2004)은 Esping-Andersen
(1990)의 탈상품화 개념, 즉 '임금 노동자가 가족책임 등을 수행하기 위
해 임금노동을 중단하더라도 소득보장이 이루어지는 것'을 진정한 탈상
품화라고 정의한 것을 재해석하여 부모의 노동력을 탈상품화를 통해 부
모가 가족 내에서 가족과 관련된 책임을 수행할 수 있도록 하는 정책들
로 재정의하였다. 그리고 여성의 탈상품화와 가족화 전략과 여성의 상품
화와 남성의 가족화로 이원화하면서 여성의 탈상품화를 좀더 모성권에

---

 8) 여성의 탈상품화 정의는 여성의 상품화와 동시에 무급노동에 대한 가치가 탈
  상품화에 반영될 것을 더 강조하고 있다. Orloff(1993)는 탈상품화의 전제조
  건이 노동시장의 참여인데 여성의 경우 가사일과 양육노동의 무급노동이 해
  결되지 않으면 노동시장 진출이 어렵고 게다가 남성 생계부양자 상실 시 경제
  적 취약성을 가진 여성은 노동시장 진출을 하더라도 빈곤해질 수 있다는 것이
  다. Orloff(1993)와 O`connor(1993)은 탈상품화를 자율적 가구주 구성으로
  동일시면서 여성이 재정적 독립을 이루지 못한다면 완전한 탈상품화가 될 수
  없다는 점과 탈상품화 개념에는 여성의 무급노동이 포함될 것을 강조하였다
  (Lewis, 1996). 또한 이들은 노동시장 참여와 상관없이 시민권에 입각한 권리
  를 강조하고 있다. 권리는 공공부조와 같이 일방적으로 급여를 받는 것이 아
  니라 기여의 원칙에 입각하여 받는 제도이다. 동시에 시민이면 누구나 사회적
  위험으로부터 보호받을 권리에 입각해야 한다. 여성의 재생산역할을 사회적
  인 기여로 인정하여 시민권 개념에 포함될 것을 요구하였다. 결국 권리와 무
  급노동을 탈상품화 개념에 포함된다면 탈상품화개념은 무급노동과 유급노동
  이라는 두 유형에 종사하는 여성들에게까지 그 대상을 포함할 수 있다.

초점을 맞추는 경향이 있다. 이런 점에서 본 연구에서는 여성의 탈상품화
란 여성이 모성권을 사회적으로 인정받아 남성과 노동시장에 의존하지
않고 가족 내 돌봄 역할과 가사노동을 충실히 수행할 수 있는 정도로 한
정하였다.

앞서의 정의를 바탕으로 가족정책의 탈상품화적 성격을 살펴보면 다
음과 같다. 첫째, 여성의 탈상품화는 남성과 다르다는 선에서 출발한다.
이러한 입장은 복지주의 여권론과 맥을 함께한다. 복지주의 여권론에 따
르면, 남성과 여성의 근본적인 차별은 출산과 양육에 대한 물질적 보상이
사회적으로 적절히 이루어지지 않는 데서 보고있다. 그렇기 때문에 이들
은 여성이 출산으로 인해 노동시장에서 불이익을 받지 않도록 하는 것과
가족 내에서 가사노동을 충실히 수행할 수 있도록 국가가 복지제도를 설
계하는 것을 주장한다. 말하자면, 국가가 정책적 개입을 통해 모성의 사
회적 재생산 역할에 대한 보상을 제공함으로써 성차별 문제를 해결하고
자 한 것이다. 이런 맥락에서 정책의 방향은 여성의 특수한 상황이라 할
수 있는 출산과 아동양육 등의 여건과 가치를 인정하면서 점진적으로 성
차별을 해소하는 것이었다(박영미, 2001; 조영래, 2000).

둘째, 여성의 탈상품화 정책의 성격은 남성 생계부양자 체제를 전제하
고 있다. 그러나 여성의 탈상품화 전략이 남성 생계부양자 모델을 토대로
하고 있더라도 가부장적인 체제와 다르다. 여성의 가사노동과 돌봄노동
을 국가가 보상하기 때문에 가족 내 남성에 대한 여성의 종속이나 억압
이 존재하지 않게 된다는 점이다. 다시 말해 여성의 탈상품화 전략은 남
녀의 차이를 전제로 한 평등이기 때문에 여성과 남성은 가족 내에서 평
등하다는 것을 전제로 하고 있다. 여성은 한 가족 내에서 어머니로서 사
회적으로 인정을 받으면서 남성에게 억압을 받지 않고 독립적으로 자신
의 역할을 충실히 할 수 있도록 보장하는 것이다. 또한 노동시장 내에서

도 여성은 출산 시 모성권을 인정받음으로써 일정 기간 어머니로서의 역할을 충실히 할 수 있도록 보장받게 되는 것이다. 결국 여성의 탈상품화 전략에서 가족 내 주요 책임자는 여성이며, 그 책임의 수행에 따른 대가를 국가가 보장하게 되는 것이다.

셋째, 여성의 탈상품화는 국가의 책임을 강조하고 있다. 여성의 탈상품화는 여성이 가족 내 돌봄 책임자의 역할을 수행하되, 국가가 이러한 여성의 무급노동을 지원하는 것을 의미한다. 여성의 탈상품화를 위한 국가의 지원에는 두 가지 방법이 거론된다. 우선 여성이 전업주부인 경우, 정부가 수당 정책이나 재정적 뒷받침을 통해 여성의 가족 내 역할을 충실히 뒷받침하는 방법이다. 다른 하나는 만일 여성이 노동시장에 참여할 경우, 국가가 모성을 사회적으로 인정하여 일정 기간 동안 돌봄을 위해서 휴직을 하도록 하거나 임금 노동시간을 단축시켜 직장과 가족생활을 양립할 수 있도록 지원하는 방법이다.

넷째, 전술했듯이 여성의 탈상품화 전략은 여성에게만 한정되기 때문에 여성의 탈상품화가 진행되는 동시에 여성의 가족화도 이루어진다. 결국 여성의 탈상품화란 여성의 노동력에만 한정되는 것이며, 따라서 이 전략에 있어서 여성은 탈상품화되는 동시에 가족화되는 특성을 지니게 된다. 이 경우, 남성은 임금 근로자로서 상품화되거나 사회보장 체계에 힘입어 탈상품화되지만 돌봄의 책임자로서 가족화되지는 않게 된다.

결론적으로 여성의 탈상품화는 여성이 모성권을 사회적으로 인정받음으로써 남성이나 노동시장에 의존하지 않으면서도 가족 내 돌봄 역할과 가사노동을 충실히 수행할 수 있는 정도로 정의할 수 있다. 여성의 탈상품화 역시 성별분업에 기초하고 있기 때문에 남성 생계부양자 체제와 유사하다고 볼 수 있지만, 자율적인 가구주를 유지할 수 있도록 한다는 점에서 가족 내 젠더 관계는 평등을 전제로 한다.

나. 탈상품화 정책의 종류

1) 출산휴가에 대한 재정적 지원

출산휴가란 노동시장에서 모성을 보호하기 위한 가장 핵심적인 제도
로서, 임신 상태의 여성이 출산하고 회복하는 데 필요한 일정한 기간을
의미한다(홍승아, 2003). 출산휴가의 전제와 목적은 모성보호에 있다. 모
성보호란 여성의 생리, 임신, 출산, 육아 등의 모성 기능에 관한 보호를
의미하며, 이는 임산부뿐만 아니라 가임 여성 모두에게 포괄적으로 적용
되는 개념이다. 출산은 어느 한 여성 근로자의 문제가 아니라 사회 전체
의 문제라는 점에서 출산휴가는 적극적인 사회적 권리이기도 하다. 이러
한 원칙은 성인지적 관점에서 나온 것으로, 남성과 여성을 동일시하는
절대적 평등이 아니라 '같은 것은 같게, 다른 것은 다르게'라는 상대적
평등의 개념에 기초한다. 다시 말해, 출산휴가는 여성 근로자를 위한 모
성보호 제도로서, 남녀 성차별이 아니라 국민을 재생산하는 막중한 기능
을 사회 제도적으로 보호하기 위한 것으로, UN, ILO, EU 등과 같은 국제
기구와 산업화를 경험한 대부분의 국가들이 이 제도를 채택하고 있다(장
자연 외, 2005). 그런데 여기서 중요한 것은 출산휴가의 기간보다 급여의
수준이 어떠하냐 하는 점이다. 왜냐하면, 임금 대비 급여의 수준이야말로
여성의 탈상품화 정도를 나타내는 척도이기 때문이다. 출산휴가의 급여
가 무급이거나 낮은 수준일수록 여성은 출산휴가를 사용하지 않을 가능
성이 높으며, 급여 수준이 높을수록 출산기간 동안 안정된 수입으로 출산
휴가 사용을 선택할 가능성이 높다.

2) 아동수당

아동수당은 노동시장에서 여성 노동력을 탈상품화할 수 있는 대표적

인 제도이다. 아동수당은 복지국가 성립 시기 페미니스트들의 강력한 노력에 의한 결과물로서 복지국가에 젠더를 통합한 보편적인 프로그램이다. 아동수당은 여성의 돌봄에 대한 가치를 사회적으로 인정해준다는 의미를 가지고 있다는 점, 그리고 남성에 대한 여성의 의존성을 덜어주고 가족 내 여성의 지위를 높여준다는 점에서 성 평등적 의의를 갖는다. 이러한 점에서 아동수당 제도는 여타의 가부장적 복지국가 프로그램들과 구별될 수 있다.

가족수당의 도입을 둘러싼 쟁점은 양육이나 돌봄 같은 젠더화된 영역을 제도적으로 통합하는 것이었다. 가족수당이 젠더적 가치 내지는 젠더적 역할과 관련되어 있었다는 점은 모든 국가에서 가족수당의 수준이 가족부양 능력이 없거나 부족한 남성 생계부양자를 위한 공적 부조의 수준을 넘어섰다는 점, 그리고 아버지가 아니라 어머니가 가족수당의 수급자였다는 점에서 잘 나타난다. 이렇게 볼 때, 가족수당은 양육노동에 대한 특수한 인정 방식과 어머니의 사회적 권리에 대한 독특한 해석을 담고 있다고 하겠다.

<표 3> 가족정책 성격

가족수당의 성격
가족수당은 일차 양육자(여성)에게 지급된다.
가족수당은 자산 평가 없는 보편적 프로그램이며, 급여수급자에 대한 사회적 낙인이 없는 프로그램이다.
가족수당은 아동의 양육에 대한 사회적 책임을 통해 연대를 구축하는 수평적 재분배 프로그램이다.

*출처: 김수정(2002), 가족수당의 제도 정치와 여성의 사회적 권리, 페미니즘 연구

3) 양육수당

양육수당은 가족 내 어린 자녀를 양육하는 기간 동안 국가가 양육비를 지급하는 제도이다. 아동수당과 양육수당의 차이는 아동수당이 자녀가 있는 가구에 양육비 명목으로 지불하는 것이라면, 양육수당은 부모가 취업을 중단하고 자녀를 양육하거나 또는 취업 중이라서 제 3자에 의해서 아동양육을 수행할 경우 그 양육노동에 대한 대가를 지불하는 것이다(신윤정, 2008). 양육수당은 2000년대 서구 유럽에서 도입된 가족정책으로 계속해서 확대되고 있다. 이 제도에 의해서 부모는 일정 기간 노동시장을 떠나 소득이 보장된 상태에서 아동을 양육할 수 있게 된다.

그런데 이 제도는 젠더적 차원에서 보면 모순이 있다. 명목적 차원에서 보면, 남성과 여성이 둘 다 해당되므로 탈젠더화 정책으로 분류될 수 있다. 그러나 남성에 비해 소득이 낮은 여성이 주로 양육수당을 받고 육아휴직을 선택하게 된다는 점에서 보면 양육수당은 실질적으로는 여성의 탈상품화 성격이 강하다. 이러한 양육수당에 대한 평가 또한 상반된 의견으로 나뉘어 있다. 여성 고용을 양성평등의 지름길이라고 주장하는 페미니스트 학자들에 따르면, 양육수당은 기존의 모성급여가 발전된 형태로서 이는 노동시장을 연계로 하고 있지 않다는 단점을 가지고 있다(Sainsbury, 1999). 궁극적으로 양육수당이 탈젠더화 성격으로 나아가기 위해서는 남성의 참여를 유도하는 인센티브 제도가 요구된다는 것이다.

반면 양육수당은 여성의 노동자와 모성의 역할 중 자유로운 선택권을 부여한 것으로서 다양한 가족 구성원이 양육에 참여할 수 있도록 해준다는 점에서 젠더 평등에 어긋나는 것이 아니며, 보육시설보다 저렴한 비용과 국가적 재정에 긍정적인 영향을 미칠 수 있다는 점에서 적극적인 의미를 부여받기도 한다(Government office of Sweden, 2008; 송다영,

2006).

4) 여성 연금 크레딧제도

연금 수급권은 개별 수급권과 파생 수급권이 있다. 개별 수급권은 본인 명의로 연금 수급권을 획득하는 것을 의미한다. 개별 수급권은 남편의 지위, 결혼 유무, 재산에 상관없이 기여에 입각하거나 보편적인 시민권의 원리에 의해서 취득하게 되는 수급권이다. 이에 비해, 파생 수급권은 피부양자의 지위에 입각하여 연금 수급권을 취득한 것을 의미한다. 결혼이나 배우자의 사망에 따라, 즉 부양자의 지위 변화에 따라 연금 수급권이 발생하고, 이혼이나 재혼 등 부양자에 대한 피부양자의 관계에 따라 연금 수급권이 소멸하는 것이다(류연규 외, 2007).

젠더적 관점에서 파생 수급권은 남성 생계부양자에 대한 여성의 의존을 전제로 하기 때문에 불평등한 제도로 간주된다. 반면, 개별 수급권은 독립된 시민을 전제로 하기 때문에 젠더 평등의 관점에서 선호되는 제도이다. 그런데 여성의 개별 수급권은 남성과 다르다. 보통 남성의 개별 수급권은 노동시장과 연계되어 결정되지만, 여성은 유급노동과 무급노동 사이에서 결정된다. 여성의 경우 출산, 양육, 노인부양 등의 문제로 유급노동 활동이 중단되는 경우가 많기 때문에 오늘날 많은 국가에서는 돌봄의 기간 동안 연금을 납부한 것으로 인정해주는 크레딧 제도(Credit system)를 도입하고 있다.

연금 크레딧 제도가 여성의 탈상품화적 성격을 지니고 있다고 보는 이유는 이 제도에 출산과 육아에 대해 사회적 가치를 인정해주는 논리가 담겨 있기 때문이다. 연금제도가 세대간 계약에 기초하고 있는 것처럼, 아동 양육·노인 수발 노동 역시 세대간 연대라는 사회적 가치를 지고 있다. 또한 육아기간 중 아기와 산모는 건강을 유지해야 할 가치를 지고 있다. 또한 연금 크레딧 제도는 출산과 육아로 인해 여성이 고용 단절과 승진 상의 불이익을 당할 수 있기 때문에 이에 대한 사회적 보상을 해주는 목적을 가지고 있다는 점에서 여성의 탈상품화적 성격을 갖는다고 할 수 있다(최은영, 2005).

그러나 여성에 대한 연금 크레딧 제도는 평생임금을 기반으로 하기보다는 노동 연수에 기반하여 책정되기 때문에 장기간 노동시장에 있는 남성에 비해 여성에게 불리한 제도이다(Sainsbury, 1999).[9] 따라서 연금 크레딧은 수급권 측면에서 남성과 여성이 동등해질 수 있으나 급여 수준에서는 동등해질 수 없게 된다. 또한 연금 크레딧 기간이 끝났을 때 여성들이 다시 노동시장으로 재진입하는 것은 그 동안 고용의 단절로 인해 어렵게 된다(Sainsbury, 1999). 이런 측면에서 여성 연금 크레딧 제도는 탈젠더화 정책으로 보기 어렵다.

▌3▌ 가족정책의 탈젠더화적 성격

가. 탈젠더화 가족정책의 특징

탈젠더화 정책이란 가족 내에서 남성과 여성이 이중소득자가 되는 동시에 이중 돌봄 책임자가 되는 것을 의미한다. 복지국가에 젠더를 투입해 분석한 최근의 연구들(Daly, 2004; Lewis, 2004; Ginn, Street and Arber, 2001; Orloff, 2001; Leira, 1998)은 다양한 자료와 분석을 통해 많은 국가들에서 유급노동과 가사노동 및 자녀양육을 병행하는 여성들이

---

9) 첫째, 크레딧 제도 하에서 장기간 노동시장에서 벗어난 기간은 훗날의 고용 가능성과 소득에 영향을 미칠 수 있다. 특히 승진과 평생소득 측면에서 여성에게 불리한 제도이다. 둘째, 연금 크레딧은 여성의 수급권을 보장해줄 수 있으나 그 급여 수준이 평균소득보다 낮은 임금으로 책정되기 때문에 상대적으로 평균 남성소득보다 낮다고 볼 수 있다.

계속해서 증가하는 동시에 남성의 가족 내 역할이 증가하고 있는 것으로 나타나고 있다(Daly, 2004; Lewis, 2004; Lin and Rantaliho, 2003; Ginn, Street and Arber, 2001; Orloff, 2001; Leira, 1998; Ginn, Street and Arber, 2001).

많은 페미니스트들이 오늘날 가족 내 젠더 평등을 요구하는 이유는 그 무엇보다 가족이 젠더 불평등을 야기시키는 핵심적인 장으로 인식되고 있기 때문이다. 많은 페미니스트 학자들은 남성이 가족 내 자원을 장악함으로써 여성의 예속이 시작되었으며, 이러한 불평등한 젠더 관계는 오늘에 이르기까지도 지속적으로 유지되고 있다고 주장한다(Gordon, 1991; Dalherup, 1986; Glen, 1987; Hobson and Lindholm, 1997; Worldbank, 2001; UNDP, 2007; Blood and Wolf, 1960; Warner, Lee and Lee, 1986; Rollins and Bahr, 1976; Diefenbach, 2002; Olson and O`conner, 1998). 게다가 가족 내 젠더 불평등은 다른 핵심 영역에도 영향을 미칠 수 있다. Engels의 '가족의 기원'에 의하면,[10] 사유재산이 발생하면서 남성에 대한 여성의 종속이 시작되었고, 가족 구성원들의 성별에 따른 불평등이 발생하기 시작되었다. 다시 말하면, 가족 내에서부터 젠더간의 불평등이 시작되어 경제제도와 정치제도, 종교제도 등 다양한 미시적이며 거시적인 제도들로 확산되어갔다는 것이다.

이런 의미에서 탈젠더화 정책은 다음과 같은 특징을 가지고 있다. 첫

---

10) 많은 학자들(Glen, 1987; Worldbank, 2001; UNDP, 2008)은 가족이 젠더관계를 형성하는 일차적인 조직이며, 바로 이 가족에 노동의 성적분화, 성적규제, 젠더의 사회적 구성과 재생산이 뿌리박혀 있다는 것을 제시하고 있다. Glenn(1987)은 가족 내에서 남녀사이에 젠더 위계가 만들어졌으며 이러한 위계질서가 재생산되어지며, 가구 구성원들 사이에 상호작용을 통해 유지되고 있기 때문에 가족 내의 여성의 위치에 대한 논의는 사회 속에 여성의 위치에 대한 논의가 될 수 있다고 보았다.

째, 여성과 남성이 모든 면에서 동등하다는 전제에서 출발한다. 이러한 입장은 사회주의 페미니즘에 의해 설명될 수 있다. 이들에 의하면 남녀차별의 근본적인 문제가 남녀의 성별분업에 기초한 노동에 있다. 자본주의와 가부장제가 결합한 자본주의 사회에서 남성은 생산노동인 유급노동에 종사하고 여성은 재생산 노동인 무급노동에 종사하는데, 유급노동은 가치있는 노동으로, 무급노동은 유급노동에 비해 가치가 떨어지는 노동으로 간주된다. 결국 차별적인 노동의 가치로 인해 남성이 여성을 착취할 수 있는 지위를 누리게 된다는 것이다. 따라서 사회주의 페미니스트들은 여성이 담당해온 가정내 아동양육과 가사노동을 사회화하는 동시에 남성과 분담하도록 함으로써 여성과 남성의 유급노동과 무급노동의 경계를 소멸시키는 것을 목적으로 한다(박영미, 2001; 조영래, 2000).

둘째, 탈젠더화 가족정책의 목적은 남녀를 동시에 이중 소득자이자 이중 돌봄 책임자로 만드는 것이다. 윤홍식(2006)이 언급하듯이, 양성평등은 남성과 여성 모두에게 노동권과 부모권을 동시에 보장해주는 것이다. 여기서 노동권은 남·여 모두 상품화와 탈가족화가, 부모권은 탈상품화와 가족화가 동시에 진행되어야 한다는 것을 전제로 한다. 특히 아버지의 가족화는 중요하다. 남성도 여성과 동등하게 가사노동에 참여해야 진정한 탈상품화가 이루어질 수 있을 뿐더러 양성평등을 성취할 수 있기 때문이다(Lewis, 1992; Sainsbury, 1998; Fraser, 1994; 윤홍식, 2006; 강혜경·이혜경·홍승아, 2003 외 다수). 강희경(2007)에 의하면 아버지의 돌봄노동 참여를 사회적 권리로서 여기는 것이야말로 젠더 평등을 실질적으로 가능케 하는 디딤돌로 보았다. Fraser(1994)는 양성평등 정책으로 보편적 생계유지형(universal Breadwinner Model)과 보호제공자 평등모델(caregiver parity model)을 조화시켜 남성이 좀더 많은 가사 일을 하도록 권유하였다.[11] 이런 관계는 국가, 시장, 부부를 통해 논의될 수 있다. 이 경우, 남성과 여성은 동시에 탈상품화되고 가족화되지만 여성은 남성의 가족화로 인해 탈상품화 정책보다 상품화가 될 가능성이 크다. 물론 아버지의 가족화 논란은 최근에 와서 제기되는 논의들이다. 가족 영역에서 여성과 남성의 엄격한 성별분리는 오랫동안의 관습이라는 이름 하에 계속 이어지고 있으며, 그에 수반하여 남녀 불평등 또한 지속되고 있다. 결국 가족 내 양성평등의 전략은 남녀 둘 다 공적 영역과 사적 영역에 동등하게 참여토록 하는 것이다. 이러한 전략은 결국 아버지의 가족화를 전제로 할 때 비로소 가능케 된다. 이와 관련하여 많은 학자들 역시 남녀가 직장과 가정의 일을 공동으로 분담할 때 평등이 이루어지는 것으로 보았다(Lewis, 1992; Sainsbury, 1998; Fraser, 1994; 윤홍식, 2006; 강혜경・이혜경・홍승아, 2003 외 다수).

셋째, 여성의 탈젠더화 역시 여성의 탈상품화와 마찬가지로 국가의 책임을 강조한다는 점이다. 윤홍식(2005)은 여성의 노동권을 강조하기 위해서 보육의 탈가족화가 전제되어야 함을 주장한다. 다시 말해, 국가는 보육시설이나 서비스 확충을 통해 부부가 노동하는 동안 아동양육과 돌봄을 책임져야 한다는 것이다.

궁극적으로 가족 내 탈젠더화는 가족 내 남녀가 경제적 부양자인 동시에 돌봄 책임자의 역할을 함께 공유할 때 이루어지는 것으로 정의할 수 있다. 여기서 핵심은 여성은 상품화이고, 남성은 가족화이다. 여성이 노동시장에서 좀더 적극적인 활동을 할 수 있도록 보육에 대한 지원이 이루어져야 하며, 남성의 가족화를 위해 국가는 남성에 대해 휴가정책이나 할당제, 세금 정책 등을 통해서 뒷받침해야 하는 것이다.

---

11) 물론 다른 의견도 있다. 박승희(2004)는 비자발적으로 아버지를 가사 일에 참여시키는 것보다는 가족 내의 불평등을 해소하는 방법으로 가사노동에 대한 의미 규정을 달리하는 것을 제시한다.

나. 탈젠더화 가족정책의 종류

1) 보육서비스

보육서비스는 탈젠더화 정책에 핵심 변수이다. 보육서비스가 발전할수록 여성의 상품화를 증가시키고, 전통적인 관점에서 보육과 돌봄의 주요 책임이 여성에게 있는 것으로 간주하고 있기 때문에 여성은 시간제 고용, 여성적 일자리 집중 현상 등 열악한 경제적 세력화에 놓일 수밖에 없게 된다는 것이다. 이러한 논의는 많은 연구들을 통해서 실증적으로 증명되기도 하였는데(Gornick and Meyers, 2008; Duvander, Ferrarini and Thalberg, 2006; Ferrarini, 2003; Sundström and Duvander, 2002), 보육서비스가 발전한 국가일수록 가족 내 탈젠더화 수준이 높다는 것을 밝히고 보육서비스의 확대를 강구하고 있다.

특히 0~3세 이하를 대상으로, 하는 조기 아동교육 및 보육제도(Early Childhood Education and Care)는 여성들의 탈가족화를 위한 핵심 요소이다. 조기 아동교육 및 보육제도가 발전할수록 보육으로 인해 여성이 노동시장 중단 없이 지속적으로 고용상태에 있을 수 있기 때문이다(Korpi, 2000). 오늘날 전세계적으로 여성 고용의 증가는 많은 국가에서 보육서비스를 확대하고 있으며, 유니세프, 유엔, 국제 노동기구에서도 여성 인력의 적극적 활용과 양성평등정책을 결합하기 위해서 보육서비스 확대를 강구하고 있다.

2) 유급 부모휴가

유급 부모휴가의 목적은 남성의 가족화를 주요 목적으로 하고 있다. 노르딕 국가를 중심으로 처음 도입할 당시 제도의 목적은 남성의 아버지 역할을 강화함으로서 여성의 탈가족화를 도모하기 위해서였다. 즉 가족 내 아버지의 권리를 향상시키고 여성의 노동시장에서 고용의 중단을 예방하기 위함이었다(Haataja, 2009). 유급부모휴가가 없는 국가는 전형적인 남성생계부양자 형태를 고수하고 있는 것으로 나타났다. 상대적으로 여성은 돌봄책임자로 남성은 경제부양자로써 역할이 강하며 여성은 시간제 비율이 높고 가족 내 남성에 비해 소득이 낮다. 이러한 점은 유급 부모휴가의 부재가 가족돌봄책임을 여성에게 부과하기 때문에 고용효과를 줄어들게 한다는 것이다(Ray, Gornick and Schmitt, 2009).

부모휴가제도는 부모의 핵심 전제는 아버지 탈상품화와 동시에 가족화이다. 남성도 여성과 동등하게 사적 공간에 일에 참여해야 진정한 탈상품화가 이루어질 수 있을뿐더러 양성평등을 성취할 수 있는 대표적인 제도이다. 구체적으로 아버지 할당제, 아버지 휴가 등 부모휴가에 남성도 적용대상이 되어야 하며 특히 의무적인 사용이 전제되어야 한다는 점이다(Lewis, 1992; Sainsbury, 1998; Fraser, 1994; 강희경, 2007; 윤홍식, 2006; 이혜경·홍승아, 2003 외 다수).[12]

---

12) Walby(1992)는 여성이 완전한 시민권을 얻기 위해서는 가정내 노동의 여러 측면이 학교와 보육원, 병원 등을 통해 사회화되고 있는 것처럼 여성의 가사책임 또한 사회화 되어야 할 것을 주장하였다.

<표 4> 여성의 탈상품화적 가족정책과 가족 내 탈젠더화적 가족정책의 특징

	여성의 탈상품화적 가족정책	가족 내 탈젠더화적 가족정책
목적	남성생계부양자 여성돌봄책임자 여성의 가사노동 인정	이중소득자 및 이중 돌봄책임자
내용	여성의 가사노동을 사회적으로 인정/여성의 역할 충실히 할 수 있도록 도와줌	여성과 남성이 가족 내 생계부양자인 동시에 가족 내 책임을 고용하도록 도와줌
가족 내 가사노동 주요책임자	여성	부부(남성과 여성)
가사노동지원	국가	국가
특징	여성의 탈상품화 + 여성의 가족화	여성의 상품화 + 보육의 탈가족화 남성의 탈상품화 + 남성의 가족화
근거	복지주의 페미니즘	사회주의 페미니즘
종류	아동수당, 양육수당, 모성유급휴가, 주부 여성 연금 크레딧	보육서비스(0~3세미만), 부모휴가(아버지할당제), 성평등 세금 인센티브
관계	여성-시장-국가	부부-시장-국가

제3절 여성의 사회적 지위와 가족정책

여성의 시민권에 대한 페미니스트들은 이중관점을 가지고 있다. 하나는 남성과 여성은 동일시해야 한다는 "같음"에 대한 관점이었고 하나는 여성과 남성은 본질적으로 차이가 있다는 "다름"이다. 전자는 여성의 노동시장 진출이 시민권이 기본조건으로 이는 노동시장과 가족 내 남성과 여성이 동등해야 한다는 관점이었다. 다름은 여성의 본질적인 특징을 인정하자는 관점으로 돌봄은 여성 고유한 특징으로 집에서 돌봄의 책임을 충실히 하도록 하는 것이었다(Gornick and Meyers, 2001). 좀 더 구체적으로 여성의 경제적 세력화와 정치적 세력화에 따른 가족정책에 대한 여성의 탈상품화적 성격과 가족 내 탈젠더화 성격에 대해서 살펴보겠다.

▎1▎ 여성의 지위와 가족정책의 탈상품화적 성격

여성의 상품화와 여성 탈상품화의 관계는 상보적인 관계인 동시에 모순적인 관계를 가지고 있다. 여성의 상품화는 여성탈상품화의 전제조건이다. 여성이 노동시장에서 고용률, 관리직, 전문직, 임금 수준이 높을수록 온전한 탈상품화를 이룰 수 있는 제도를 형성할 수 있다. 그 이유는 탈상품화 제도는 노동시장에서 기여에 입각한 정책으로 여성들이 정규직일수록 고위직 고임금일수록 납세할 능력이 높아지면서 이는 궁극적으로 사회권의 권리도 상승한다고 볼 수 있다. 그렇기 때문에 여성의 경제적 세력화가 높을수록 여성의 탈상품화적 성격이 높아질 수 있다고 볼 수 있다.

그러나 여성 탈상품화정도가 높아지면 역으로 여성의 가족화가 동반

되고 이는 여성의 경제활동에 장애를 주어 여성의 경제적 세력화를 낮출 수 있다. 여성이 출산과 육아, 돌봄을 위해서 노동시장 활동을 중단하고 사적 영역에 무급노동을 수행할 경우, 국가로부터 적절한 소득보장이 이루어져 남성에게 의존하지 않고도 자율적인 가구를 구성할 수 있는 능력을 형성할 수 있다. 그러나 장기간의 탈상품화 정도는 노동시장에서 경력의 단절을 가져와 다시 노동시장에 재진입할 시 불리한 위치에 놓일 수밖에 없다. 또한 고용주 입장에서도 여성이 모성의 역할로 노동시장을 중단 할 경우 영리를 목적으로 하는 자본주의 사회에서 이러한 제도를 선호할 리가 없다. 고용주들은 기회비용을 고려할 경우 득보다 실이 많기 때문에 고용당시부터 여성을 선호하지 않는다.

여성과 남성이 다르다는 관점을 가진 여성의 정치적 집단이 강할 수록 한 국가의 가족정책은 여성 탈상품화성격으로 갈 가능성이 높다. 1990년대부터 많은 페미니스트는 복지국가를 변형시키는 핵심 변수로 여성의 경제적 세력화보다는 여성의 정치적 세력화를 강조하였다. 그 이유는 여성의 정치적 세력화가 정치 체제에 직접적인 영향을 주는 동시에 국가의 제도적 배열에도 상당한 영향을 미치기 때문이었다(Mosesdottir, 1995). 이러한 정책은 결국 젠더관계를 변화시킬 수 있다는 점에서 중요하기 때문이다. 특히 여성의 정치적 세력화가 강화된다는 점은 정치영역에서 그들의 선택의 기회를 확대시켜주고 여성의 주요 이익에 상당한 영향력을 행사할 수 있기 때문이다(Misra, 1999; Orloff, 1996; Bock and Thane, 1991; Jenson 1987; Koven and Michel, 1993; Mink, 1995; Skcohpol, 1992). 이들의 분석은 복지국가의 모성주의에 입각한 설계에 초점을 맞추면서 여성운동이 젠더를 고려한 복지국가 형성에 기여한다는 것을 역사적 관점과 국가 간 비교연구를 통해 보여주었다. 모성주의란 여성의 모성적 능력을 찬양하면서 돌봄, 양육, 윤리성 등을 사회적으로 인정해주자는 의도였다(Koven and Michel, 1993). 이들의 전제는 평등의 차이에 두고 있는 것이다. 모성주의 정책의 근본 의도는 여성의 노동시장이나 정치 영역의 진입을 제한하는 것이 아니라 모성이라는 여성만의 독특한 능력을 향상시켜 여성과 자녀의 안정망을 복지국가가 보장하도록 하자는 것이었다. 당시 여성운동은 여성을 위한 독립적인 국가적 지원을 요구하였다. 훗날 페미니스트들은 이들을 모성주의자라고 비판하면서 자신들과 구별 짓기도 하였다. 그러나 복지주의 페미니스트들이 복지정책에 상당히 기여했음을 알 수 있다. Koven and Michel(1993)은 강한 국가와 약한 국가로 분류했을 때 여성의 세력화가 강했던 곳에서 여성과 아동을 보호하는 정책이 강했음을 제시하고 있다. 또한 Skcohpol(1992)의 연구에서도 모성주의와 온정주의(paternalist)로 분류하면서 온정주의 국가가 남성 중심에 기반한 복지국가로 여성과 아동은 남성에게 의존하는 것을 전제로 복지국가가 설계되는 것이 특징이다.[13] 모성주의 복지국가란 여성중심의 공공기관들이(female dominated public agencies) 여성과 아동을 위해서 급여를 제공하고 법을 수행해나가는 국가로 정의하고 있다. 즉 여성의 모성을 사회적으로 인정하면서 여기에 대한 대가를 국가가 제공하는 점이 앞의 가부장적 복지국가와 차이가 있다고 볼 수 있다. 초기 여성운동의 특성은 국가마다 세력화 정도는 다르지만 이러한 모성주의에 입각하여 시작하였다(Bock and Thane, 1991).

---

13) 이러한 국가의 전형은 1930~40년대 파시스트 국가들이다. 이들 국가의 특징은 남성의 가부장권을 강조하면서 남성의 고용을 강조했으며, 아동수당이나 각종 가족 급여를 남성에게 수급권을 부여하였다(Wennemo, 1994; Bock, 1991; Saraceno, 1991; Nash, 1991).

‖ 2 ‖ 여성의 지위와 가족정책의 탈젠더화적 성격의 관계

가족정책의 탈젠더화 성격은 오늘날 여성의 경제적 세력화가 강화와 여성의 정치적 세력화가 강화되면서 형성되고 있다. 특히 여성의 노동시장진출로 인해 가족과 관련하여 다양한 사회적 문제가 야기되고 있다. 대표적인 문제가 저출산, 가족의 붕괴 또는 가족의 책임 축소, 가족 내 역할 갈등으로 볼 수 있다. 여성의 노동시장 참여 증가는 여성이 결혼이나 출산을 미루거나 둘째 아이 출산을 원하지 않게 되었다. 결국 이러한 저조한 출산 현상은 복지국가의 인구 평균 대체수준보다 떨어지게 되었고, 저출산 고령화 현상이라는 심각한 사회문제를 야기하게 되었다.

두 번째로 가족 축소·가족 붕괴는 여성의 노동시장으로부터 얻는 경제적 이점은 상대적으로 가족 내의 여성의 이점을 줄어들게 함으로써 여성이 결혼을 하지 않거나, 이혼에 기인한다(Blossfeld and Drobnic, 2001). 가정경제 이론이나 기능구조주의 이론에 의하면 남성생계부양자 모델의 경우 여성과 남성은 산업사회에서 성별에 따른 분업이 가족을 유지하는 최적의 형태였다. 성별분업은 서로 상호의존으로 각각의 역할로 인해 여성은 남성으로부터 경제적 의존을, 남성은 여성으로부터 보호와 생산노동을 위한 재생산을 받을 수 있었다. 그러나 여성의 노동시장 참여는 여성에게 있어서 경제적 부분의 잇점이 점점 줄어들게 됨으로 인해 이혼을 하거나 결혼을 원하지 않게 되었다는 점이다.

게다가 가족구성원의 돌봄에 대한 부담은 더 이상 여성의 책임으로만 떠넘길 수 없는 문제가 되었다. 가족구성원 중 노인, 장애인, 아동에 대한 돌봄 책임이 기존에는 여성이었지만 여성이 노동시장 참여는 상대적으로 이들에 대한 시간을 적게 투자하게 되었으며, 이러한 문제는 국가적으로 심각하게 되었다. 특히 대표적인 문제가 아동의 돌봄에 대한 책임이었다.

결국 이러한 현상은 가족정책의 재구성을 요구하게 되었다. 즉 기존의 정책이 남성생계부양자를 중심으로 한 형태였다면 좀 더 맞벌이 부부에 맞는 가족정책으로 변화가 요구되었다. 이에 국가적으로 또 국제적으로 가족친화정책을 제시하고 있는 실정이다.

여성과 남성이 노동권과 부모역할이 같아야 한다고 주장하는 페미니스트들(Gordon, 1991; Dalherup, 1986; Hobson and Lindholm, 1997; Olson and O`conner, 1998)과 가족구성원간의 권력관계를 변수로 상정한 연구들(Blood and Wolf, 1960; Warner, Lee and Lee, 1986; Rollins and Bahr, 1976; Diefenbach, 2002)은 가족은 젠더간의 불평등한 관계를 형성하는 일차적인 조직이며, 정치적인 투쟁과 권력관계를 형성하는 권력의 장(field)으로 보고 있다.

위와 같은 관점에서 수행된 연구들을 종합해보면, 가족 구성원들 사이의 권력의 역학관계는 비대칭적으로 분포되어 있고, 특히 성별에 따라 권력의 불평등한 관계가 두드러지며, 이는 양성간의 상하위계질서형성으로 이어진다는 것이다. 또한 이러한 불평등한 위계질서는 가족 구성원들 사이에 유지되고 그리고 강화되고 있기 때문에 정치학적 맥락에서 가족정책에 대한 논의가 이루어져야 한다고 보고 있다(Engels, 1884; Gordon, 1991; Dalherup, 1986; Glen, 1987; Hobson and Lindholm, 1997; Worldbank, 2001; UNDP, 2007; Blood and Wolf, 1960; Warner, Lee and Lee, 1986; Rollins and Bahr, 1976; Diefenbach, 2002; Olson and O`conner, 1998).

실제로 이들은 사실 오래전부터 복지국가를 연구한 많은 페미니스트들(Lister, 1992; Lewis, 1992; Fraser, 1994; Sainsbury, 1996, 1999; Crompton, 1998; Gornick et al, 2004)은 탈젠더화된 복지국가를 요구하

였다. 이들은 여성과 남성이 둘 다 노동시장에 참여하여 경제적 부양자가 되는 동시에 사적영역에서는 둘 다 돌봄 제공자가 되는 탈젠더화된 상태를 요구하였다. Lewis(1992)는 이중소득자 모델로 Sainsbury(1996, 1999)는 개별모델이라는 양성평등 모델이념형을 제시하고 있다. Fraser(1994)는 양성평등 정책으로 보편적 생계유지형(universal Breadwinner Model)과 보호제공자 평등 모델(caregiver parity model)을 조화시켜 남성이 좀 더 많은 가사일을 할 수 있도록 권유하였다.

이러한 노력은 페미니스트들에게 국한되지 않는다. 국제 정치적 조직에서도 탈젠더화된 가족정책을 요구하는 노력이 보였다. 특히 베이징 선언과 행동강령(Beijing Declaration and Platform for Action)에서 여성의 평등을 달성하는 수단으로서 여성의 경제권 확보가 중요하든 점을 인식하고 적합한 근로조건과 경제적 자원의 통제라는 노동정책과 함께, 여성과 남성이 공동으로 일과 가족 책임에 조화를 이룰 수 있도록 해야 한다고 구체적으로 명시하고 있다[14](UN, 2006).

---

14) 베이징 행동강령 주요 내용

가족책임을 공유하기 위해서 근로 패턴을 재구성할 수 있는 고용정책을 수정해야함.

평등주의(equal bassis)에 입각하여 여성과 남성이 시간제나 전일제를 자유롭게 선택할 수 있도록 보장해야함. 또한 비정형(atypical) 고용, 근로조건, 사회보장에 접근할 수 있어야 함.

가사일과 직업의 일을 향상시키고, 자기경영(self-support)을 격려하고, 소득을 벌고, 생산과정에서 젠더 중심의 역할을 변화시키고 여성이 저소득 직업에서 빠져나올 수 있도록 기술체계를 개발해야함.

남성과 여성이 부모휴가를 사용하고 사회보장을 받을 수 있도록 법적 체계를 마련해야함. 이러한 체계는 근로 여성과 남성을 해고(dismissal)에서 보호하고 노동시장 재진입을 보장해주어야 함.

여성들이 교육이나 노동시장에 진입할 수 있도록 저소득층을 중심으로 주간 돌봄 센터를 세울 수 있도록 재정적 지원을 해야 함.

직장, 개인적 생활, 가족생활의 양립을 위해서 법적 행정적 제도가 마련되어야 함. 예를 들면 아동과 피부양자 돌봄, 부모휴가, 여성과 남성의 유연한 노동체계.

대부분의 유럽 국가들은 EU 차원에서 가족 내 탈젠더화를 위한 사회정책을 권장하고 있다. 1964년 고용정책회의(Employment Policy Convention)와 고용정책권고(Employment Policy Recommendation)는 노동시장에서 빠져나온 여성들이 다시 진입할 수 있도록 직업교육을 활성화할 것을 요구하였다[15]. ILO는 1965년 제네바 회의에서 국제적으로 여성의 노동시장 참여의 증가로 인해 가족 책임에 대한 문제가 심각하다는 것을 인식하고 고용 권고(Employment Women with Family Responsibility Recommendation)를 통해 직장에서 직업과 가족 내의 돌봄의 일이 가능하도록 가족 내에 남성들이 가사 분담을 공유하도록 권고 하였다. 이 권고문은 정책당국자들은(competence authority)은 민간기관이나 공공기관에서 적절하고 합리적인 아동 돌봄 서비스와 아동보육시설을 권장하고 모든 규정들은 국가 기관에서 명시하도록 하였다[16]. 1993년 UNECE를 시작으로 해서, 1994년 유럽인구회의와 카이로 인구개발회의의 행동강령(European Population Conference and Cairo ICPD Programme of

---

여성과 남성이 직장과 가족이 책임을 양립할 수 있고 남성이 여성과 동등하게 가사와 아동돌봄 책임을 공유하기 위한 프로그램들을 만들어야 함.

직업적 분리, 부모휴가 도입 및 확장, 유연한 시간제를 통해 직업과 가족의 책임을 향상시켜야 함.

노동정책과 부모급여 및 휴가, 아동 및 가족 구성원 돌봄과 같은 정책들을 인식, 개발, 향상. 가족의 책임과 고용의 양립을 증시하고, 사회에 가족과 개인의 비시장적 기여의 가치의 중요성 인식. 여성과 남성이 그들의 자녀와 함께하는 시간과 공간 등을 자유롭게 선택하고 책임질 수 있는 권리보장, 남성이 동등하게 여성과 가사, 아동돌봄, 돌봄제공 책임을 공유할 수 있게 해주고 여성의 사회활동보장과 기타 수급권과 관련하여 남성과 평등할 수 있는 권리를 인정.

*출처: UN(2006), "creating an environment at the national and international levels, conducive to generating full and productive employment and decent work for all and its impact on sustainable development", Economic and Social Council에서 재구성

15) www.ilo.org
16) www.ilo.org

Action)을 통해 젠더평등의 중요성을 알렸으며, 1996년 베이징선언과 행동강령(Beijing Declaration and Platform for Action), 2000년 리스본전략(Lisbon Strategy)에서 젠더 평등의 중요성과 직장과 가족생활의 양립 정책 제정을 강조하였다.

제4절 분석과제

본 연구는 여성의 경제적 세력화와 정치적 세력화에 따라 복지국가 양성을 분석하는 것이다. 여성의 경제적 세력화와 정치적 세력화는 젠더적 관점에서 복지국가 발달을 설명하는 핵심 변수로서 이 두 변수의 정도에 따라 복지 국가내에서 젠더 양상이 달라질 것으로 판단한다. 가족정책은 젠더 관계를 설명해주는 핵심 사회복지 정책이다. 그 이유는 가족이 젠더 관계를 이루는 기초적인 장소이며 가족 속에서 젠더관계는 사회의 다양한 제도에 영향을 미칠 수 있기 때문이다. 이에 젠더적 관점에서 가족정책의 성격을 분석하여 그 양성을 살펴보는 것이 다른 제도를 연구하는 것보다 선행되어야 한다고 판단하였다. 이에 본 분석과제는 다음과 같다.

첫째, 여성의 경제적 세력화와 정치적 세력화 기준에 의한 나라 유형에 따라 복지국가들이 어떻게 분류되는가?

둘째, 여성의 경제적 세력화와 정치적 세력화가 가족정책의 형성과정에 어떻게 영향을 미치는가?

  1. 여성의 경제적 세력화와 정치적 세력화가 가족정책의 탈상품화적 성격형성과정에 어떻게 영향을 미치는가?

  2. 여성의 경제적 세력화와 정치적 세력화가 가족정책의 탈젠더화적 성격형성과정에 어떻게 영향을 미치는가?

셋째, 여성의 경제적 세력화와 정치적 세력화 기준에 의한 나라 유형별 가족정책의 성격은 어떠한가?

  1. 여성의 경제적 세력화와 정치적 세력화 기준에 의한 나라 유형별 가족정책의 탈상품화 정도는 어떠한가?

  2. 여성의 경제적 세력화와 정치적 세력화 기준에 의한 나라 유형별 가족정책이 탈젠더화 정도는 어떠한가?

제5절 분석모형

본 연구는 여성의 경제적 세력화와 정치적 세력화 정도에 따라 복지국
가들을 유형화할 것이다. 유형화를 통해 유사한 국가를 서로 분류한 다
음, 각 유형별 사례국가를 택하여 젠더적 관점에서 가족정책을 분석하는
것이다. 가족정책의 기준은 여성탈상품화 성격과 탈젠더화 성격으로 나
누어 분석할 것이다. 탈상품화 성격과 탈젠더화 성격은 오늘날 가족정책
의 성격을 나타내주는 대표적인 정책들이다. 이들의 발달과정과 정책의
성격을 통해 유형사례별 국가의 특성을 살펴볼 것이다.

<그림 2> 분석모형

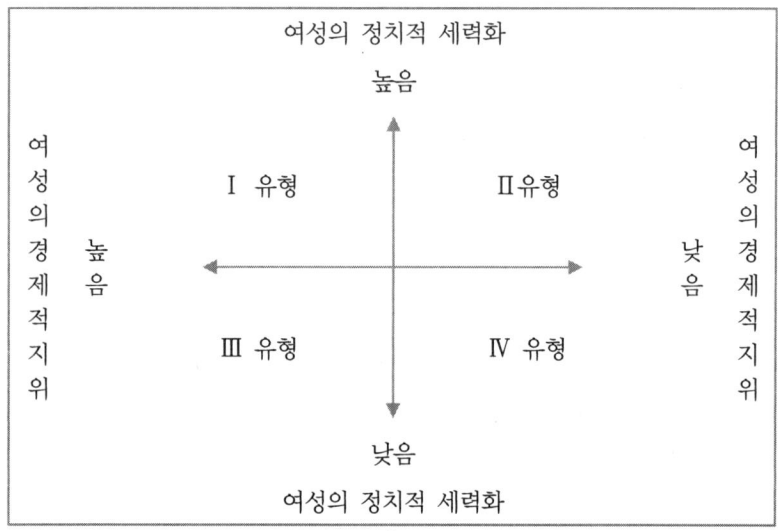

세계여성 복지정책의 비교연구

제 3 장

유형화

1. 여성의 경제적 세력화
2. 여성의 정치적 세력화 정도
3. 여성의 경제적 세력화와
   정치적 세력화에 따른 군집화

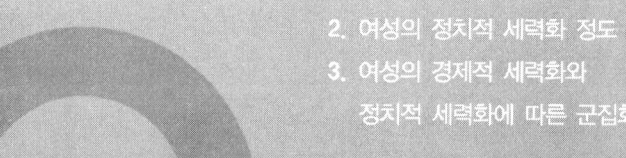

세계여성
복지정책의
비교연구

세계여성 복지정책의 비교연구

제3장

유형화

▌▌1▐ 여성의 경제적 세력화

여성의 경제적 세력화는 여성의 관리직, 여성 전문직, 남성대비 여성소득, 여성고용율로 구성되어 있다〈표 5 참조〉.

<표 5> OECD 30개 회원국 여성의 경제적 세력화현황

국가	여성 관리직 비율	여성 전문직 비율	남성 대비 여성소득	여성고용	총점 (표준화)
호주	37	55	0.7	56.1	0.83
오스트리아	28	46	0.44	49.3	-0.54
벨기에	30	48	0.63	43.4	-0.15
캐나다	36	56	0.63	60.2	0.8
체코	28	52	0.51	51.7	-0.09

덴마크	25	52	0.73	59.4	0.52
핀란드	28	54	0.71	56.9	0.57
프랑스	.	.	0.64	48.2	.
독일	35	50	0.58	50.4	0.16
그리스	27	49	0.55	42.7	-0.4
헝가리	34	61	0.64	42.1	0.44
아이슬란드	29	55	0.71	70.9	1.03
아일랜드	29	51	0.51	51.9	-0.09
이태리	21	45	0.46	37	-1.09
일본	10	46	0.44	48.5	-1.1
한국	7	38	0.46	50.1	-1.4
룩셈부르크	.	.	0.49	44.1	.
네덜란드	25	42	0.38	39.9	-1.18
멕시코	26	48	0.63	55.8	0.08
뉴질랜드	36	52	0.7	59.8	0.79
노르웨이	29	50	0.75	63.1	0.71
폴란드	34	61	0.59	47.9	0.5
포르투갈	32	52	0.59	55.2	0.3
슬로바키아	32	61	0.58	51.9	0.53
스페인	32	47	0.5	44.2	-0.39
스웨덴	31	51	0.81	58.8	0.82
스위스	27	46	0.61	60.1	0.11
터키	7	31	0.35	27.8	-2.53
영국	33	46	0.65	55	0.23
미국	42	55	0.62	59.6	0.91

가. 여성의 관리직 비율

OECD 회원국 여성의 관리직 현황을 살펴보면 자유주의 국가들이 높음을 알 수 있었다. 미국, 호주, 캐나다, 뉴질랜드 순으로 30~40사이에 몰려있었으며, 특히 미국이 앞도적으로 관리직 비율이 높음을 알 수 있었다. 또한 대부분의 국가들이 30%선에 머물러 있었으며 일본, 한국, 터키가 10% 미만으로 여성의 관리직 비율이 다른 국가들에 비해 최하위 국임을 알 수 있다. 또한 OECD 회원국들 모두 50%를 넘지 못했다.

<그림 3> OECD 회원국 여성관리직 현황

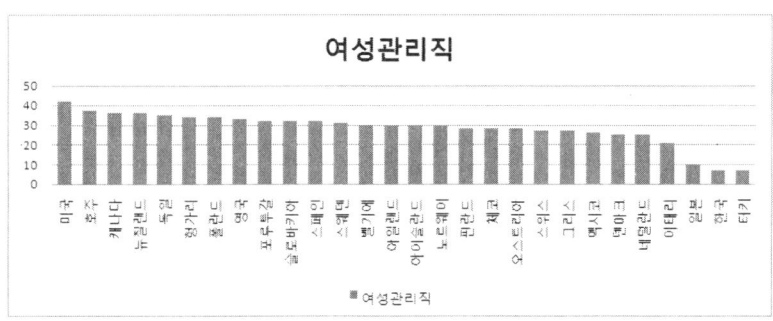

나. 여성 전문직비율

OECD 회원국의 여성전문직 비율은 전체적으로 여성의 관리직보다 더 높은 편이었다. 모든 국가들이 30% 이상의 전문직에 여성이 종사하고 있었다. 특히 동유럽국가인 헝가리, 폴란드, 슬로바키아가 60% 이상으로 상위권을 차지하였다. 다음으로 호주, 캐나다, 아이슬란드, 핀란드, 체코, 뉴질랜드, 포르투갈 등 자유주의 국가와 일부 북유럽 국가가 50%이상 차지하고 있었다. 한국과 터키는 40%미만으로 여성의 관리직 현황과 마찬가지로 최하위권에 머물고 있었다.

<그림 4> OECD 회원국 여성전문직 현황

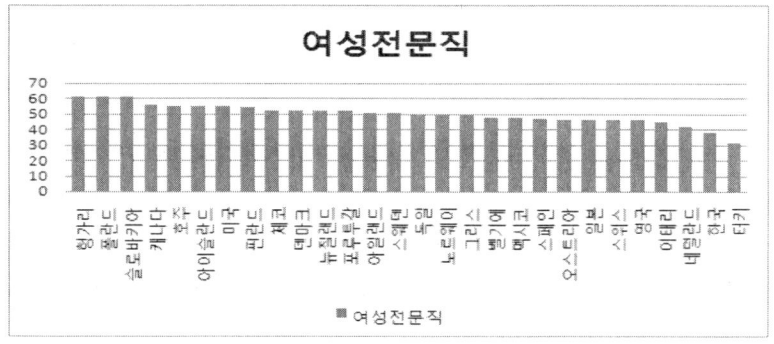

다. 남성대비 여성 소득 현황 및 소결

남성대비 여성 소득 현황은 전체적으로 남성과 평등한 국가는 존재하지 않았다. 스웨덴, 노르웨이, 덴마크, 아이슬란드 등 북유럽권을 중심으로 다른 국가들에 비해 높은 편이었다. 다음으로 호주 뉴질랜드, 영국, 헝가리, 벨기에, 캐나다, 미국 순으로 영미권 국가를 중심으로 60%이상을 차지하고 있었다. 이태리, 한국, 일본, 네덜란드, 터키는 낮은 국가군으로 터키는 여성의 관리직과 여성의 전문직과 함께 소득 현황도 가장 불평등한 것으로 나타났다.

<그림 5> OECD 회원국 남성대비여성소득 현황

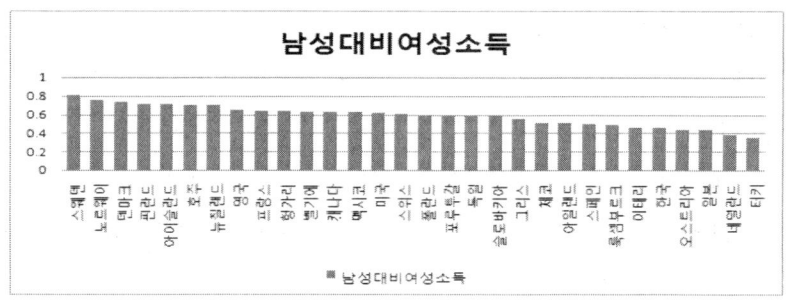

라. 여성의 고용 현황

OECD 회원국 여성의 고용율을 살펴보면 아이슬란드, 노르웨이, 스위스, 뉴질랜드, 미국, 덴마크, 스웨덴, 핀란드, 호주, 포르투갈, 영국 등 북유럽과 영미권 국가들을 중심으로 높은 비율을 보였다. 다음으로 아일랜드, 슬로바키아, 체코, 독일, 한국, 오스트리아, 폴란드, 스페인, 벨기에, 그리스, 헝가리 순으로 중간 수준보다 낮은 편이었으나 50%이상의 고용율을 보였다. 다음으로 네덜란드, 이태리, 터키는 50%미만의 고용율을 보였으며, 터키는 40%미만의 최하위권을 기록하였다.

<그림 6> OECD 회원국 여성고용율 현황

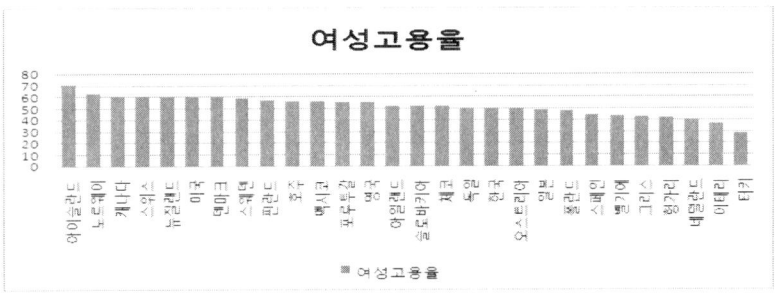

마. 국가별 여성의 경제적 세력화 현황 및 소결

국가별 여성의 경제적 세력화는 여성의 관리직, 여성의 전문직, 남성대비 여성소득, 여성의 고용율에 따라 각 국가별로 차이가 있었다. 그럼에도 불구하고 북유럽 국가권과 영국을 제외한 영미권 국가들이 전체적으로 높았다. 또한 한국, 일본 등 동아시아 국가들과 터키가 하위권에 머물러 있었다.

〈그림 7〉도 알 수 있듯이 자유주의 국가로 분류되는 호주, 미국, 뉴질랜드, 캐나다 등의 영국을 제외한 영어권국가와 사회민주주의 국가들인

스웨덴, 노르웨이, 핀란드 아이슬란드, 덴마크가 여성의 경제적 세력화가
높았다. 특히 아이슬란드가 OECD 회원국 중 1위였고 다음으로 미국이
2위였다. 다음으로 폴란드, 헝가리, 오스트리아, 독일, 영국, 멕시코, 스
페인 등 일부 유럽을 중심으로 다음을 이었다. 이는 북유럽과 자유주의
국가들보다 여성의 경제적 세력화가 낮으나 다른 국가군들보다는 상대적
으로 높았다. 오스트리아, 한국, 일본, 네덜란드, 이태리, 터키는 하위권
으로 여성의 경제적 지위가 낮다는 것을 알 수 있다. 특히 한국과 터키는
최하위권이었으며, 터키의 경우 가장 낮은 국가로 한국과의 점수 차이가
많았다.

<그림 7> 여성의 경제적 세력화

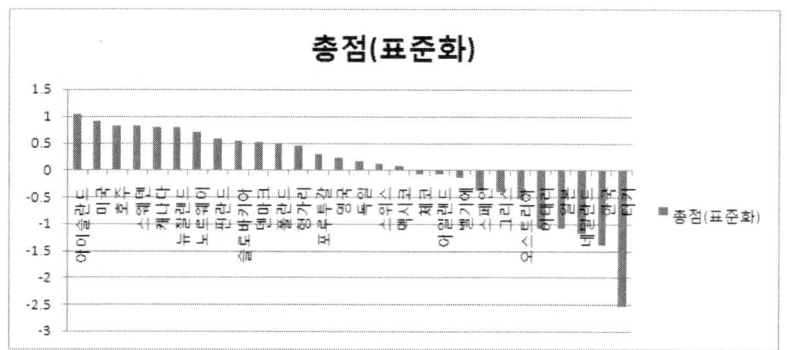

║ 2 ║ 여성의 정치적 세력화 정도

여성의 정치적 세력화는 여성 국회위원, 여성장관직, 여성친화정당 의
석수, 노동조합으로 측정하였다. 각 현황은 다음과 같다〈표 6 참조〉.

<표 6> 여성의 정치적 세력화 현황

국가	여성 국회의원 비율	여성 장관직 비율	여성친화 정당의석수 비율	노동 조합율	총점 (표준화)
호주	24.7	20	43.5	18.5	-0.04
오스트리아	33.9	35.3	33.15	31.7	0.46
벨기에	34.7	21.4	16.4	52.9	0.29
캐나다	20.8	23.1	0	29.4	-0.5
체코	17	11.1	46.1	21.6	-0.3
덴마크	36.9	33.3	47.17	69.1	1.11
핀란드	37.5	47.1	43.3	70.3	1.32
독일	31.8	46.2	42.9	19.9	0.57
그리스	13	5.6	81.8	23	-0.02
헝가리	10.4	11.8	43.62	16.9	-0.53
아이슬란드	33.3	27.3	30	88.6	0.94
아일랜드	13.3	21.4	36.2	31.7	-0.22
이태리	17.3	8.3	49.35	33.3	-0.16
일본	9	12.5	2.91	18.3	-1.05
한국	13.4	5.6	8.6	10	-1.09
네덜란드	25.8	9.4	35.31	18.3	-0.3
멕시코	36.7	36	20.66	19.8	0.24

뉴질랜드	32.2	23.1	41.1	22	0.2
노르웨이	37.9	44.4	41.3	53.7	1.07
폴란드	20.4	5.9	11	14.4	-0.83
포르투갈	21.3	16.7	85.9	18.7	0.36
슬로바키아	16.7	0	29	26.3	-0.65
스페인	36	50	45	14.6	0.7
스웨덴	45.3	52.4	46.2	70.8	1.64
스위스	25	14.3	29	19	-0.31
터키	4.4	4.3	20.89	8.3	-1.18
영국	19.7	28.6	35.3	28	-0.01
미국	15.2	14.3	0	11.6	-0.99

가. 여성 국회의원 현황

OECD 회원국의 여성 국회의원 현황을 살펴보면 모든 국가가 50%이상의 의석수를 차지하지 못하고 있다. 단지 스웨덴만이 45.3%로 근접했으며 다른 국가들은 40%를 넘지 못했다. 스웨덴에 이어 노르웨이, 핀란드, 덴마크 등 북유럽 국가권이 상위권을 차지했으나, 아이슬란드는 경제적 세력화와는 다르게 다소 낮은 편이었다. 또한 여성의 경제적 세력화와는 다르게 자유주의 국가들의 여성 국회의원 비율은 다양하였다. 뉴질랜드는 40%이상으로 다른 국가들에 비해 높은 편이었으며, 호주와 캐나다는 중간수준, 미국은 15.2%로 낮은 편이었다. 한국, 일본, 터키는 여성의 경제적 세력화와 마찬가지로 하위권에 머물고 있었다.

<그림 8> OECD 회원국 여성국회의원 현황

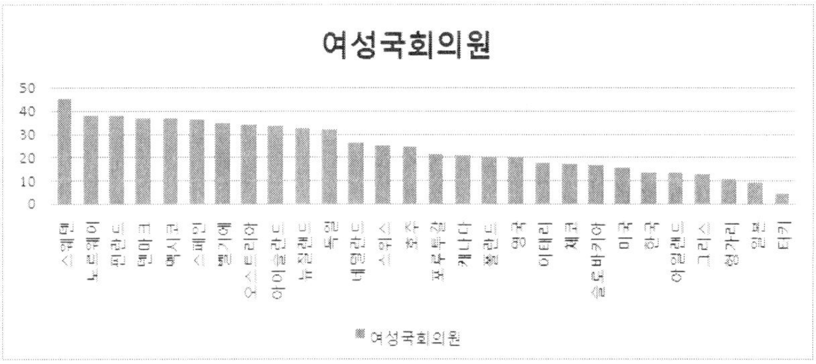

여성국회의원

※ 여성국회의원

나. 여성의 장관직 비율

OECD 회원국 여성의 장관직 현황은 50%이상에서 10% 미만사이로 국가마다 다양하게 분포되어 있었고 그 차이도 컸다. 그러나 스웨덴과 스페인을 제외하고 대부분의 국가들이 50%미만이었다. 일반적으로 여성의 장관직은 사민주의 국가들이 높은 편이었으나 한곳에 집중되어 있지 않았다. 이태리, 한국, 그리스, 터키, 슬로바키아는 10%미만이었으며, 슬로바키아는 여성 장관이 부재한 것으로 나타났다.

<그림 9> OECD 회원국 여성장관직 현황

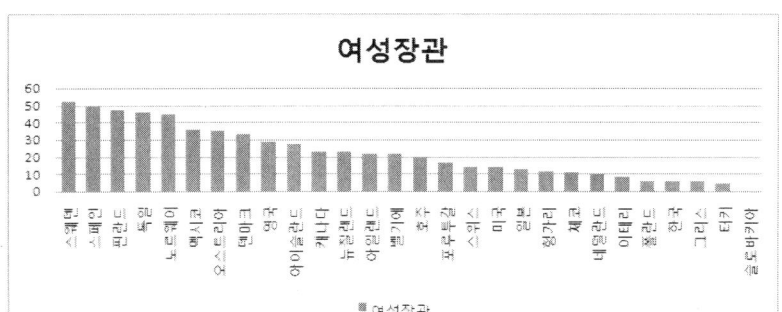

여성장관

※ 여성장관

다. 여성친화정당 의석수

여성친화정당의석수는 다른 지표에 비해서 그 차가 가장 컸다. 포르투갈, 그리스는 80%이상의 점유율을 보인 반면, 캐나다, 미국은 여성친화정당의석수가 전무하였다. 그러나 이들 4국가들을 제외한 대부분의 국가들이 20~40%정도의 여성친화정당의 의석수를 점유하고 있었다. 스웨덴, 노르웨이, 핀란드, 덴마크 등 사민주의 국가들은 40%의 점유율을 보였으며, 벨기에, 한국, 일본은 10% 미만의 여성친화정당의석수를 보유하고 있었다.

<그림 10> 여성의 정치적 세력화에 따른 소속 군집

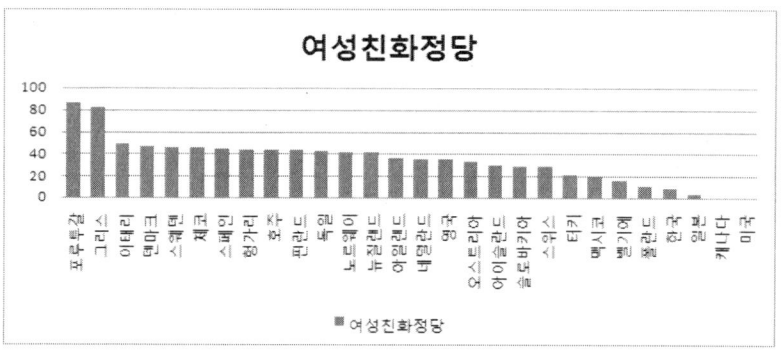

라. 노동조합율

노동조합율도 그 차이가 국가마다 컸는데 아이슬란드, 스페인, 핀란드, 노루에이, 벨기에 등 사민주의 및 북유럽국가권의 국가들이 노동자들의 노동조합 가입율이 높았다. 이외 대부분의 국가들이 20%를 중심으로 해서 모여 있었으며, 미국, 한국, 터키는 11.6%, 10%, 8.3%로 최하권에 머물러 있었다.

<그림 11> OECD 회원국 노동조합 현황

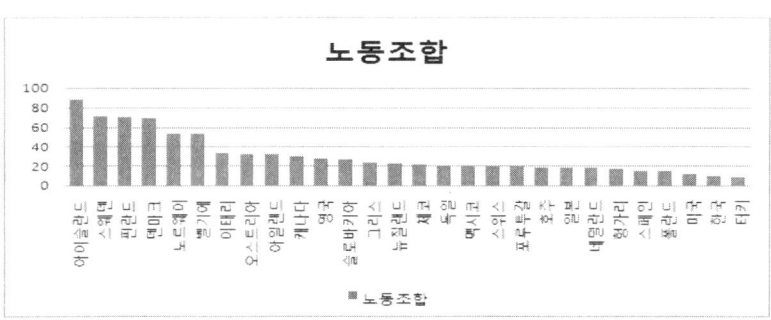

마. 여성의 정치적 세력화 현황 및 소결

여성의 정치적 세력화를 전체적으로 살펴보면 스웨덴, 핀란드, 덴마크, 노르웨이, 아이슬란드가 상위권을 차지하고 있었다. 이들 국가들은 지리학적으로 북유럽국가들이자 사회민주주의 정치체제가 강한 국가들이다. 이들 국가들은 여성의 경제적 세력화와 마찬가지로 정치적 세력화도 높았다. 다음으로 스페인, 독일, 오스트리아, 포르투갈, 벨기에, 멕시코, 뉴질랜드 순으로 특히 독일과 오스트리아는 상대적으로 여성의 경제적 세력화가 낮은 반면 여성의 정치적 세력화가 높은 편이었다. 영국, 그리스, 호주는 중간 수준이었으며 폴란드, 미국, 한국, 터키가 최하위권에 머물러 있었다. 미국의 경우 여성의 경제적 세력화가 OECD 회원국 중 2위로 압도적으로 높은 것에 비해 여성의 정치적 세력화는 상대적으로 낮았다. 또한, 일본, 한국, 터키는 여성의 경제적 세력화와 마찬가지로 여성의 정치적 세력화도 낮았다.

<그림 12> 여성의 정치적 세력화에 따른 군집국가 분류

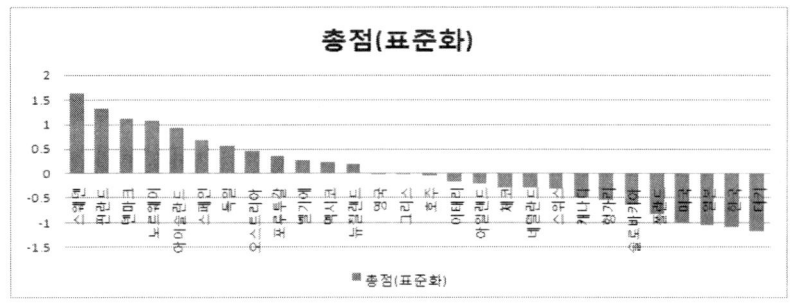

▎3▎ 여성의 경제적 세력화와 정치적 세력화에 따른 군집화

가. 초기 군집

본 연구에서는 여성의 경제적 세력화와 정치적 세력화에 따른 군집이 초기 중심값에 의해 군집 4개를 구성하였다〈표 7 참조〉. OECD 28개국 중에서 4개의 국가가 선정되어 국가 1은(여성의 경제적 세력화 0.82, 여성의 정치적 세력화 1.64), 국가 2(여성의 경제적 세력화 -2.53, 여성의 정치적 세력화 -0.39), 국가 3(여성의 경제적 세력화 -0.39, 여성의 정치적 세력화 0.7), 국가 4(여성의 경제적 세력화 0.91, 여성의 정치적 세력화 -0.99)가 선택되었다. 이 초기 군집값을 기준으로 각 국가들과 각 군집의 중심점과의 거리를 계산하여 거리가 가장 가까운 군집에 케이스를 할당하였다.

<표 7> 여성의 경제적 세력화와 정치적 세력화에 따른 초기 군집

	군집			
	1	2	3	4
여성경제적지위	0.82	-2.53	-0.39	0.91
여성정치세력화	1.64	-1.18	0.70	-0.99

나. 반복계산

반복 계산을 했으며 오류가 발생하기 전에 반복계산을 맞추었다. 반복 횟수는 총 4번이었으며 〈표 8〉은 각 횟수에 따른 군집중심변화량을 나타내고 있다.

<표 8> 여성의 경제적 세력화와 정치적 세력화에 따른 반복 계산

반복계산	군집중심변화량			
	1	2	3	4
1	0.430	0.860	0.580	0.604
2	0.000	0.238	0.092	0.000
3	0.000	0.175	0.097	0.000
4	0.000	0.000	0.000	0.000

다. 소속군집

〈표 9〉는 각 국가가 속하는 군집을 보여주고 있으며, 각 국가와 해당 군집의 중심점간의 거리를 나타내고 있다. 군집1은 덴마크, 스웨덴, 노르웨이, 핀란드, 아이슬란드가 하나의 군집으로 형성되었다. 군집 2는 오스트리아, 독일, 그리스, 벨기에, 아일랜드, 포르투갈, 스페인, 영국, 멕시코, 체코로 구성되어 있으며 군집 3은 이태리, 일본, 네덜란드, 한국, 터키였다. 군집 4는 미국, 호주, 뉴질랜드, 캐나다, 헝가리, 스위스, 인. 영국 폴란드로 군집화 되었다.

<표 9> 여성의 경제적 세력화와 정치적 세력화에 따른 소속군집

케이스 수	국가	군집	거리
1	호주	4	.615
2	오스트리아	2	.630
3	벨기에	2	.130
4	캐나다	4	.229
5	체코	2	.683
6	덴마크	1	.286

7	핀란드	1	.238
8	프랑스	.	.
9	독일	2	.575
10	그리스	2	.479
11	헝가리	4	.225
12	아이슬랜드	1	.511
13	아일랜드	2	.573
14	이태리	3	.911
15	일본	3	.579
16	한국	3	.449
17	룩셈부르크	.	.
18	네덜란드	3	.701
19	멕시코	2	.202
20	뉴질랜드	4	.905
21	노르웨이	1	.204
22	폴란드	4	.526
23	포르투갈	2	.506
24	슬로바키아	4	.283
25	스페인	2	.754
26	스웨덴	1	.576
27	스위스	4	.630
28	터키	3	1.395
29	영국	2	.474
30	미국	4	.791

라. 최종 군집중심과 최종 군집중심 간의 거리

〈표 10〉, 〈표 11〉은 각 변수에 대한 4개의 최종 중심값이 나타나 있다. 초기 중심점을 이용하여 군집분석을 하는 과정에서 각 군집에 새로운 케이스가 추가되기 때문에 평균이 달라지고 따라서 군집중심도 변하게 되었다. 군집1의 중심값은 경제적 세력화 0.84811, 정체적 세력화는 1.63 734이며 군집2의 중심값은 여성의 경제적 세력화 -.12140. 여성의 정치적 세력화 0.27634, 군집 3은 여성의 경제적 세력화의 중심값은 -1.74049, 여성의 정치적 세력화의 중심값 -1.01624, 군집 4는 여성의 경제적 세력화 0.70949, 여성의 정치적 세력화 -0.61401으로 나타났다.

〈표 10〉 최종 군집중심과 최종 군집중심간 거리

	Cluster			
	1	2	3	4
경제적지위	0.84811	-0.12140	-1.74049	0.70949
정치세력화	1.63734	0.27634	-1.01624	-0.61401

〈표 11〉 최종 군집중심간 거리

Cluster	1	2	3	4
1		1.671	3.707	2.256
2	1.671		2.072	1.218
3	3.707	2.072		2.483
4	2.256	1.218	2.483	

마. 분산분석

4개의 군집 간에 평균의 차이가 있는지 살펴보기 위해 분산분석을 하였다. 본 분석결과 여성의 경제적 세력화의 경우 집단 간 자유도는 3으로 F 통계량은 44.908이다〈표 12 참조〉. 유의수준은 0.05에서, p=0.000 으로 집단 간 차이가 통계적으로 유의미한 것으로 나타나, 집단 간 차이가 있는 것을 확인하였다. 여성의 정치적 세력화에 따른 자유도는 3, F 통계 값은 29.979, 유의수준 0.05에서 p=0.000으로 유의수준 0.05보다 작아 차이가 없다는 귀무가설을 기각시켜, 집단 간에 차이가 있는 것을 알 수 있다〈표 12 참조〉. 이에 "여성의 경제적 세력화"와 "여성의 정치적 세력화" 등 두 기준변수에 있어서 군집 간에 차이가 있음을 알 수 있다.

<표 12> 여성의 경제적 세력화와 정치적 세력화 분산분석

	군집		오차		F	Sig.
	평균제곱	자유도	평균제곱	자유도		
경제적지위	7.639	3	.170	24	44.908	.000
정치세력화	7.438	3	.251	24	29.579	.000

바. 각 군집케이스 수

<표 13> 여성의 경제적 세력화와 정치적 세력화에 따른 각 군집 케이스 수

군집	1	5.000
	2	10.000
	3	5.000
	4	8.000
Valid		28.000
Missing		2.000

〈표 13〉은 K-평균 군집분석 결과 미리 설정한 4개의 군집에 분류된 케이스들의 수를 보여주고 있다. 〈표 14〉를 통해서 알 수 있지만 OECD 28개 국 중 5개 국가인 덴마크. 스웨덴, 노르웨이, 핀란드, 아이슬란드가 첫 번째 군집을 형성하였으며, 두 번째 군집은 총 10개 국으로 가장 많은 국가가 속했는데 국가들로는 오스트리아, 독일, 그리스, 벨기에, 아일랜드. 포르투갈, 스페인, 영국, 멕시코, 체코였다. 이태리, 일본, 네덜란드, 한국, 터키인 5개의 국가가 세 번째 군집으로 구성되었다. 네 번째 국가는 미국, 호주, 뉴질랜드, 캐나다, 헝가리, 스위스, 슬로바키아, 폴란드로 총 8개국이 군집화 되었다.

<표 14> 여성의 경제적 세력화와 정치적 세력화에 따른 유형 국가 분류

군집유형	국가
1군집	덴마크. 스웨덴, 노르웨이, 핀란드, 아이슬란드
2군집	오스트리아, 독일, 그리스, 벨기에, 아일랜드, 포르투갈, 스페인, 영국, 멕시코, 체코
3군집	이태리, 일본, 한국, 네덜란드, 터키
4군집	미국, 호주, 뉴질랜드, 캐나다, 헝가리, 스위스, 슬로바키아, 폴란드

사. 여성의 경제적 세력화와 정치적 세력화에 따른 유형 국가 분류

여성의 경제적 세력화와 정치적 세력화에 따른 교차표는 〈표 15〉에서 볼 수 있다.

〈표 15〉 여성의 경제적 세력화와 정치적 세력화에 따른 국가별 군집 유형

		케이스 군집 번호				Total
		1	2	3	4	1
국가	호주	0	0	0	1	1
	오스트리아	0	1	0	0	1
	벨기에	0	1	0	0	1
	캐나다	0	0	0	1	1
	체코	0	1	0	0	1
	덴마크	1	0	0	0	1
	핀란드	1	0	0	0	1
	독일	0	1	0	0	1
	그리스	0	1	0	0	1
	헝가리	0	0	0	1	1
	아이슬랜드	1	0	0	0	1
	아일랜드	0	1	0	0	1
	이태리	0	0	1	0	1
	일본	0	0	1	0	1
	한국	0	0	1	0	1
	네덜란드	0	0	1	0	1
	멕시코	0	1	0	0	1
	뉴질랜드	0	0	0	1	1

노르웨이	1	0	0	0	1
폴란드	0	0	0	1	1
포르투갈	0	1	0	0	1
슬로바키아	0	0	0	1	1
스페인	0	1	0	0	1
스웨덴	1	0	0	0	1
스위스	0	0	0	1	1
터키	0	0	1	0	1
영국	0	1	0	0	1
미국	0	0	0	1	1
Total	5	10	5	8	28

아. 소결

본 연구는 OECD 회원국 30개국을 중심으로 여성의 경제적 세력화와 여성의 정치적 세력화에 따라 군집분석을 하였다. 본 분석결과 유사한 국가군으로 유형화된 국가들은 〈표 16〉과 같다.

<표 16> 여성의 경제적 세력화와 정치적 세력화에 따른 유형 국가

유형	I	II	III	IV
국가	덴마크 핀란드 아이슬란드 노르웨이 스웨덴	오스트리아 벨기에 체코 독일 그리스 아일랜드 멕시코 포르투갈 스페인 영국	호주 캐나다 헝가리 뉴질랜드 폴란드 슬로바키아 스위스 미국	이태리 일본 한국 네덜란드 터키

본 연구의 분석 결과 여성의 경제적 세력화와 여성의 정치적 세력화가
둘 다 높은 국가는 5개국으로 스웨덴, 덴마크, 핀란드, 아이슬란드, 노르
웨이였다. 이들 국가들은 양성평등을 향상시켜주는 여성 친화 혹은 가족
내 탈젠더화된 국가로 볼 수 있다. 유형화를 시도한 선행 연구(Esping-
Andersen, 1999, 1990; Korpi, 1981)에서 스웨덴, 덴마크, 노르웨이, 핀
란드를 중심으로 한 스칸디나비아 국가들은 복지국가 수준이 높은 국가
군으로 계급간 계층 간 평등 수준이 다른 국가들에 비해 높은 편이다.
젠더적 차원에서도 이들 국가들은 사회서비스의 발달로 인해 가족친화적
(family friendly) 국가군으로 분류되기도 하며, 가족 내 여성의 경제적
기여와 남성의 돌봄책임 정도가 다른 국가들에 비해 높아서 이중소득자
모델, 성평등 모델국가군으로(Lweis and Ostner, 1994; Sainsbury, 1999,
1996; Orloff, 1993) 분류되고 있다. 이러한 국가군의 공통적인 특징은
여성의 노동권을 보장해주는 동시에 어머니로서의 역할을 수행할 수 있
도록 지원하며(윤홍식, 2006b; 채구묵, 2005; 홍승아, 2005; 김수정, 2004;
김철주, 2004), 남성의 가족 내 살림 및 돌봄을 지원하는 정책이 발전하
였다는 점이다(윤홍식, 2006a). 양성평등법, 가족법, 개별과세제도, 보육
서비스, 유급 부모휴가, 돌봄휴가 등 다양한 사회제도를 통해 여성의 노
동권을 보장함으로서, 가족과 모성의 역할을 충실히 할 수 있도록 국가가
지원하고 있다. 이러한 점은 일부 페미니스트들(Orloff, 1993; Hirdman,
1998)에 의해 남성의 의존에서 국가의 의존으로 전환되었다는 비판도 있
지만 대부분의 실증적 연구들은 이러한 국가적 개입을 긍정적으로 평가
하고 있다. 실제로 이러한 정책들은 양성 평등을 높이고 출산율을 상승시
키기 때문에(김수정, 2005; 채구묵, 2005; 홍승아, 2005) 모범 사례국가
들로 채택되기도 한다[1]. 그런데 젠더적 차원에서 더욱 중요한 점은 이들
국가들이 남성의 가족화를 시도하고 있다는 점이다. 스웨덴, 덴마크를 중

심으로 한 스칸디나비아 국가들은 부모할당제, 부모휴가, 성평등 보너스 등의 다양한 정책을 통해서 남성의 가족 내 돌봄노동을 적극적으로 유도하고 있다(윤홍식, 2006a). 결론적으로 이러한 정책은 가족 내 탈젠더화의 수준을 높일 수 있다. 우선 가족 내 남녀사이에 가사노동 및 보육, 경제적 책임의 공유는 부부 사이의 자원이 고르게 분배됨으로서 평등한 관계로 나아갈 수 있다.

다음으로 여성의 정치적 세력화가 높은 반면 여성의 경제적 세력화가 낮은 국가군은 총 28개국 중 10국가로 오스트리아, 독일, 벨기에, 체코, 그리스, 아일랜드, 멕시코, 포르투갈, 스페인, 영국이었다.[2] 이들 국가들은 일반적으로 여성과 남성의 역할을 강조하는 문화적 분위기로 사회정책은 남성은 노동권 보장, 여성은 모성권을 보장하는 성격이 강하다. 이들 국가들은 사회보험이 발달되어 노동시장의 핵심 부분의 주요 대상인 남성 노동자에 대한 사회보장의 체계가 잘 갖추어져 있다. 반면 보수주의 국가로 분류되는 이들의 속성은 가족에 대한 책임과 복지는 공동체, 교회, 지역사회, 가족 스스로의 책임으로 보고 있다. 이러한 사회적 배경은

---

1) 특히 김수정(2004)은 이들 스칸디나비아의 4개국의 특징은 강력한 노동조합과 사민주의 전통으로 여성의 경제활동을 적극적으로 장려하면서, 이를 위한 가족 지원이 높다는 것을 분석하였다. 채구묵(2005)의 가족정책과 출산율을 통해 유형화한 연구에서도 4개국이 같은 국가로 분류되면서 여성의 노동권이 높으며 가족지원수준도 높은 것으로 나타났다. 홍승아(2005)의 연구에서도 오스트리아를 제외한다면 4개 국가가 노동권과 모성권이 높은 국가로 분석되었다. 부모권인 탈상품화와 가족화가 높은 특징을 가지고 있다(윤홍식, 2005). 특히 스웨덴과 덴마크는 노르웨이나 핀란드 보다 여성의 노동권을 보장해주는 정책이 발전되어 있다(윤홍식, 2006b) 본 유형화는 다른 분석 및 이론에서도 많은 실증적 뒷받침이 되고 있다.
2) 본 분석은 기존의 분석과 다소 차이를 보였다 Esping-Andersen(1990, 1999)을 중심으로 한 많은 연구에서 영국과 아일랜드는 자유주의국가에 속하는 경향이 컸다. 그러나 본 분석에서 영국과 아일랜드는 독일, 오스트리아 등 대륙유럽과 같은 군에 속하였다.

가족 내 남성은 생계부양자, 여성은 돌봄책임자가 될 수 있도록 정책적 차원에서 독려하고 있다(Esping-Andersen, 1999, 1990)[3]. 결국 이러한 측면에서 여성의 탈상품화 정책이 발전되었다고 볼 수 있다.

최근 이들 국가들도 여성의 경제활동이 증가하면서 강한 남성생계부양자 체제가 약화되고 있지만(Crompton, 2001; Lewis, 2001) 대부분의 여성이 시간제 근로이며, 여전히 가족 내 주요 돌봄 책임자는 여성에게 있다. 이러한 점은 국가정책이 가족 내 탈젠더화 정책으로 가지 못하고 탈상품화를 고수하고 있다고 볼 수 있다. 게다가 여성과 남성의 분업은 강한 남성소득원 모델 국가보다는 뚜렷하지 않으나 공적 제도보다는 가정 내에서 가부장적 가치가 강하게 지배한다고 볼 수 있다. 이들 국가군의 가족정책은 여성을 아내 및 모성으로 간주하여 아동수당이나 가족수당과 같은 현금정책이 두드러지고 있다.

여성의 경제적 세력화는 높은 반면 여성의 정치적 세력화가 낮은 국가군인 상품화 국가는 8개 국가로 호주, 캐나다, 뉴질랜드, 폴란드, 슬로바키아, 스위스, 미국이 있다. 일반적으로 호주, 미국, 캐나다의 경우 전형적인 자유주의 국가 유형화되고 있으며(홍경준, 1999; Esping-Andersen, 1999; 맹진학, 2008)[4] 이들 국가들의 특징은 1인당 GDP가 높으며, 국가구조가 이해관계자에 허약하며, 민족의 이질성이 높은 편이며, 좌파정당

---

3) 이는 초기 Lewis(1992), Lewis and Ostner(1994)의 젠더 체제에서 아일랜드. 영국과 독일은 강한 남성생계부양자로 가족 내 남성은 주 부양자 여성은 전업주부의 전형적인 국가군으로 분류하면서 남성과 여성의 노동의 뚜렷한 분리가 정책적으로 뒷받침하고 있다는 것을 시사했다.
4) 그런데 스위스, 헝가리, 폴란드의 경우 Esping-Andersen이나 기존의 연구 분석과 달랐다. 스위스(맹진학, 2008)의 경우 일반적으로 보수주의나 대륙유럽으로 분류되는 것이 일반적이며, 폴란드, 헝가리의 경우 기존의 공산권국가로 여성의 경제적 세력화와 정치적 세력화가 높을 것이라는 예상과는 다르게 정치적 세력화가 낮은 것으로 나타났다.

의 힘이 취약한 편이다. 젠더를 고려한 분석에서도 이들 국가들은 시장의 존형 국가(김철주, 2004), 상품화된 국가군, 소득자 및 시장화된 돌봄제 공자(dual breadwinner and marketized caregiver)(Crompton, 2001)로 분류된다. 용어에서도 알 수 있듯이 미국, 호주, 캐나다의 경우 여성의 취업률이 높은 편이지만, 국가의 취약한 개입으로 인해 저렴한 민간 서비스를 통해 복지를 제공받는 특징을 가지고 있다.

특히 이들 국가들이 여성의 노동권 수준은 높지만 모성권이나 부성권 수준이 낮은 특징을 가지고 있다는 점이다. 김수정(2004)은 보육지원체계를 통해 유형화한 결과 미국, 캐나다, 호주가 같은 군으로 속했는데, 이들 국가들의 특징을 양육중심이기보다는 노동중심국가로 간주하고 있다. 이들 국가들은 여성의 경제적 세력화가 높음에도 불구하고 자유주의 체제로 가족지원지출과 여성 역할에 대한 지출이 낮은 편이다. 즉 모성에 대한 지원이 낮고 여성에 대한 복지권이 없다. 이는 복지국가의 잔여주의 특성으로 국가가 가족의 개입을 꺼리는 것을 특징으로 하고 있다.

마지막으로 가족화된 국가군은 한국, 일본, 이태리, 네덜란드, 터키로 총 4개국이었다. 한국과 일본은 동아시아 국가로 전형적인 유교주의 국가군(홍경준, 1999) 또는 동아시아 복지국가(Goodman and Peng, 1996; Kwon, 1997)으로 분류된다. 이러한 국가들의 특징은 비공식적인 결속을 중요시하며 결과적으로 가족주의는 유교자본주의 또는 정실자본주의의 근간이 되었다는 점이다. 결국 이러한 점은 국가의 책임을 가족에게 전가시키는 결과를 가져왔다고 볼 수 있다(홍경준, 1999). 또한 가부장주의라는 측면에서 가족의 책임을 강화한다는 측면에서 보수주의 국가군과 유사하지만(김철주, 2004) 보수주의 국가가 가부장주의를 강화하기 위한 제도가 발전한 반면 동아시아 국가는 이러한 서비스가 거의 전부하다는 점에서(Goodman and Peng, 1996; Kwon, 1997; 조영훈, 2001), 일부

학자들은(조영훈, 2001; 조용수, 2007)은 자유주의와 유사하다고 평가하고 있다. 이태리와 네덜란드는 일반적으로 조합주의 또는 보수주의 국가군(맹진학, 2008)으로 분류될 수 있지만 Esping-Andersen(1999)에 의하면 일본이 자유주의보다 보수주의에 가깝다는 분석을 통해 이태리와 네덜란드가 다른 대륙유럽보다 가족주의 성향이 가깝다는 것을 알 수 있다. 채구묵(2005)은 독일, 이태리, 네덜란드, 그리스의 경우 국가에 의한 가족지원수준이 낮으며 양육중심이 특징인 것을 보여주었다.

<그림 13> 여성의 경제적 세력화와 정치적 세력화에 따른 분류

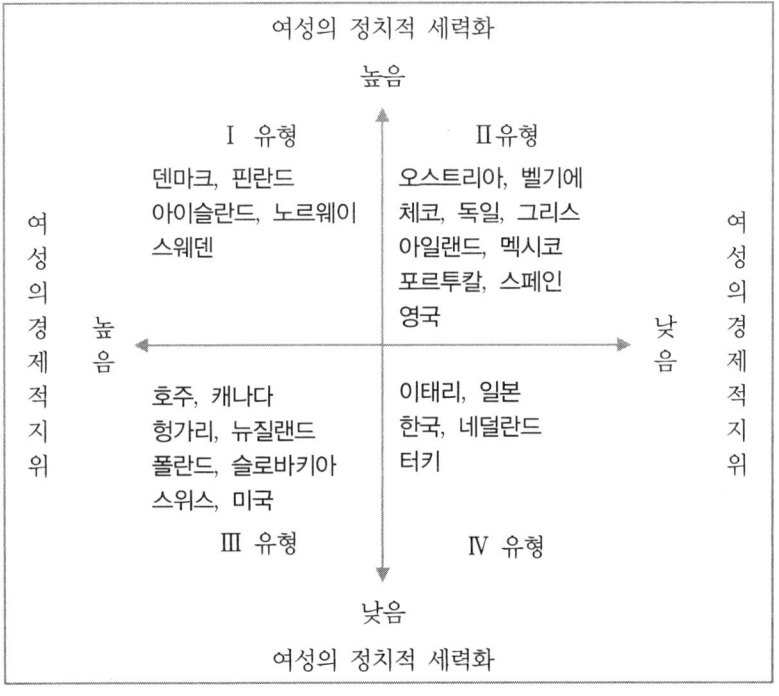

세계여성 복지정책의 비교연구

제 4 장

국가별 가족정책
발달과정과 종류

제1절 여성의 탈상품화 성격의 가족정책
제2절 가족 내 탈젠더화 성격의 가족정책

세계여성
복지정책의
비교연구

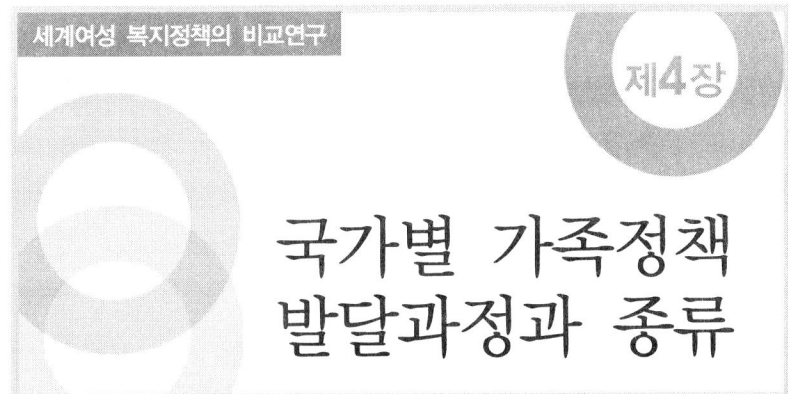

세계여성 복지정책의 비교연구

제4장

국가별 가족정책 발달과정과 종류

제1절 여성의 탈상품화 성격의 가족정책

본 절에서는 유형별로 사례국가를 선택하여 각 국가의 가족정책의 형성과정과 특징을 살펴보고자 한다. 제 1절에서 여성의 경제적 세력화와 정치적 세력화 정도에 따라 4개의 유형으로 군집화 되었으며, 본 연구 목적을 위해서 유형별로 1개의 사례국가를 선정하였다. 각 유형별 국가 선정은 다음과 같다. 제 1유형인 여성의 경제적 세력화와 정치적 세력화 정도가 높은 국가군에서 스웨덴을 선택하였다. 오늘날 젠더적 관점에서 유형화한 많은 비교 연구에서 스웨덴을 성평등국가(Gauthier, 1996), 이중소득자 이중 돌봄자 모델(Sainsbury, 1999; Crompton, 2001)의 모범적인 국가로 제시하고 있다. 많은 연구들은 스웨덴의 가족정책이 남녀 간의 평등을 추구하며, 근로부모에 대한 지원이 강하다는 것을 보여주고 있다(Gauthier, 1996; Sainsbury, 1999; Crompton, 2001).

제 2유형인 여성의 경제적 세력화가 낮은 반면 여성의 정치적 세력화가 높은 국가군에서 독일을 선택하였다. 복지국가의 전형으로 평가받고 있는 독일은 사회보험의 발달로 유명하지만 또한 전통과 산업화의 봉건적 개입주의의 오래된 영향으로 보수주의 국가로도 유명하다. 특히 독일은 복지의 책임을 교회와 공동체, 가족이라는 비공식 영역의 역할의 강조했기 때문에 이러한 특성은 가족정책에도 상당한 영향을 미쳤다. 독일의 가족정책의 주요 초점은 가족 내 성별 및 연령별 분업이 뚜렷한 전통적인 부르주아 핵가족을 지탱하는 데 맞추어졌다. 이런 점에서 독일은 남성 생계부양자 체제의 전형으로 평가받고 있으며(Lewis and Ostner, 1994; Gottfried and O'Reilly, 2002; Gilbert and Terrall, 2005), 많은 학자(Lewis, 1992; Sainsbury, 1999; Esping-Andersen, 1999 외 다수)와 국제기구로(UN, ILO)부터 남녀 불평등한 구조를 유지한다는 비판을 받고 있다.

제 3유형은 여성의 경제적 세력화가 높은 반면 여성의 정치적 세력화가 낮은 국가군으로 미국을 선택하였다. 미국은 개인주의 사상, 교회와 국가의 분리, 선(goodness)은 자발적이어야 한다는 청교도 정신과 청교도 직업윤리, 다원주의 사상, 자유방임주의 사상 등 사회적 특징을 가지고 있는데(Kamerman and Kahn, 1997), 이러한 현상은 결국 큰 정부보다는 작은 정부를 원했으며 가족을 포함한 사회복지에 대한 국가의 개입을 선호하지 않았다. 일찍이 자본주의를 경험한 미국은 자유경쟁과 개인의 자유를 중요시하기 때문에 시장논리에 장애가 되는 것들은 쉽게 수용하지 않았다. 이러한 사상적 배경에서 시장논리에 대표적인 걸림돌이 바로 국가의 개입으로 간주되었다. 국가의 개입은 시장을 왜곡시켜 효율성과 효과성 등에 악영향을 미치며, 큰 정부는 관료주의, 비효율성 등을 야기 시키며 종국에는 정부 실패로 옮겨갈 수 있기 때문이다.

제 4유형 여성의 경제적 세력화와 정치적 세력화 정도가 모두 낮은 국가군으로 한국을 선택하였다. 한국은 가족화된 국가군의 대표적인 국가이다. 우선 유교주의 국가군으로 가부장적 가치가 다분하며, 특히 국가주도의 "선경제·후복지"정책은 복지의 책임이 가족에게 전적으로 부여되기 때문에 가족에 대한 복지정책이 다른 국가들에 비해 상대적으로 미미하다. 윤홍식(2006a)에 의하면, 한국은 남성의 돌봄참여 정도가 낮고 남성생계부양자 형태가 다른 국가들에 비해 높은 것으로 나타났다.

이러한 유형별 사례국가의 특징은 본 분석을 수행하는 데 여성의 경제적 세력화와 여성의 정치적 세력화 정도에 따라 복지국가의 발달과정과 성격을 명확하게 보여 줄 것으로 사료된다.

<그림 14> 여성의 경제적 세력화와 정치적 세력화에 다른 사례 유형 국가

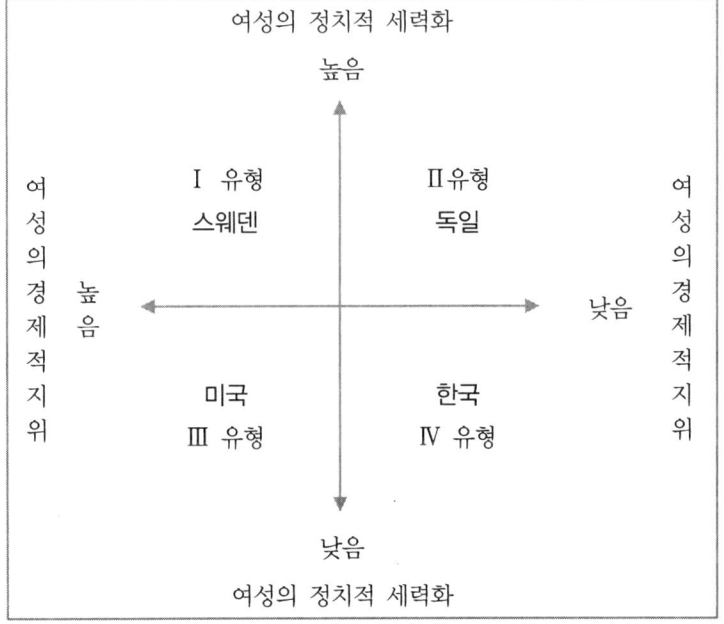

▌1▌ 여성의 탈상품화 발달과정

가. 스웨덴

스웨덴 사회정책의 특징은 과학과 정치(politics)의 결합이다. 사회정책은 사회공학자들에 의한 과학적 실험에 기반을 두고 있으며, 그 결과를 바탕으로 정치가 및 행정가들은 적극적으로 사회개혁에 착수하고 있다. 정부 위원회는 이러한 맥락에서 중요한 역할을 하고있다. 역사적으로 정부 위원회는 의원, 이익집단, 공무원, 정당, 장관, 학계 전문가 등으로 구성되어 있고 정치적 합의를 바탕으로 정책을 만든다. 게다가 정부 위원회는 정부의 통제된 정책 기획 도구로서 중요한 지식을 생산하는 제도로서 기능을 하고 있다. 즉 사회공학을 중심으로 사회정책이 구현되었으며, 가족정책은 이러한 설계에 중심이었다(Lundqvist and Roman, 2008).

많은 연구자들은 스웨덴 복지국가의 원점을 1932년 스웨덴 사민당의 장기집권이 시작한 해로 보고 있다. 당시 사민당 주도의 한손(Hansson) 내각은 적극적인 경제정책을 전개하는 한편 인민의 집으로 비유된 복지국가 형성에 착수했다(미야모토타로, 2001). 특히 가족정책은 한손 내각의 복지국가 설계의 주요 프로그램이었다. 이들은 가족정책을 통해 보편적 복지국가를 도모하였다. 중요한 점은 스웨덴 정부가 가족정책 설계당시 양성평등의 원리를 받아들였다는 것이다. 이처럼 스웨덴 복지국가 건설에 양성평등 이념이 반영될 수 있었던 이유는 여성의 경제활동 참여가 꾸준히 증가하고 있었으며, 정치적으로 1930년대부터 장기집권 사민당이 평등과 재분배를 위한 복지제도 확충하는 데 있어 여성도 주요 대상이었기 때문이다.

스웨덴 사민당 정부는 1930년대 스웨덴 사회의 심각한 인구학적 문제와 심각한 노동인력 사태를 가족정책으로 해결하려 하였다. 다시 스웨덴 가족정책의 주요 설계자들은 두 가지 정치이념을 가진 집단들이 존재 했는데 이러한 성향이 여성의 탈상품화적 성격으로 설계하는데 기여했다. 하나는 막스주의자들인 사민당 정치인들로 여성의 재생산 문제를 생산의 영역에서 해결하고자 하였다. 이들은 가사노동과 자녀 육아는 사회화 되어야 한다고 보았다. 또 하나는 사회공학자들로 이들은 보다 실용적인 정치인들로 과학적인 사고방식을 가진 정치인들이었다. 사회공학자들은 사회는 기름칠 잘한 기계와 같이 합리적 실증주의, 과학, 기술의 원리에 의해서 잘 관리될 수 있다고 보았으며, 소위 이러한 사회를 현대사회로 정의하였다(Hirdman, 1998). 그들은 양성평등을 지향하는 가족정책이 스웨덴 사회의 인구문제나 빈곤문제 등과 같은 다양한 사회문제를 해결할 수 있다고 보았다.

이들을 중심으로 1930년대 가족정책이 구축된 시기였다. 당시 스웨덴은 빈곤 심화, 인구학적 문제, 여성과 남성의 고용패턴의 변화를 경험하고 있었다. 1850년대부터 산업화가 시작된 스웨덴은 1930년대 이전까지 노동계급에 대한 적절한 사회정책의 부재했으며, 1920년대부터 시작된 대공황은 많은 실업자를 양산하였다. 결국 이러한 상태는 노동자 계급의 심각한 빈곤으로 이어졌으며, 결과적으로 스웨덴 국민들은 미국으로 이민을 선택하거나 결혼을 포기하는 것이었다. 그 당시 스웨덴 국민의 5분의 1이 빈곤으로 인해 미국으로 이주한 상태였다. 게다가 열악한 주거환경과 가난한 생활은 젊은 계층의 결혼을 미루면서 세계에서 가장 낮은 출산율을 경험하게 되었으며 이는 동시에 고령화현상을 발생시켰다(Sundström and Duvander, 2002; 미야모토타로, 2001).

또한 1920년대와 1930년대 여성의 고용은 증가하고 있는 반면 남성의 실업이 증가하고 있었다. 이러한 현상은 가족 내에 경제적 부양자인 남성의 역할 축소되고 있었으며, 여성의 주요 역할인 소비와 자녀 돌봄의 역할 감소하는 등 가족 내 남녀의 역할이 변화되고 있었다. 특히 여성들은 결혼과 출산을 미루고 노동시장에 진출하는 경향이 높았으며, 이러한 현상은 스웨덴에 심각한 인구학적 위기를 초래하였다(Lundqvist and Roman, 2008).

당시 가족정책의 주요 설계를 담당했던 사회공학자인 미르달(Myrdal) 부부를 중심으로 한 주거환경위원회와 인구위원회 구성원들은 빈곤과 저출산의 원인을 남녀 불평등한 사회구조로 보았다. 위원회는 빈곤, 실업, 저출산과 같은 사회적 문제는 앞으로 가족을 위기상태로 빠질 것 예상하였으며, 이러한 사회문제의 주된 원인을 남성생계부양자체제의 사회구조로 보았다. 여성단체들도 여성의 경제활동을 옹호하기 위해서 여성의 권리를 "직장과 가족일 양립할 수 있는 권리"로 강조하였다. 특히 여성과 남성의 평등한 조건은 그 당시 위원회 구성원들인 전문가들에 의해서 강조되었다. 이들은 양성평등 사회가 될 수 있도록 사회·경제적 조건의 변화에 목표를 두었다. 새로운 사회에 대한 이념은 새로운 가족형태를 만드는 것이었다. 이 새로운 형태의 가족이란 여성이 자녀 돌봄 책임자 (carer)로부터 벗어나는 것이었다(Lundqvist and Roman, 2008). 스웨덴 정부는 이들의 의견을 반영하여 가족정책의 설계당시 가족정책의 목표는 인구위기 극복이나 빈곤 해결이 아닌 양성평등을 전제로 하였다.

이러한 노력은 여성이 노동시장참여를 촉진하고 복지 상태를 증진시켰다. 당시 여성은 노동시장에서 남성과 동등한 대우를 받을 수 있는 권리를 획득했으며 결혼생활과 직장생활을 병행할 수 있는 제도적 기반을 획득했다. 건강보호(healthcare), 양질의 주택, 아동보호(childcare)의 개선을 통해 국민들의 신체적·물질적 복지 상태를 개선시켰으며, 인구증가를 도모하였다. 1935년 근로와 관계없이 보편주의에 입각하여 남성과 여성의 동등한 기초연금이 도입되었다(Sundström and Duvander, 2002).

1935년 자산 조사 모성 지원(means tested maternity support)제도는 1935년에 도입되었고 이외에 임신 중 검진, 아동 보건 센터 등 모자보건 서비스 도입이 1930년대에 이루어졌다(Lundqvist and Roman, 2008). 1939년 스웨덴 의회는 결혼, 출산, 임신으로 인한 노여성의 노동시장활동을 중단할 수 없도록 함으로써, 고용주는 임신이나 출산으로 인해 잠시 집에 머물고 있는 여성을 해고할 수 없었다(Kamerman and Kahn, 1991; Bäck-Wiklund and Szücs, 2006; 최연혁, 2007).

1940년대 가족정책은 스웨덴 복지제도의 기틀을 잡아주는 핵심 제도가 되었다. 여기에 대한 원인은 인구학적 위기와 2차 세계대전으로 인한 여성의 경제활동 증가였다. 초기 2차 세계대전으로 인한 국방예산의 확대로 재원이 압박을 받게 되었고, 정부는 임신부조의 소득제한을 축소하는 등의 가족정책의 퇴행적 조치들을 강화하였다. 그런데 이러한 가족정책의 축소가 출산율의 감소로 이어졌고 결국 인구문제가 다시 사회적 이슈로 떠오르기 시작하면서 정부 정책은 비판을 받기 시작하였다. 게다가 2차 세계 대전으로 인한 노동력 부족현상을 여성 인력으로 충당함으로서 여성과 아동의 욕구가 자연히 증가했고, 가족정책은 1930년대 보다 더욱 양성평등 쪽으로 설계하기 시작하였다. 스웨덴 정부는 1942년부터 1945년 사이에 결혼자금대부, 가사서비스나 보육 시설 지원, 아동하계여행의 무료화 등의 작은 규모의 프로그램을 연이어 실현시켰다. 1940년대 가족정책에 커다란 진전은 보편적 성격의 아동수당 도입과 산전·산후 휴가였다. 이 둘은 보편적 원리에 입각하여 여성의 노동의 사회적 가치를 인정해주는 정책이었다.

초기 스웨덴 아동수당은 잔여주의 성격으로 자산조사[1])에 의해 저소득

---

1) 초기 아동수당 도입은 잔여주의 성격이 강했다. 1937년 주택대부기금, 고아나 과부 등을 대상으로 한 아동수당의 도입이 이루어졌다. 1930년대 사민당 정

층 아동에게만 지급되었다. 그러나 1940년대 사민당의 복지국가 건설을 위해서 가족정책의 핵심사업으로 아동수당의 발전을 도모하였다. 이렇게 아동수당을 보편주의에 입각하여 도입하려고 한데에는 대략 두 가지 목적이 있었다. 우선 당시 사민당의 복지 심벌이었던 인민의 집 건설을 위함이었다. 노동계급의 한정된 세력으로만 정권을 유지할 수 없었던 사민당은 국민 전체의 지지기반이 필요했고 사민당 정부는 "인민의 집(people home)"이라는 심벌을 내세웠다. 여기에 아동수당정책은 핵심전략이었다. 당시 빈곤의 문제는 심각했으며 이를 위해 가족임금형식의 대체수단이 필요했고 그 방편이 아동수당이었던 것이다[2]. 다음으로 수직적 재분배를 이루기 위함이었다. 사민당은 평등이라는 자신의 정치 이념의 실현을 위해 아동세금 공제보다는 부모의 소득에 관계없이 모든 아동이 현금지급을 통해 평등을 도모했다(미야모토타로, 2001)[3].

그러나 이러한 아동수당은 여성에 대해서 사회진출과 아이를 낳은 모성으로서의 역할 수행, 그 쌍방에 대한 기대형성이 이루어졌다는 점과 아동수당이 아동의 주요 책임자인 여성에게 수급되는 것으로 여성의 "쌍

권의 집권과 인민의 집의 구체화는 가족 및 아동수당을 통해 구체화되었다. 당시 인구문제는 주택문제와 동일시되면서 자녀가 있는 아동에게 주택수당지원을 하고자 했다. 스웨덴 1947년 "아동수당법"을 제정하고 1948년 가족수당제도를 도입하였다.

2) 보수당은 가족임금을 추진하기도 했지만 여성단체와 노동조합은 그 제도가 양성평등에 어긋나며 출산수당의 원리에도 맞지 않는다는 이유로 반대에 부딪치기도 하였다.

3) 아동수당은 1940년대 정치적 이슈로 올라왔다. 아동수당은 기존의 자산조사의 형태의 아동수당을 보편화시키려 하였다. 여기에 대한 사민당과 보수당과의 의견마찰이 있었다. 우선 보수당의 경우 보편적 아동수당대신 가족임금을 추진하였다. 가족임금은 스웨덴의 1920년대 일부 산업부분에 존재했던 제도였으며 보수파는 이를 부활하려고 하였다. 그러나 이 제도는 출산수당제에서 실현된 모친을 대상으로 하는 원칙에 어긋난다는 사민당, 여성단체와 노동조합의 반대에 부딪쳤다

지돈(pin money)"개념으로 여성의 경제활동에 장애가 될 수 있다는 점에서 여성이 탈상품화적 성격이 강했으며, 이는 훗날 양성평등에 어긋나는 원리였기 때문에 페미니스트들로 비판을 받게 되었다(미야모토타로, 2001; 이혜란, 1984; Hirdman, 1998).

산전·산후휴가는 1936년 사민당이 재집권했을 당시 정부가 가족의 수호자라는 이미지를 위해서 추진했던 대표적인 정책이었고 성을 고려한 정책 이었다.[4] 이 정책은 소득에 상관없이 모든 직장여성에게 출산수당 및 휴가를 지급하는 것이었다. 1937년 산전산후휴가는 보편적 원리에 입각 모든 직장여성에게 적용되었다. 당시 인구문제위원회가 소득조사 없이 급여할 것을 주장했지만, 정부는 년 간 3천 크로나 이하 임금을 벌어들이는 여성들에게 출산수당을 1백 10~1백 25크로나로 급여액을 설정하였다. 또한 자치제가 실시하는 구빈적인 수당과 구분을 짓기 위해 출산수당은 중앙정부의 차원에서 새롭게 설치된 출산수당위원회를 통해 지급되었다. 수급신청은 당시 산모 과반수에게 수당이 지급되었다. 1939년 종업원 3인 이상의 기업에서 결혼, 임신, 출산을 이유로 여성노동자를 해고하거나 감봉하는 것이 금지되었으며, 12주간 육아휴직이 인정되었다(미야모토타로, 2001).

1950년대는 스웨덴의 경기 호황과 함께 여성의 고용이 증가하기 시작했고 이는 더욱더 가족정책의 확대를 요구하게 되었다. 스웨덴은 다른 국가와는 달리 전쟁으로 인해 국토가 황폐해지지 않았으며, 국민들도 피해를 경험하지 않았다. 이러한 배경은 경제가 급속히 발전할 수 있는 원

---

4) 이 제도의 근간이 되는 모성휴가제도가 만들어진 1931년도 당시 고용된 여성이 출산할 경우 출산 휴가를 사용할 수 있었다. 그 당시 휴가는 1달이었으며 급여는 매우 적었으나 1937년부터 증가하기 시작하였다. 1936년 사민당은 1932년보다 높은 득표율로 재집권에 성공하자 정부는 인민의 집 심벌인 가족의 수호자라는 이미지로 연결시킨 한손 뮐러의 전략이 공을 세웠다.

동력이 되었다. 노동조합과 협력관계에 있는 고용주들은 많은 여성들을 산업영역으로 끌어들이도록 노력하였다. 결국 남성생계부양자 체제의 강한 이념이 지배한 상황 속에서도 많은 여성 고용이 급속도록 증가하게 되었으며, 결국 이러한 상황은 여성의 고용과 사적인 가족의 돌봄과 가사노동사이의 간격이 커지기 시작하였다. 이러한 배경은 1955년 직장여성의 자녀를 출산할 경우 3달의 유급휴가를 사용할 수 있는 모성휴가 제도가 도입되었다(Sundström and Duvander, 2002).

1930년대부터 형성된 탈상품화적 성격의 가족정책은 오늘날까지 그 틀이 유지되고 있다. 그 후 1960년대부터 시작된 여성의 경제활동 증가는 탈젠더적 성격으로의 전환되었고 여성의 탈상품화적 성격의 정책들은 더 이상 발전할 수 없었다. 그러나 2006년 다시 정권을 잡은 우파연합정권은 아동보육수당과 보육 바우처를 도입하여 여성이 집에서 자녀를 양육할 수 있는 기회를 확대하면서 다시 탈상품화적 성격이 강화되는 모습을 가지고 있다. 또한 아동수당도 인구학적 위험으로 인해 계속 점진적인 발전을 하고 있다. 이처럼 아동수당을 대표로한 수당정책과 여성의 출산수당은 그 유산이 지속되고 있다.

1930년대에서 1960년대 형성된 가족정책들은 여성의 노동시장에서 모성권과 노동권을 보장한다는 의미에서 탈상품화와 탈가족화 성격을 동시에 갖는다고 볼 수 있다. 그러나 당시 여성에게만 해당되었기 때문에 탈젠더화 정책이라고 보기는 어렵다. 물론 오늘날 남성도 사용할 수 있지만 출산은 전적으로 여성의 몫이기 때문에 탈상품화정책으로 볼 수 있다.

복지국가단계 진입당시부터 스웨덴 사회는 여성의 사회진출을 장려했고 여기에 대한 제도가 뒷받침되었던 것은 사실이지만 초기 탈젠더화 정책이 될 수 없었던 것은 대략 두 가지로 평가할 수 있다. 우선 가족정책의 근본적인 목적이 출산정책이었다. 이민과 저출산·고령화와 같은 스웨덴 사회의 인구학적 위기는 "인민의 집"이라는 심벌을 만들고 보편적 가족정책에 영향을 줄 정도로 그 영향력은 대단했다. 그렇기 때문에 제도 설계의 한계는 가족 내 양성평등 보다는 여성의 출산장려를 위한 정책이 었다. 당시 아동 및 가족 수당 등의 재정적 뒷받침은 여성과 자녀가 함께 머물 수 있는 정책이었다. 그렇기 때문에 1960년대 이전까지 보육서비스의 미비와 현금급여 위주의 정책은 여성의 사회진출에 장애가 되었고 더불어 남성의 가족 내 돌봄 책임자가 되는데도 한계가 있었다.

또한 위의 이유와 맥락에서 이해될 수 있지만 당시 출산수당, 가족 및 아동 급여가 여성에게 지급되었다는 점이다. 이러한 점은 여성이 가족 내 주요 책임자라는 것을 암시하는 것이었으며, 앞에서도 서술했듯이 1960년대 전까지 남성생계부양자 체제였다. 당시 사회적 분위기는 가부장적인 보수적 사고방식이 팽배해져 있었는데 특히 노동조합이나 사민당 정부도 마찬가지였다. 스웨덴 복지정책의 주요 추동세력이었던 초기 사민당 정부는 복지국가 설계당시 주요 목적은 노동자와 자본가계급간의 평등이었지, 이외 다른 계층인 여성, 장애인, 노인 등은 사민당의 주요 관심대상이 아니었다[5]. 게다가 뿌리 깊은 가부장적 사회적 가치는 사회 전반적인 부분에 전통적인 성별 역할 이데올로기가 자리 잡고 있었다.

5) 1930년 노동계급을 기반으로 하여 정권을 획득한 사민당은 자신들의 권력기반을 위해 복지국가의 기틀을 세우기 시작한 시기였다. 당시 사회정책은 점진적 사회주의 특징으로 경제정책과 복지정책의 결합이었다. 연대성을 기반으로 한 경제정책은 노사의 타협에 기초한 성장전략, 완전고용을 지향하는 노동시장정책, 노조의 연대적 임금정책 등이었다. 복지정책의 경우 국민 통합을 위한 전략으로 "인민의 집"이라는 구호아래 가족정책을 통한 보편적 복지제도를 지향하고 있었다. 그런데 사민당의 보편적 가족정책이 그 당시 자신들의 존립을 위해서 국민들의 호응을 얻기 위한 전략이기도 했지만 스웨덴 사회의 저출산 고령화라는 인구문제와 산업화로 야기된 빈곤문제가 심화되었기 때문이기도 하다(미야모토타로, 2001).

특히 스웨덴 복지사회의 원동력이 되었던 노동운동도 전통적 성별 이데 올로기가 강력히 작용하고 있었기 때문에 급진적 사회주의자들은 기혼여 성의 노동시장 진출을 반대하고 있었다. 스웨덴 복지국가 설계는 "남성생 계부양자 체제"를 기반으로 해야 한다는 노동조합내의 분위기를 적극적 으로 반영했다는 점이다(Hirdman, 1998).

나. 독일

독일 가족정책은 여성 탈상품화적 성격이 가장 강한 국가들 중에 하나 이다. 그 이유는 독일의 정치적 측면에서 설명할 수 있다. 전후 독일 분단 이후 서독의 사회적 분위기는 사회주의 사상을 배격하고 전통과 종교를 중요시하는 보수주의 성향이 강했다. 이러한 상황은 프롤레타리아 여성 운동과 급진주의 여성운동이 성장할 기반을 갖출 수 없었고, 모성을 강조 하는 온전파 부르주아 여성운동이 강력한 세력을 얻고 있었다. 온전파 부르주아 여성운동은 모성의 개념을 생물학적 개념을 초월하여 정신적 모성으로 정의하면서 성별 분업적 역할을 강조하였다. 이들은 어머니와 자녀와의 특수한 경험과 관계를 사회적으로 정의와 돌봄의 윤리, 인간의 공동생활을 이상적으로 이끄는데 영향을 줄 수 있다고 보았고 이러한 이 념을 여성들의 자아실현과 연결시켰다. 이들은 여성의 권리를 주장하면 서도 남성의 기득권에 도전하기 보다는 정신적 모성을 주장함으로서 실 리를 얻고자 하였다(전복희, 2002).

게다가 전후 국가 주도의 경제개발 정책은 사적 부분에 전자본주의 전 통이 그대로 유지되어 왔고, 가부장적 성격이 강한 국가로 이러한 이념이 우파연합의 정치적 성격인 보수성과 종교적 성격이 강한 정당으로 받아 들여졌다(전광희, 2005). 이들에게 있어서 가족은 자녀가 있는 가구로 전 형적인 핵가족을 의미했고 가족정책은 핵가족을 정상적으로 유지하는데 초점을 맞추었다.

  이러한 온전파 부르주아 여성운동은 보수주의 성향이 강한 정당과 결
합하여 가족정책에 모성을 강조하는 탈상품화적 성격의 가족정책을 강화
시켰다. 독일의 가족정책은 2차 세계대전 이후부터 남성과 여성의 차이
를 전제로 남성생계부양자 체제를 형성하였으며(Lewis and Ostner,
1994; Gottfried and O'Reilly, 2002) 이 형태는 1980년대 까지 유지되어
왔다. 특히 두 번의 전쟁을 경험한 독일은 인구학적 위기로 인해 일찍부
터 가족정책의 성격이 출산장려(이진숙, 2006; 이진숙, 2005; 전광희,
2005; 김재경, 1999)와 여성을 '가정주부' 또는 '아내'로서 사적영역에서
그들의 역할을 충실히 할 수 있도록 지원(Lewis and Ostner, 1994; Gottfried
and O'Reilly, 2002; Gilbert and Terral,; Lewis, 1992; Sainsbury, 1999;
Esping-Andersen, 1999)하고 있다.

  2차 세계대전 이후 심각한 남성 실업난은 노동시장에서 여성을 밀어내
어 그 자리를 채우려했고, 각종 법과 사회조직들로 인해 여성들의 경제적
세력화는 전전보다 더욱 열악한 상태였다. 이러한 상황 속에서 여성의
탈젠더화 및 탈가족화를 위한 가족정책에 대한 욕구는 반영될 수 없었다.
오히려 다양한 법과 가족정책은 여성의 역할을 더욱 사적영역에 한정하
려하였다. 1919년 독일 바이마르헌법 제119조 '혼인과 모성은 국가의 특
별한 보호' 및 '히틀러 및 나치 정권하에 1933년 단종법', 1935년 '독일의
피와 존엄을 보호하는 법' 제정 등을 통해 가족정책의 성격의 제도를 형
성해 갔다(전광희, 2005). 이러한 법은 전후에도 그 성격이 이어졌는데
1949년 독일 연방 공화국의 '기본법(Grundgesetsz)'에서 혼인과 가족은
국가 질서의 특별한 보호를 받는다는 규정과 임신한 여성에 대한 모성에
대한 보호는 결혼과 가족에 대하여 보조적 기능을 수행한다고 한정하면
서 국가의 전적인 개입을 자제하고 있다(전광희, 2005). 또한 이러한 법

들은 남성과 여성사이의 불평등을 양산하고 지속적으로 유지했다는 점이다. 이러한 법들은 여성의 모성을 중심으로 간주했다는 점과 가족의 경제적 상태를 뒷받침 해준다는 성격을 가지고 있었다. 젠더적 관점에서 살펴보면 이러한 법들의 성격은 출산 장려와 국가에 수동적인 존재로 여성이 간주되었다는 점(전광희, 2005)과 여성의 가사노동의 사회적 가치를 인정해준다는 점은 여성의 탈상품화 정도가 강하다고 볼 수 있다.

1950년대에 탈상품화적 가족정책의 성격은 더욱 강화되었다. 그 이유는 온건파 여성주의 운동과 결합한 보수주의 성향의 기민련(CDU)및 기사련(CSU)으로 구성된 우파 연합 정권의 장기집권으로, 가족정책 성격에 더욱더 모성을 강조한 가족정책을 설계했기 때문이다. 이들은 가족정책의 주요 초점을 수직적 재분배 보다는 수평적 재분배를 강조했으며, 취업모에 대한 미비한 국가적 대책을 통해 여성을 모성으로 간주하려고 하였고 여성의 취업을 방해했다. 1954년 도입한 아동수당과 같은 현금지원정책이 발전한 반면 아동보육서비스는 거의 제공하지 않았다(이진숙, 2005; 홍미희, 2007).

아동수당은 독일의 대표적인 여성의 탈상품화 정책이다. 아동수당은 여성과 남성의 차이를 인정하면서 모성권을 강조하는 정책이었다. 당시 독일 페미니스트들은 여성의 차이를 강조하였고 아동수당을 선호하였다. 아동수당이 만들어진 1940년대 전후 서독은 전쟁에 참여한 많은 남성들이 돌아오면서 남성 실업은 심각했으며, 정부는 전쟁 중 취업했던 많은 여성들을 해고함으로써 남성들의 실업문제를 해결하려고 하였다. 그렇기 때문에 여성들의 노동시장 참여에 많은 제한이 있었으며, 대부분의 여성들은 결혼 및 출산과 동시에 직장을 그만두는 것이 그 당시 관례였다[6].

---

6) 1950년대 18세 미만이 자녀를 둔 전체 여성 중 4분의 1만이 일을 했었고 노동령 중 여성의 고용률은 44%였다. 만약 여성이 어린자녀가 있다면 직장을

그런데 이러한 여성의 임금노동의 중단은 가구소득과 밀접한 관련이 있었다. 여성의 가사노동을 인정받기 위해서는 남성생계부양자의 소득이 뒷받침되어야 했다. 1940년대 말부터 1950년대 복리급여는 전업 주부의 가사노동의 대가를 사회적 가치로 인정한 것으로 남성생계부양자 임금은 충분히 여기에 대한 보상을 해주어야 한다는 의미를 가지고 있다. 일부 제조업, 광업, 공공 섹터 부분에서만 가족임금이나 아동수당을 일반적으로 단체교섭을 통해서 책정되었다. 이렇게 일부 산업을 제외한다면 비숙련직 남성생계부양자가 2명 이상의 자녀와 함께 공공부조 이상의 생활수준을 유지하는데에는 어려웠으며 이러한 노동자들을 위한 지원은 고용주들에게도 부담 또한 컸다. 이러한 배경은 국회 직업에서 양성평등심의회(parliamentary deliberations on the equality of women in the workplace)에 반영되었고 1950년대 아동수당이 도입되었다(Bleses and Seeleib-Kaier, 2004).

1950년대 아동수당 도입과 발전은 사민당과 기민당에 의해서 주도되었으며 이들 모두 여성의 무급노동에 대한 사회적 가치를 인정해야 한다고 보았다. 특히 사민당 여성당원들은 아동수당에 대해서 적극적으로 찬성하였다. 사민당 출신의 정치인과 4명의 여성 국회의원은 평등은 '집에 있는 여성들의 무급노동의 가치를 인정해야 하며 이는 아버지와 남편의 임금노동의 가치와 동등하다'라고 주장하였다. 1954년 사민당 행정위원회 여성사무국 국장인 Herta Gtthelf는 가정주부와 엄마는 여성의 자연적인 의무이며 사회적으로 상당히 중요하다"라고 자신들의 입장을 밝히면서 가족은 엄마가 경제적 필요성으로 인해 노동을 해선 안된다고 보았다. 그러나 도입방식에 대해서는 양 당 사이에 의견의 차이가 있었다. 사

그만두는 것이 당시 관행이었다.

민당은 1950년대 모든 아동에게 국가가 아동수당을 제공해야 한다는
보편주의 원리에 입각해있었고, 기민당은 3명이상의 자녀에게 고용주의
기여에 입각한 사회보험형식을 선호하였다(Bleses and Seeleib-Kaier,
2004)[7].

1960년대까지 보수적인 사회적 분위기가 유지되면서도 1960년대와
1970년대 이르러 여성의 취업 증가와 좌파성향의 사민당 정권의 집권은
성을 고려한 가족정책을 설계하는 노력이 보이기도 하였다. 당시 사민당
은 기존의 보수주의 정당들과 마찬가지로 가족에 대한 견해는 "핵가족"
을 중심으로 결혼과 가족은 평생 유지되어야 한다는 원칙을 가지고 있었
지만, 여성의 경제활동을 장려하고 부모와 부부사이의 평등성를 강조함
으로써 기존의 정당들보다 좀 더 젠더 평등의 관점을 취했다고 볼 수 있
다(이진숙, 2002). 그리고 1979년 모성휴가(mutterschaftsurlaub)를 도입
하여 취업모들에게 일자리와 해고보호를 보장하면서 자녀출산 후 6개월
간 휴직할 수 있도록 하는 등 취업모의 지원이 강화되었다. 그러나 이들
의 정책이 기존의 정책보다 취업여성에게 유리한 방향으로 설계했다고
볼 수 있지만 여성에게 한정했기 때문에 탈젠더화 성격보다는 오히려
탈상품화 성격의 가족정책을 발전시켰다고 볼 수 있다. 그리고 이러한
정책은 당시 2번의 오일쇼크로 인한 복지국가의 위기가 고조되었고 국

---

7) 당시 기민당 출신의 가족부 장관 프란츠 요세프 부멜링은 의회에서 아동수당
은 공공복지급여(PUBLIC WELFARE)가 아닌 근로자의 전체적인 봉급의 일부
로 간주하는 수당이어야 한다고 주장하였다(allowance which was to be
considered part of the workers overall remuneration). 사민당은 각 아동
당 부모의 노동시장 참여와 상관없이 아동과 가족의 재정적 지원을 위해서
보편적인 아동수당을 지급해야 하며 만약 남성의 봉급(remuneration) 형식으
로 부여한다면 일부 특수한 가족은 배제될 가능성이 있다는 이유로 반대했다.
만약 기민당의 제안대로 한다면 미망인의 경우 아동수당을 받기위해 고용활
동을 해야 한다는 점이다(Bleses and Seeleib-Kaier, 2004).

방문제에 대한 관심으로 인해 가족부의 역할을 효과가 크지 못했다(이진숙, 2004; 홍미희, 2007). 1980년대 다시 정권을 잡은 보수정당은 수당제도를 통해 탈상품화적 성격을 강화시켰다. 1983년 아동세금공제제도(Kinderfreibetraege)를 도입하여 아동수당체계와 분리하였다. 1985년 저출산의 목적으로 주부연금제가 도입되었으며, 1986년 양육수당법이 시행됨으로써 취업 여성들은 제도도입 초기에 자녀출산 후 10개월 동안 그리고 1992년부터는 3년까지 휴가를 할 수 있도록 여건이 마련되었다. 1985년 12월 6일 기존의 모성휴가제도가 연방육아 수당법으로 제정으로 육아휴직과 육아 수당제가 도입되면서 폐지되었다(이규용 외, 2004; 이진숙, 2004).

이러한 보수주의 정부의 현금수당 중심의 정책은 여성을 사적 영역에 한정함으로써 남성과 여성의 불평등을 양산한다는 점에서 많은 비판을 받고 있다. 양육 수당법과 같은 제도는 여성의 노동권이나 탈가족화에 장애가 되고 더욱더 여성의 모성권을 강조한다는 점에서 논란이 되어 왔다[8]. 또한 1980년대 가시화되고 있는 가족문제는 더 이상 여성의 역할을 가족 내 한정시키는 탈상품화적 정책에 한계가 있다는 것을 보여주고 있었다. 당시 독일은 이혼 증가, 한부모 가족 증가, 독신 가족 증가 등 독일

---

8) 특히 1986년부터 시행된 양육수당법과 이를 둘러싼 논쟁은 독일에서의 여성정책의 특징을 잘 보여주는 것이라 할 수 있다. 그 당시 집권당이었던 기민당은 취업여성의 양육휴가를 확대하고, 육아휴직금을 지불하자는 요구에 대해 이런 요구는 집에서 자녀양육을 담당하고 있는 전업주부를 차별하는 제도라고 비판하였다. 모든 여성은 양육에 대한 대가를 받아야 한다는 주장을 하면서 양육수당제도를 도입하였다. 이 제도는 취업여성에게는 매우 불리한 제도로 평가받았다 독일의 열악한 보육제도는 자녀를 출산한 취업 여성 대부분이 양육수당을 받았지만, 급여는 임금보다 훨씬 낮은 금액이었고, 휴직기간 3년 후 직장으로 복귀하는 것은 거의 불가능했다. 이런 점은 양육수당제도가 여성들에게 양육의 대가를 지불한다는 좋은 취지에도 불구하고 비판의 대상이 되었다(홍미희, 2007).

정부가 추구해보던 가족과 다른 양태의 가족들이 양산하고 있었다. 특히 여성의 경제활동의 증가는 저출산과 고령화라는 인구학적 위기를 만들어 내면서 기존의 수당위주의 정책에 한계를 보이고 있다. 그럼에도 불구하고 독일의 가족정책의 탈상품화 성격은 오늘날까지 상당한 영향을 미치고 있다. 오늘날 남성의 가족화를 유도하는 부모 휴가제도와 보육제도가 확대되고 잇는 실정이지만 이러한 제도들 역시 여성의 탈상품화적 성격이 실질적 측면에서 강하다.

다. 미국

1980년대 까지 미국 가족정책에 가장 큰 영향을 미친 것은 미국의 청교도 정신이었다. 건국 초 미국의 강한 프로테스탄트 윤리의식은 여성을 모성으로서만 간주하려고 하면서 남성을 가족 내 생계부양자로 여성은 돌봄책임자로 한정하였고, 여성의 소득창출을 부정적으로 간주하였고 이를 신의 섭리로 받아들였다(장혜경, 2002). 특히 미국은 노동시장에서는 자유경쟁을 추구하면서도 가족 내에서 엄격한 성별 분업이 존재했으며, 여성은 어머니로서 그 가치를 인정받았다. 이러한 성격은 1990년대 복지개혁이 있기 전까지 미국의 가족정책에 영향을 주었으며, 이러한 특징으로 미국은 모성주의 복지국가로 평가받기도 하였다.

모성주의란 여성을 모성으로서 찬양하고, 모성에 대한 역할과 가치, 도덕성으로 여성을 사회에 적응 하도록 하는 것을 의미한다(Bock and Thane, 1993; 홍승아, 2005a). 19세기 미국은 모성역할을 찬양하며 가정에서 여성의 양육을 전제하고 여성의 노동참여를 배제하는 정책적 성격을 가지고 있었다. 특히 미국 중산층 여성에게 있어서 가정은 안식처(special place)로 간주되었다. 기혼 여성들은 가정을 천국으로 만들고, 자녀 양육과 교육을 담당하며, 가족의 삶을 풍요롭게 만들도록 고무받았

다(Kamerman and Kahn, 1997). 그런데 이러한 여성의 역할은 남성생
계부양자가 존재할 때 가능했다. 가족 내 성인 남성의 부재는 결국 모성의
역할을 제대로 할 수 없음 의미했다. 이런 의미에서 가족정책은 남성 배우
자가 없는 저소득 여성가구주를 지원해주었다. 바로 그 대표적인 제도가
세퍼드-다우너 법(Sheppard-Towner Act)과 모성연금(Mother Pension)이
었다(홍승아, 2005a). 이 두 제도는 미국에 복지제도의 토대가 되었다는
점에서 그 의의가 크다(박진빈, 2003).

  사실 이 두 제도는 프로테스탄트 윤리의식이 강한 배경 속에서도 여성
의 정치적 행동에 의해 만들어진 제도였다. 세퍼드-타우너 법(Sheppard-
Towner Act)은 임신과 영유아 건강을 보호하기 위한 최초의 법이었으며,
초기 헐하우스 창립자였던 제인 아담스와 다양한 여성단체들의 노력으로
만들어진 법이었다. 이들은 교육받은 엘리트 여성들이었으며, 각 도시의
세틀먼트 하우스, 전국소비자 연맹, 여성클럽총연합, 어머니회 등 다양한
여성조직들의 로비활동을 통해 연방정부 차원에서 먼저 아동 국을 설치
하였다. 이후 이들은 여성 참정권 운동을 하던 여성 조직들과 연합하여
아동복지문제를 사회적으로 가시화시켰고, 1920년 대통령 선거전에 자
신들의 목소리가 반영되도록 하였다. 1921년 연방법으로 제정되고 다음
해인 1922년 42개주에서 세퍼드-다우너법은 최초의 연방차원 사회복지
입법으로 전국의 여성과 아동의 건강을 연방아동국의 관할로 끌어들이게
되었다(박진빈, 2003).

  모성연금(Mother Pesnion)의 경우도 민간여성단체 주도하에 각 주차
원에서 제도화되었고 미미하나마 아동국의 지지도 받았다. 모성연금
(Mother Pesnion)은 남성가장의 부재로 생계가 어려운 여성가구주에게
부여한 제도였다. 당시 제도를 추진한 여성조직들은 모권주의에 대한 사
상이 반영되어 있었다. 이들은 여성이 노동시장 참여로 가정을 소홀히

하는 것을 반대했으며, 자녀는 어머니와 함께 지내야 한다는 사상을 가지고 있었다. 이러한 점은 모성연금(Mother Pesnion)의 자격이 남성생계 부양자가 부재인 동시에 여성이 장기간 노동시장 참여를 하지 않았다는 조건에서 찾아볼 수 있다(박진빈, 2003). 바로 이 두 제도는 미국 사회보장법에 영향을 주게 되었다.

1935년 사회보장법은 1895년에서 1920년 사이 미국 사회정책에 대한 이념이었던 모성주의와 자발주의(Voluntaries)에 기반을 두고 있었다 (Bock and Thane, 1993; 홍승아a, 2005; Kamerman and Kahn, 1997). 사회보장법은 미국 역사상 최초로 국민에 대한 국가의 책임을 명시한 법이었다. 사회보장법 하에 연방정부 차원에서 노령 급여(old age benefits) 체제를 확립하였고 노인, 시각 장애인, 피부양 아동과 장애 아동, 여성과 아동 복지, 공공 보건에 대해 연방정부 차원에서 국가가 급여를 제공해주었다. 또한 사회보장법은 실업보상에 대한 행정, 사회보장 이사회 설립과 세입 등 사회복지와 관련하여 다양한 역할을 맡게 되었다[9]. 그리고 노동, 사회서비스, 음식구제, 노인연금, 의료 보장, 주거 정책 등 다양한 방면에서 대대적인 사회개혁이 단행되었다(이창신, 2002). 그러나 사회보장법은 시민권이나 거주 기간에 입각한 보편적 복지라기보다는 욕구가 필요한 대상을 중심으로 한 잔여적 복지의 성격이 강했다.

게다가 복지제도에 대한 모성주의에 대한 시각은 변함이 없었기 때문에 오히려 국가 책임주의와 선별주의가 모성주의가 결합하여 부양아동원조(Aid Dependece Child)제도가 만들어졌다. 사회보장법 하에 ADC[10]

---

9) http://www.ssa.gov/
10) 1960년대에서 1980년대 동안 Shickley는 AFDC와 기타 유사한 프로그램이 생산성이 부족한 구성원들 사이에서 출산율을 장려하는 경향이 있다고 보면서 이는 열생학 효과를 보인다고 주장하였다. 여기에 대한 결로 재정적 성공과 지능의 상관관계와 지능은 유전적이라는 측면에서 말이다. 1935년 사회보

는 피부양 가족이 있는 가족에게 제공하는 것으로 그 주요 대상은 저소
득 모자가구였다. 이 ADC의 특징은 모성연금(Mother Pesnion)과 마찬
가지로 모성주의에 입각한 정책이었다. 당시 사회적 상황은 대공항으로
인해 의도적으로 여성을 노동시장 밖으로 몰아내고 있었다. 특히 취업
중인 기혼여성은 경제적 불황의 분위기에서 가정으로 복귀할 것을 강요
당했다. 미국노동총연맹(American Federation of Labor, AFL)과 미국 남
성노조위원들은 연방정부에서 기혼여성들의 고용으로 인해 남성들의 일
자리가 심각하다고 취업상태인 기혼여성들을 맹렬히 공격하였다. 1932
년 경제법은 제 32조(Economic Act, Article 23)의 기혼자 관계조항에서
정부기관 정리 해고 제 1순위를 기혼 여성들로 만들었다(이창신, 2002).
이러한 상황은 가족정책이 남성생계부양자 구조로 형성되어야 함을 간접
적으로 시사하고 있었다. 사실 이 당시 ADC 정책을 살펴보면 여성의 근
로조건이나 수급 기간에 대한 조항은 없었다.[11] 1940년대 이르러 미국
정부는 고용여성에 대한 관심을 보이기 시작하였다. 1942년 여성국은 노
동시장에서 모성을 보호해야 할 필요성을 느끼면서 노동시간제한, 휴식

장법 체제하에 존재해온 AFDC는 여성의 가족에서 가정주부로서의 역할을
전제하고 있다. 그 당시 시대 상황에서 일반적인 핵가족은 여성은 가족을 위
해 책임져야 한다고 가정하고 있었기 때문에 이 프로그램은 모자가정의 여성
들의 일차적인 책임이 가족이라는 점을 강조하고 있다는 점이다. 또한 그 당
시부터 1970년대 까지 모자가정 구성의 원인이 남편의 사별이었기 때문에
국가는 주 소득원인 남편의 부재의 역할을 대신해주어야 한다는 책임의식을
가지고 있었다는 점이다(박세경 외, 2005).

11) 1935년 사회보장법(Social Security Act)으로 제도화된 미국의 복지정책은 노
인, 장애인, 피부양자녀를 둔 빈곤 모자가정의 여성 등을 공공부조의 수급권
자로 하는 선별적이면서 보충적인 성격을 가지기 시작하였다. 이 법이 제정될
당시에는 대다수의 모자가정이 남편과의 사별로 인해 형성되었고 기혼여성이
노동시장에 진출하는 경우가 드물었기 때문에 모자가정의 여성과 자녀들은
보호를 받을만한 대상으로 간주되었다(박세경 외, 2005).

시간, 6개월간의 산전산후휴가 등 모성의 건강기준을 발표하였다. 그러나 이 제도는 산재처럼 장애로 여겨졌지 다른 국가들처럼 모성휴가의 성격은 약했다(장미경, 2002).

1950년대까지 여성의 낮은 경제적 세력화와 모성을 강조한 여성의 정치적 세력화는 미국 가족정책에 별다른 효과가 없었다. 미국 여성의 노동시장참여율은 2차 세계 대전을 기점으로 50% 정도였지만, 대부분의 여성들이 저임금과 낮은 직종에 종사했기 때문에 여성의 경제적 세력화는 전체적으로 낮았다. 또한 당시 사회적 분위기는 보수주의 분위기로 여성의 경제활동에 대해서 부정적인 인식을 가지고 있었다. 여성운동은 자유주의 성향을 가진 집단들로 노동시장에서 여성의 평등이외에 다른 영역에 대한 관심이 부족했고, 초기 여성운동은 모성을 강조하는 형태로 사회정책에 관심이 많았다.

1960년대 미국의 가족정책은 주정부 차원에서 공공부조 형식으로 지원해주었지만 그 비용도 예산의 적은 부분을 차지하였다(Blank, 1997). 그러나 이러한 미국의 공공부조를 중심으로 한 가족정책은 현금지원의 확대로 1960년대와 1970년대 발전을 거듭하게 되었다. 1964년 존슨대통령이 "빈곤과의 전쟁과 위대한 사회"를 선포하면서 도시 빈민층 자녀를 위한 조기교육(Head Start), 근린청년단(Neighborhood Youth Corps), 지역 활동 프로그램(Community Action Program) 등 다양한 프로그램 전환과 서비스 확대 등 현재 미국의 공적 부조제도의 근간을 형성하는 여러 프로그램들이 실시되었다. 또한 저소득층을 대상으로 한 식품권(Food Stamp, 1964), 메디케이드 법과 메디케어 법(Medicaid Act and Medicare Act, 1965), 피부양 아동원조(ADC)를 AFDC(Aid to Family with Dependent Children)[12]로 프로그램이 전환되었다. 이러한 발전은 닉슨대통령에게 까지 이어지게 되었다. 1974년 SSI, 1975년 근로장려세제(Earn income Tax Credit: EITC)을 마련하였으며, 1975년 사회보장법 Title ⅩⅩ를 제정하여 그동안 산발적으로 제공되었던 빈곤층에 대한 개인적 사회서비스를 운영 및 재정의 체계화를 마련하였다. 대인서비스는 저소득층들이 빈곤을 극복할 수 있도록 도와주고 미래 세대의 안정성을 유지해줄 수 있는 사회서비스 중요성을 점점 더 크게 인식하기 시작했으며 주정부에 의한 연방정부재원의 낭비를 방지하기 위하여 대인사회서비스에 대해 연방정부보조금의 한도를 설정하고 각종 서비스의 목적을 명확히 함으로 운영 및 재정의 통합화를 시도하였다(이현주외, 2003). 그러나 이 대인서비스는 가족을 단위로 하기 보다는 개인을 단위로 하고 있기 때문에 가족에 대한 영향력이 그리 크지 않다는 단점을 가지고 있었다[13].

앞에서 살펴보았듯이 건국초기부터 1970년대 까지 미국 가족복지는 모성주의, 잔여주의 성격이 강하다. 그렇기 때문에 저소득 가구를 대상으로 한 자녀가 있는 여성을 중심으로 급여가 주어졌으며, 이러한 급여의 주요 목적은 모와 자녀가 함께 머무는 것이었다. 1930년대 연방정부 차

---

12) Aid to Families with Dependent Children (AFDC)는 연방보조프로그램으로 1935년에서 1997년까지 미국 보건복지부(Department of Health and Human Service)에 의해 수행되어져왔다. 이 프로그램은 저소득 가족 중 자녀가 있는 아동에게 재정적 지원을 제공하였다. 이 프로그램은 1935년 사회보장법에 근거하여 뉴딜 정책의 하나로 초기 Aid to Dependent Children (ADC)로 명명하였으며, 1960년대 가족이라는 용어를 첨가하였다. 1996년까지 24억만 달러를 매해 지출하였다. 가장 높은 지출은 1976년이었으며 1996년 까지 8% 증가를 가져왔다.

13) 1972년의 사회보장법 수정법안에 의해 대폭 수정되었다. 수정법안에서 노인 및 장애인을 위한 새로운 연구프로그램인 보충연금급여(Supplementary Security Income)가 마련되었고 기존의 공공부조를 대체하게 되었다. 보충연금급여는 연방정부가 관리하고 있다. 여기 대상에서 빈곤 모자가정은 제외되었고 이들은 피부양자녀가 있는 경우 AFDC(Aid to Families with Dependent Children)은 연방정부에 의해 수급권이 보장되며 주정부에 의해서 급여수준이 결정되었다(박세경 외, 2005).

원에서 만들어진 ADC를 시작으로 AFDC는 모성을 보호하려는 의도로 많은 발전을 가져왔었다. 이런 점에서 미국의 복지국가는 여성의 탈상품화적 성격에서부터 시작되었다고 볼 수 있다. 건국 초 여성의 낮은 경제적 세력화와 모성권을 강조하는 페미니즘 강화, 그리고 사회의 프로테스탄트의 윤리의식은 미국 여성들이 노동시장에 의존하지 않고 가족 내 자신들의 역할을 충실히 할 수 있도록 설계되었다. 그리고 이러한 성격은 1990년대 복지 개혁이 있기 전까지 미국 복지국가 틀을 형성하는 데 영향을 주었다.

라. 한국

한국은 전형적인 유교주의 국가군(홍경준, 1999) 또는 동아시아 복지국가(Goodman and Peng, 1996; Kwon, 1997)로 분류된다. 이러한 국가들의 특징은 가족이나 친족과 같은 비공식적인 결속을 중요시하기 때문에 복지의 책임을 가족에게 전가시키는 특징을 가지고 있다. 이러한 측면에서 한국을 가족주의 국가라고도 일컫는다(홍경준, 1999). 가족주의가 강한 한국의 전통적 문화는 여성을 기혼여성과 동일시 여겨 복지 대상에서도 "부녀자"라는 용어를 사용하거나 정책의 내용도 "모자보건", "모자복지" 등으로 자녀를 가진 여성들을 주요 대상으로 간주하였다. 그러나 이런 정책들은 빈곤정책의 일환이었지 보편적 원리에 입각하여 모성초점을 맞추거나 가사노동을 사회적으로 인정해주는 탈상품화적 정책은 아니었다. 이러한 이유는 정치적 성향이나 여성의 경제적 세력화와는 다소 무관하게 권위주의 정부에 의해서 한국의 사회복지 제도가 설계되어졌기 때문에 일반 여성들의 욕구와 정책 간에 괴리가 있었다. 그럼에도 불구하고 출산휴가와 같은 정책은 한국 여성의 경제활동과 함께 시작되었으며, 오늘날 탈상품화적 성격의 정책들은 1950년대부터 제도가 형성되었다.

1950년대 전쟁은 한국의 물적 인적 자원을 황폐화 시켰으며, 정부의 열악한 재정 상태는 여성의 욕구를 반영한 가족정책을 수립할 여건이 되지 못했다. 정부는 요보호 중심의 사회복지 지원마저 외원단체에 의존했어야만 했기 때문에, 이러한 상황에서 일반여성의 관심은 배제될 수밖에 없었다. 이시기부터 여성의 노동시장 참여는 시작되었으나, 열악한 인적 자본으로 인해 단순 기술직, 서비스직, 저임금 등과 함께 결혼과 동시에 직장을 그만두어야 하는 열악한 경제적 세력화에 있었다. 여성운동이나 조직들도 여성의 고유의 문제나 젠더 평등에 대한 관심보다는 국가적 이익에 부합하여 체제 유지적이고 친미적인 반공이념을 앞세우면서 여성의 문제를 제대로 반영하지 못했다(김영화·손지아, 2005).

그럼에도 불구하고 명목적이나마 여성 탈상품화적 성격의 가족정책이 있었다. 바로 1953년 근로기준법이었다. 근로기준법에서 법률 제 286호 제 60조 산전휴가 규정으로 근로여성의 산전휴가를 허용하고 있었다. 동법 제 48조 연차 유급휴가 제 4항에 의하면 산전·산후 여성의 휴업은 출근한 것으로 규정하였고, 제 27조 출산 여성에 대한 해고 등의 제한 2항 조항을 두었으며, 제 67조 육아시간에서 여성근로자들에게 수유시간을 허용하는 등 근로여성에 대한 모성보호를 규정하고 있다. 물론 이 법이 실질적 측면에서 효과성이 없었음에도 불구하고(최유정, 2004), 명목적 측면에서 여성 노동의 탈상품화 가족정책의 성격을 가지는 최초의 법이라고 볼 수 있다.

1960년대 이르러 사회복지 제도의 토대가 마련될 수 있었고, 가족정책도 소폭 발전하였다. 하지만 여성의 탈상품화적 성격과는 다소 무관하였다. 1961년 아동 복리법, 1962년 윤락행위방지법, 그리고 1963년 사회보장법과 1970년 사회복지서비스에 대한 법 제정되었으며, 가족관련 정책으로는 가족계획 사업[14]이 전국적으로 시행되었고 가족법이 일부 개정되었다. 그러나 이러한 법들은 명실상부한 것으로 평가 받고 있다. 각종 사회복지 관련법들은 일부계층에게만 한정되어 있었고, 당시 국가의 대표적 사업이었던 가족계획사업은 경제정책 일환이었지 사회복지 정책이 아니었다.

이처럼 명목적이나마 사회복지 및 가족정책이 공식적으로 수행되어 온 배경에는 당시 정부의 정치적·경제적 이익 차원이었다. 군사 쿠테타로 정권을 잡은 박정희 정권은 집권 초기부터 군사 정부의 개입이 불가피하고 정당하다는 것을 국민에게 납득시키기 위해 경제성장과 빈곤탈출 등의 경제적인 측면이 국익의 이름으로 강조되었다[15](최유정, 2005). 그렇기 때문에 사회보장 및 사회복지 제도는 정권의 보호차원인 국익을 위해 만들어진 법이라고 볼 수 있다(최유정, 2005).

또한 이 당시 탈상품화적 성격의 가족정책이 구성될 수 없었던 이유는 여성의 경제적 세력화와 여성의 정치적 성격이 1950년대와 별반 다르지

---

14) 게다가 가족계획사업은 1960년대 경제개발 사업일환으로 국가적으로 대대적인 장려운동이 일어났다. 1950년대 해외동포의 귀국과 북한에서 월남한 동포들과 1960년대 시작된 산업화는 도시 집중률을 높이게 되었다. 이러한 도시 집중률은 가구의 빈곤을 증가시키는 원인으로 지적되면서(김수일 외, 1976), 1950년대부터 일부 외국의 선교사나 민간단체에서부터 시작에서부터 1962년 5차에 걸친 경제개발 5개년 계획은 국가의 생산성 및 빈곤율을 낮추기 위해 가족계획을 주축으로 한 인구 억제 정책을 강력히 추진함으로써 산업구조의 근대화, 교육 및 보건수준의 향상, 도시화의 촉진, 초혼연령 및 여성지위의 향상 등 제반 사회, 경제, 문화적인 발전을 꾀하였으며 실제로 성공적이었다고 평가 받고 있다(변화순, 1989).
15) 1,2차 경제개발 계획의 목표는 인구 억제를 통한 경제발전이 국가의 근대화, 국민생활 향상 등의 진보주의, 발전주의에 입각한 국가차원의 이익으로 추첨되었다. 중요한 점은 국가가 스스로 국익을 추구하는 존재로서 확고히 자리잡음에 따라 경제적 업적을 통해 국가가 정통성을 주장하는 성장담론이 당시 가족정책이 처한 존재조건이 었다(최유정, 2005).

않았기 때문이다. 선성장·후분배를 표방하는 우리나라 공업정책으로 많은 여성들은 노동시장으로 진출하였다. 그러나 직업구조면에서 보면 전문지식이나 숙련을 요하지 않는 단순 노동직이나 농업 수산업에 치중하고 있어(노동부, 1983; 김순애, 1981), 자신들의 경제적 개선에 대한 필요성에 대한 인식이 낮았으며, 이들을 대변해줄 여성단체나 조직이 부재했다. 정치적 측면에서 여성들의 사회참여와 단체 활동의 요구가 많아졌고, 이에 따라 한국부인회, 주부클럽연합회, 한국여성유권자연맹 등의 20여 개의 여성단체들이 조직되었다. 그러나 이들 단체의 활동은 자녀교육, 교양강좌, 반공교육, 위문방문 등이 주를 이루었고 정권지지 차원에서 이용당했다. 여성단체들은 그나마 윤락행위방지법이나 가족법의 개정에 대한 관심만 있었고, 이외에 현실적이고 구체적인 여성 및 가족문제에는 눈을 돌리지 못했다(김영란·손지아, 2004).

1970년대는 1960년대 보다 더욱 사회복지제도가 발전하였다. 1970년 사회복지사업법, 1973년 국민복지연금법, 1976년 개정의료보험법, 1976년 입양특례법, 1977년 가족법 2차 개정 등 전 보다 많은 법들이 제정되고 개정되었다. 그러나 뚜렷한 여성의 탈상품화 성격의 가족정책이 도입되지 않았다. 단지 이와 유사한 제도로 가족법 개정이었다. 1977년 2차 개정으로 가부장적 요소는 상당히 줄어들었다. 소유가 불분명한 재산에 대해 부부의 공동소유가 인정되었고 미성년인 자녀에게 부모가 공동으로 친권을 행사할 수 있도록 했다. 또한 개정법에서 여자의 상속분을 남자의 절반으로 규정했던 조항을 삭제하고 평등한 몫으로 하였다(원주인터넷뉴스, 2007년 11월 20일자). 이 법은 1960년대부터 여성 단체나 운동 조직들이 공창제 및 윤락행위 방지와 함께 꾸준히 요구해오던 법이었다. 그러나 이 법도 현실적으로 가부장적 가족주의를 강조하는 한국사회에 적용되기 힘든 법으로 평가 받았다. 이처럼 여기서도 탈상품화적 성격이 발전하지 못한 이유는 유신체제로 인해 더욱 사회 경제조직들이 탄압을 받게 되었다.

1970년대 마련된 이러한 사회복지 정책들은 유신체제를 정당화하기 위한 수단이었다. 1971년 12월 국가 비상사태가 선포되고 1972년 10월 유신체제[16]가 수립되었다. 이 체제로 인해 국민의 정치활동을 철저히 제한되었으며 대통령의 권위를 뒷받침하기 위해 전면적인 국가기구의 정비가 이루어졌다. 여기에 대한 언론, 학계, 종교 등 다양한 분야에서 시위가 일어나기도 했지만 철저히 억압당했기 때문에 시민단체나 기타 정치단체의 정치적 활동은 탄압되었다(최유정, 2005). 이시기 여성단체들도 1960년대와 마찬가지로 중산층 고학력 기혼여성을 중심으로 정부와 밀접한 관계를 맺으며 새마을 운동 등을 통하여 권력의 보조자 역할을 하고 있었다(김영화·손지아, 2005)[17].

1980년대는 탈상품화적 성격의 가족정책의 기틀을 마련하는 시기였

---

16) 유신체제란 1972년 10월 박정희 대통령특별선언에 따라 국민투표로 확정된 '조국의 평화통일을 지향하는 새 헌법개정안'의 통칭하는 것을 의미한다. 이렇게 탄생한 유신헌법은 전문과 12장 126조 및 부칙 11조로 되어 있는 삼권분립, 견제와 균형이라는 의회민주주의의 기본원칙에 대한 전면부정과 대통령에게 권력집중 및 반대세력의 비판에 대한 원천봉쇄를 그 특징으로 하고 있다(두산백과사전, 2009).

17) 그렇기 때문에 복지정책도 1960년대와 맥을 함께하고 있었다. 경제개발 계획하에 가족계획이 유지되고 강화되었으며, 미혼모, 미망인 등과 같은 요보호 대상으로 한 부녀복지와 아동복지가 그대로 유지되고 있었다. 단지 가족복지 관련하여 눈에 띄는 정책이 있었다면 국가의 강력한 주도로 이루어진 1973년에 제정된 '모자보건법'이었다. 1973년 모자보건법이 공포되고 1974년 1월 30일 임시국무회의를 통해 통과된 이법은 5월 9일 공식적으로 시행되기 시작된 이법은 기존 법적 근거가 없었던 가족계획사업의 정당성을 부여한 것이었다. 특히 이 법의 핵심은 임신 중절에 관한 사항으로 기존 형법 제 270조 1항에 의하여 출산 조절을 위한 임신중절이 범죄행위로 간주되었는데 모자보건법 제 8조에 의해서 합법성을 인정받았다는 점이다(김택현, 1974).

다. 이는 여성의 경제적 세력화 향상으로 인해 보육에 대한 욕구가 커졌
으며, 여성의 정치적 세력화는 독자적인 성격을 형성하면서 그 세력을
키우고 있었다. 1980년대는 기혼여성의 노동시장 참여가 증가하여 가족
과 직장생활에 대한 양립에 대한 욕구가 높아지고 있었다. 게다가 여성의
교육수준 향상은 여성들이 고위직이나 관리직으로 갈 수 있는 기회가 많
아졌다. 또한 사회적으로도 여성들의 취업에 대한 선호도가 긍정적으로
변하면서 많은 여성들은 결혼이나 출산으로 인해 노동활동이 중단되는
것을 원하지 않았다.

또한 정치적 측면에서 1980년대에는 민주화 운동이 정점을 이루었다.
노동운동, 시민운동, 여성 운동 등의 활발한 사회운동은 여성의 문제가
가시화되면서 여성의 정치적 토대가 마련되었다. 1983년 중앙정부 차원
에서 여성정책 심의 위원회[18]와 한국 여성개발원의 설립되어, 여성정책
의 의제 발굴, 여성능력개발 및 여성정보의 제공을 주요 과제로 하는 등
명실상부한 국가 여성정책 연구기관으로서의 역량을 축적해왔다. 그리고
1985년 여성발전기본계획수립과 남녀차별개선지침이 국가 정책의제로
채택되었다는 사실은 사회정책에 양성평등을 고려한 프로그램이 설계될
수 있다는 시사점을 제공해주고 있었다(배선희, 2006).

1987년 민주화 항쟁을 전후하여 전국적이며 조직적인 여성운동 조직
의 결집된 요구의 표출이 시작되었다. 민주화 항쟁에서 여성운동조직이
시민사회의 주요한 세력으로 부상하게 되자 보수여당을 기반으로 하는
노태우 정부는 여성관련 정책요구에 반응을 보였다(배선희, 2006). '정부

---

18) 이 기구의 설립은 한국 정부가 1980년대부터 여성문제를 성차별적인 사회제
도의 개선과 남녀평등의 실현을 위한 총체적, 종합적으로 보는 의미의 여성정
책으로 추진하였고, 이에 따른 제도화로 이루기 위한 시작에 불과했다. 여기
서 권위주의 정부하에 국무총리 산하의 정책 자문기구 형태로 설치되었으며,
여성관련 안건들을 구체적으로 처리하게 되었다.

각 부처위원회, 여성위원 참여확대, 지방자치단체의 가정복지국기구 설치, 모자복지법제정, 근로여성 지위향상, 고용기회균등 실현사업' 등 양성평등을 위한 노력이 보였다. 1987년 10월 29일 헌법의 개정으로 제32조 4항에는 여성노동자의 양성평등, 모성보호, 제34조에 여성 복지와 권익향상을 위한 국가의 의무, 제36조 1항 혼인과 가정생활에서 개인의 존엄과 양성평등조항을 신설함으로써 헌법 제11조에서 성차별 금지한 일반 평등권 규정에서 양성평등을 실현하고자 하는 헌법적 발전을 보여주었다(김영순, 2001). 명목상 양성평등을 명시하였다(배선희, 2006). 이러한 모습은 1989년 모자복지법, 1988년 남녀고용평등법제정에서 그 결실을 찾아 볼 수 있다.

1989년 모자복지법(법률 제4121호)이 제정되었다. 이 법은 모자가정이 건강하고 문화적인 생활을 영위할 수 있게 함으로써 모자가정의 생활 안정과 복지 증진에 기여함을 목적으로 하고 있으며, 국가와 지방자치단체가 책임을 지게 되었다. 모자복지법은 시대적 상황을 반영한 정책으로 도시화 산업화로 인한 가족해체 및 남성생계부양자의 부재는 여성과 아동의 빈곤을 심화시키고 있었기 때문에 여기에 대한 국가적 대응이었다. 이 제도는 비록 빈곤정책의 일환이었으나 모성을 사회적으로 인정했다는 점에서 탈상품화적 성격을 갖는다고 볼 수 있다.

1988년 7월 7일 남녀고용평등법시행령이 제정되었다. 남녀고용평등법은 명목적으로 노동시장의 근로여성들의 모성권 보호차원에서 법적 근간을 마련했다는데 큰 의의가 있다고 볼 수 있다. 1989년 3차 가족법 개정이 이루어졌다. 가족법 개정에서 양성평등 관련 중요한 영향을 미칠 수 있는 조항들이 신설되었다. 여성의 가사노동에 대한 경제적 가치를 법적으로 인정하였고, 기존의 여성의 경제적 무능력을 전제로 한 규정들을 변화시킴으로써 남녀평등과 관련한 여성의 법적 지위가 높아지는 결과를 가져왔다는 것이다.

정리하면 여성이 탈상품화적 성격의 가족정책은 1950년대부터 존재했다고 볼 수 있으나, 유명무실한 제도에 지나지 않았다. 또한 가족정책 형성에 여성의 경제적 세력화와 정체적 세력화는 영향을 미치지 못했다. 그 이유는 여성의 경제적 세력화와 정치적 세력화가 낮았기 때문에 여성의 목소리를 높일 여건을 마련하지 못했으며, 당시 정경유착, 권위주의 정치사상은 복지정책과 거리가 있었다. 그러나 1980년대 이르러 여성의 욕구를 반영한 제도가 만들어졌다. 여기에 대한 원인 중 하나가 기혼여성의 노동시장 증가, 여성의 학력 상승, 여성의 주체적인 정치적 운동 확립 등이었다. 기혼 여성 고용의 증가는 자연스럽게 가족과 일 양립에 대한 욕구를 높였으며, 여성 운동의 제도화는 정치적으로 여성의 목소리를 공식적으로 반영하도록 하였다.

마. 소결

분석결과 4개국 모두 산업화 초기단계에서 가족정책은 가족 내 탈젠더화적 성격보다 탈상품화적 성격이 강했다. 산업화 초기 오히려 탈젠더화 성격의 가족정책은 거의 부재했다. 정도의 차이는 있었지만 기본적으로 이들 4개국의 가족정책은 모성권을 강조하였고 여기에 대한 사회적 가치를 인정했다는 점이다. 그러나 이들 국가들의 탈상품화적 성격은 차이가 컸고, 그 발달 경로도 각기 달랐다.

스웨덴에서 여성의 탈상품화 가족정책은 복지국가 기틀을 잡던 1930년대부터 시작되었으며, 중요한 점은 여성의 탈상품화 정책에 젠더 평등을 고려했다는 것이다. 이처럼 젠더 평등을 고려할 수 있었던 배경에는 정책 설계당시부터 여성의 경제적 세력화와 정치적 세력화가 다른 국가들에 비해 적극적으로 영향을 미쳤기 때문이었다. 특히 산업화 초기부터

시작된 여성의 고용률의 증가와 사민당의 장기 집권은 이러한 가족정책
형성에 핵심 변수였다. 1920~30년대 여성 고용 증가와 남성 실업율 증가
는 가족 내 여성과 남성의 역할 변화를 요구하고 있었다. 그리고 여성의
경제활동으로 인한 저출산은 스웨덴 국가의 인구학적 위기를 맞이하고
있었다. 합리적이고 과학적 사고방식을 가진 정부 위원회와 사민당 정부
는 정치적 기반을 만들기 위해서 젠더 평등을 전제로 한 가족정책으로
복지국가의 틀을 구성하였다. 그 대표적인 제도가 아동수당과 출산휴가
였다. 이 둘은 가족과 노동시장에서 여성의 모성권을 사회적 가치로 인정
해준 정책임과 동시에 스웨덴 보편주의 복지국가 형성에 핵심 축을 이루
게 되었다.

독일은 여성의 탈상품화적 가족정책을 추구하는 대표적인 국가이다.
독일의 가족정책은 성별분업에 기초하여 설계되었으며, 여성에 대해서
가사노동을 인정해주는 가족관련 수당정책중심으로 발달하였다. 여기에
대한 배경은 전후 여성의 경제적 세력화 약화와 모성권을 강조하는 온전
파 여성주의의 활동, 그리고 독일의 보수주의 전통[19]이 있다. 특히 온전
파 여성조직과 손을 잡은 우파정권 기민련 및 기사련을 중심으로 주도된
가족정책의 설계는 여성의 역할을 가족에게 한정하면서 공적영역의 진출

19) 보수주의 복지국가의 전형으로 평가받고 있는 독일은 사회보험의 발달로 유
    명하지만 또한 전통과 산업화의 봉건적 개입주의의 오래된 영향으로 보수주
    의 국가도로 유명하다. 특히 독일은 복지의 책임을 교회와 공동체, 가족이라
    는 비공식 영역의 역할의 강조했기 때문에 이러한 특성은 가족정책에도 상당
    한 영향을 미쳤다. 독일의 가족정책의 주요 초점은 가족 내 성별 및 연령별
    분업이 뚜렷한 전통적인 부르주아 핵가족을 지탱하는 것이었다. 이런 점에서
    독일은 남성생계부양자 체제의 전형으로 평가받고 있으며(Lewis and Ostner,
    1994; Gottfried and O'Reilly, 2002;Gilbert and Terral, 2002), 많은 학자
    (Lewis,1992; Sainsbury, 1999; Esping-Andersen, 1999 외 다수)와 국제기구
    로(UN, ILO)부터 남녀 불평등한 구조를 유지한다는 비판을 받고 있다.

을 막았다. 또한 독일의 가족정책은 양성평등의 관점보다는 저출산이라
는 인구학적 위기의식에서 비롯되었다. 가족정책 측면에서 이러한 구조
는 여성의 탈상품화 정책을 발달시키는 기반을 만들었다. 여성의 아내와
모성권에 대한 사회적 인정은 아동수당, 주부여성 연금 크레딧 등 관대한
수당정책을 통해 여성의 경제권이 보장받았다. 이러한 노력에도 불구하
고 1940년대부터 시작된 저출산과 같은 인구학적 위기는 더욱 심각해지
고 있으며 1980년대부터 시작된 가족 형태의 다양화는 동거가족, 노인가
족, 한부모 가족 등이 증가하고 있으며, 여성의 경제활동 참여는 기존의
독일 가족정책과 부합하는데 어려움을 경험하고 있다[20].

미국은 전형적으로 복지국가 후진국으로서 사회정책이 발전하지 못했
으며, 여기 하위부분인 가족정책도 빈곤프로그램을 중심으로 잔여주의
성격에 머물고 있다. 이처럼 국가적으로 가족정책이 발전하지 못했던 이
유는 미국의 강한 청교도 정신이 여성을 가족 내 어머니로 역할을 제한
했기 때문이다. 비록 여성의 경제활동은 1900년대 초부터 시작되었으나,
임금, 직종 등 측면에서 열악했으며, 당시 여성운동은 독일과 마찬가지로

20) 반면 가족 내 탈젠더화 정책을 대표할 수 있는 공적 보육시설을 상당히 미흡
하였는데, 특히 0-3세 사이 아동 보육을 할 수 있는 시설 구축은 정책적 관심
사의 주변에 머물고 있었다. 아동은 가족이 직접 돌보아야 하고 이러한 가족
기능이 제대로 발휘되지 못할 때 국가가 개입한다는 보충성 원칙은 현실에서
는 전통적으로 "돌봄노동은 여성, 취업노동은 남성이 한다"는 성별노동분리를
지속시키는 역할을 해왔다. 이러한 정책 결과는 출산과 관련하여 다음과 같은
현상을 가져왔다. 첫째, 급증하는 여성의 취업·사회활동 욕구를 충족시키지
못하게 되어 저출산 현상이 지속적으로 나타나게 되었다. 둘째, 출산의 양극
화현상이다. 각종 수당 지급의 임금대체효과가 비교적 높은 저소득층 여성은
지속적으로 출산을 하는 반면, 출산으로 인한 기회비용을 가족정책 수당으로
대체할 수 없는 중산층 여성은 출산을 기피하게 된 것이다. 셋째, 특히, 대학
교 이상을 졸업한 고학력 여성은 출산 기회비용 문제로 인하여 아이를 전혀
낳지 않는 현상을 보이는 등 학력에 따른 출산율 차이가 뚜렷하게 관찰되고
있다(BMFSFJ, 2007).

모성권을 강조하는 페미니스트들 중심으로 활동하고 있었다. 이런 점은 여성의 노동권을 인정하는 정책보다 모성권을 인정하는 정책으로 나아갔으며, 대표적인 제도가 세퍼드-타우너 법(Sheppard-Towner Act)과 모성연금(Mother Pesnion)이었다. 이 둘은 최초의 연방정부 차원에서 만들어진 사회복지법으로 여성운동의 결과였다. 이 제도는 여성이 가정에서 자녀와 함께 생활할 수 있도록 하는데 주요 목적이 있기 때문에 여성의 탈상품화적 성격이 강하다고 볼 수 있다. 이 두 제도는 훗날 1935년 사회보장 법에 영향을 주었고 1970년대 까지 모성을 지원하는 정책을 중심으로 급여가 이루어지는데 기여하였다. 1980년대 까지 가족정책은 AFDC를 중심으로 저소득 모자가정을 중심으로 발달하였고, 이 정책은 여성의 모성권을 보장해주었기 때문에 복지 수급 여성들은 근로를 하지 않고서도 자녀를 키울 수 있었다. 그러나 1990년대 복지개혁은 미국 여성의 탈상품화적 성격의 가족정책은 거의 남아있지 않다. 일부 주정부 차원이나 기업에서 제공하는 출산휴가가 있을 뿐이다.

한국은 스웨덴, 독일, 미국에 비해 가족정책이 발전하지 못했다. 동아시아 국가군으로 분류되는 한국은 일반적으로 유교주의 이념과 공동체 의식이 강하기 때문에 자연스럽게 국가는 복지의 책임을 가족에게 전가시켰다. 실제로 한국은 다른 국가들에 비해 경제성장대비 복지 지출은 상당히 낮은 편이고, 내용면에서도 보편주의적인 성격의 사회보장제도가 미흡하였다. 이러한 특성은 한국의 복지제도가 보수주의적이며 수동적인 성격으로 그려지기도 한다. 한국의 군사정권의 주도하에 이루어진 사회정책은 민주화가 탄압된 상황에서 국민들의 요구에 부응하는 복지제도보다는 정부에 유리한 복지제도를 수행하였다. 특히 선성장·후분배 정책으로 인해 복지정책은 자연스럽게 뒷전에 머물 수밖에 없었다. 이시기 많은 여성들은 가족 내 주요 복지의 제공담당자였기 때문에 외부세계 활동은 제한 받았으며, 결과적으로 여성의 경제적 세력화와 정치적 세력화가 낮을 수밖에 없었다. 비록 여성의 경제활동이 산업화와 함께 시작되었다고는 하나 저임금, 일용직 등 하위직에 머물고 있었고 그 성격도 주기적이고 산업예비군 형식이었으며, 인적자본의 취약성 등의 다양한 조건은 여성들이 주체적으로 자신들의 목소리를 내지 못하고 있었다. 여성의 정치적 세력화도 해방 전부터 존재하였으나 자주적으로 여성문제에 초점을 두기보다는 정부에 부합하여 오히려 국가 건설 및 선전 등에 주력하였다. 이러한 상황에서 양성평등적 가족정책은 발전할 수 없었다. 주로 노인과 장애인, 부녀자 등 사회적 소외계층을 중심으로 잔여적 제공에 그치고 있었다. 물론 근로기준법 하에 여성의 산전선후 휴가를 허용하기도 하였으나 명목적으로 있었을 뿐 실질적으로 효과가 없었다.

결론적으로 4개국의 가족정책은 산업화 초기 탈젠더화적 성격보다 탈상품화적 성격이 강했다. 여기에는 여성들의 열악한 경제적 세력화와 모성권을 강조하는 페미니스트들의 성향이 영향을 미쳤다. 스웨덴, 독일, 미국의 경우 1900년대부터 시작되었지만 저임금, 낮은 지위에 머물러 있었기 때문에 여성의 경제적 세력화는 높지 않았다. 한국의 경우 6·25전쟁 이후 여성의 경제활동이 시작되었지만, 앞의 세 국가와 마찬가지였다. 또한 여성의 정치적 세력화에 영향을 미치는 정치인, 여성운동, 정당, 노동조합은 여성을 모성으로 간주하는 경향이 컸다. 물론 스웨덴의 경우 양성평등적 관점에서 가족정책을 설계했고 여성의 경제활동 참여가 높았지만 그 당시 기혼여성의 고용률은 높지 않았으며, 사민당과 노동조합도 여성을 노동자보다는 모성으로 간주하는 경향이 강했다. 독일과 미국은 여성운동이 모성권을 강조하는 방향으로 나아갔기 때문에 여성의 탈상품화적 가족정책이 만들어질 수 있었다. 결국 이런 점은 출산급여나 아동수당의 주요 수급자를 여성에게 한정하였다.

▌ 2 ▌ 여성의 탈상품화 성격의 가족정책 종류

가족정책의 탈상품화적 성격은 여성이 노동시장에 의존하지 않고 사적영역에서 여성의 역할을 충실히 할 수 있는 것을 의미한다. 이러한 정책의 성격은 여성의 임금을 보장해준다는 의미에서 수당정책이 있다. 일반적으로 출산휴가의 재정적 지원, 아동수당, 아동양육수당, 여성여성 연금 크레딧이 있다.

출산휴가의 재정적 지원은 여성 근로자들의 모성권을 인정하는 대표적인 제도이다. 여성이 출산 기간 중 노동시장에 의지하지 않고 적절히 산전 산후 관리를 할 수 있다는 점에서 여성 탈상품화 정도를 나타내 줄 수 있다.

아동수당이나 가족수당은 자녀가 있는 가구에게 소득을 보완해주고 여성이 전업주부로서 여성의 역할을 강화시키고 노동시장 진출을 제한할 수 있다. 이런 측면에서 수당이나 소득 보장정책은 대표적인 여성의 탈상품화 정책으로 볼 수 있다. 이들은 여성들의 모성권과 가족화를 시킴으로서 노동시장 진출을 막고 있기 때문이다. 특히 아동수당이나 가족수당은 여성의 가사노동을 인정해주는 것으로 주요 수급대상이 자녀의 모이며, 이는 가족 임금의 성격을 다분히 가지고 있다(Lambert, 2008; Annesley, 2007; Leira, 1998).

아동 양육수당은 여성이 노동시장 참여를 중단하고 일정기간 자녀 양육에 전념할 경우 국가는 여기에 대한 금전적 대가를 지불하는 것이다. 이는 1990년대부터 활성화되기 시작했다. 주요 수급자는 모성이며 기간은 일반적으로 3년 미만이다. 수급자녀는 어린자녀를 가지고 있으면서 직장여성이어야 한다.

여성 연금 크레딧은 여성의 출산, 양육, 노인 돌봄 등 재산상의 이유로 노동시장 활동이 중단됨으로서 연금을 기여하지 못하게 되었을 때, 이 기간 동안 갹출한 것으로 인정해주는 제도이다. 주부 여성 연금 크레딧은 오늘날 남녀평등의 제도로 이루어지고 있지만 대상이 여성이라는 점에서 탈상품화적 성격이라고 볼 수 있다.

여기서 이 네 가지 제도를 중심으로 여성의 탈상품화적 성격을 살펴보 겠다.

가. 스웨덴

전술했듯이 스웨덴에서 여성의 탈상품화적 성격의 가족정책은 1930년 대 복지국가 형성기 때부터 구축되었다. 당시 여성 고용의 증가, 심각한 빈곤, 실업, 저출산과 같은 사회적 배경과 사민당의 보편적 복지국가를 위한 정치적 배경은 여성의 욕구를 반영한 가족정책을 형성할 수 있었다. 스웨덴의 탈상품화적 성격의 가족정책은 출산휴가, 임신급여, 아동수당, 아동양육 수당 등 종류 면에서도 다양하며, 오늘날까지 유지되고 있다.

1) 출산휴가를 위한 재정적 지원제도: 임신급여와 출산수당

스웨덴은 1880년대부터 시작된 여성의 경제활동 참여로 인해 다른 국 가들에 비해 임신 및 출산 휴가 제도를 빨리 도입할 수 있었다. 스웨덴에 서 여성인력의 필요성과 저출산 문제를 극복하기 위해서 출산수당이 도 입되었다. 중요한 점은 이러한 제도가 스웨덴 복지국가 틀의 핵심 제도였 다는 것이다. 보편적 원리에 입각한 출산제도는 직장여성 모두 적용된다. 1936년에 도입된 출산휴가제도는 여성의 경제적 참여 증가와 함께 발전 하였다. 출산휴가는 1970년대 부모 휴가로 바뀌었으며 현재 틀을 2002년 에 의해 개정된 부모휴가 법에 의거 한다.

① 할당

출산휴가의 주요 대상은 고용상태에 있는 모든 여성이다. 고용 중 여성이 결혼, 임신, 출산의 이유로 휴가를 필요할 경우 사용할 수 있다. 구직 중이거나 또는 학업 중인 여성도 부분적으로 적용 대상에 포함된다. 자녀가 만 8세 될 때까지 휴가를 얻을 수 있는 권리를 획득하게 되었다 (박승희 외, 2007).

② 급여

출산급여는 사회보장사무소에서 아동이 만 8세에 도달할 때까지 아동당 최대 480일을 보장해주는 제도이다. 임신한 여성은 출산 전 60일부터 사용할 수 있으며, 부부가 함께 사용할 경우 각각 240일을 사용할 수 있다. 240일 중 60일은 반드시 한명의 부모가 사용해야 하며, 나머지 180일은 배우자에게 양도 가능하다. 한부모일 경우 혼자 480일 사용 가능하다. 이 급여는 480일 중 390일은 소득 80%를 보장하며 나머지 90일은 1일 180크로나(29,048원)를 받는다(박승희 외, 2007).

<표 17> 급여와 내용

종류	내용
임신급여	임신급여는 직업상 신체적으로 일을 할 수 없는 임신 중인 여성에게 지급되는 급여이다. 최대 기간은 50일이며 소득의 80%를 받을 수 있다.
출산 및 입양관련 부모 현금급여	부모 현금 급여는 최대 480일 동안 지급되는 급여이다. 소득의 80%가 지급된다.

③ 전달체계

휴가나 급여를 신청할 경우 부모는 고용주에게 신청하고 고용주가 기초자치단체의 사회보장사무소에 해당사실을 통보한다. 고용주 본인이 출산휴가를 사용할 경우도 본인이 직접 기초자치단체의 사회보장사무소에 통보한다. 사회보장사무소는 적절성 여부를 판단하여 휴가를 받은 여성에게 급여 제공한다(박승희 외, 2007).

④ 재정

출산 급여는 부모사회보장(Parental Insurance) 보험 기금에서 충당된다. 보험기금은 고용주 기여금과 정부 재원으로 구성된다. 고용주는 소득의 10%를 기여하며 기여금 전체 비용의 전체 85%를 충당하며, 정부는 나머지 15%를 담당한다. 부모급여는 지방보험사무국에서 관리된다(김영희, 2007).

2) 아동수당제도: 아동수당

스웨덴 정부는 아동수당을 도입할 당시 저출산 문제 극복과 빈곤 문제 해결을 위한 것이었다. 1930년대 빈곤과 실업은 많은 젊은 계층이 결혼을 늦추는 계기를 가져왔다. 이러한 현상은 결국 저출산이라는 인구학적 위기를 양산하게 되었고 여기에 대한 국가 대응책으로 아동수당이 도입되었다. 아동수당은 자녀가 있는 가구에 아동 양육비용을 덜어주기 위해서 제공되고 있다. 보편주의 원리에 입각하고 있기 때문에 스웨덴에 일정 기간 거주한 사람들이 자녀가 있는 경우 아동수당을 받을 수 있다. 특히 세금공제보다 수당형식은 소득이 낮은 가구에게 더 유리하기 때문에 재분배효과가 높은 것으로 평가받고 있다.

① 할당

스웨덴 아동수당은 부모의 소득에 상관없이 16세 미만의 자녀가 있는 가족들에게 모두 지급하는 보편적 제도이다. 그래서 스웨덴에 거주하고 있는 16세 미만의 아동을 양육하는 부모는 아동수당을 받을 수 있다. 여기에 외국인도 포함된다. 단 학업 중일 경우 16세 이후에도 연장아동수당(extended child allowance)을 받을 수 있다(박승희 외, 2007). 미망인의 자녀는 아동연금을 추가로 하여 아동수당을 받을 수 있다. 배우자가 있는 한부모의 자녀는 편부모에 대한 양육수당을 추가로 받을 수 있다(Clearinghouse, 2008).

② 급여

2007년을 기준으로 아동 당 월 수당은 1,050(182,196원)[21] 크로나이며, 아동수가 많을수록 추가 아동수당이 많아져 총 아동 수당은 많아진다(박승희 외, 2007).

<표 18> 아동수당 급여액

(단위: 크로나)

아동수	기본수당	추가수당	계
1	1,050	-	1,050
2	2,100	100(17,352원)	2,200
3	3,150	454	3,604
4	4,200	1,314	5,514
5	5,250	2,364	7,614
6	6,300	3,414	9,714

21) 2009년 1크로나=173.52원

③ 전달체계

아동수당의 행정은 국가사회보장위원회에서 담당한다. 아동을 양육하는 부모는 고용주에게 아동수당을 신청하고 고용주는 기초자치단체의 사회보장사무소에 해당사실을 통보한다. 고용주의 경우 본인이 직접 기초자치단체의 사회보장사무소에 통보한다. 사회보장사무소는 적절성 여부를 판단하여 아동을 양육하는 부모에게 아동수당을 지급한다(박승희 외, 2007).

④ 재정

아동수당은 보편주의 원리에 의해 때문에 정부 재원인 조세에 의해서 충당된다.

3) 아동 양육 수당제도: 아동양육수당

아동 양육수당은 2008년 우파정권에 의해서 도입했다. 아동양육수당을 도입한 목적은 부모가 자녀와 더 많은 시간을 보낼 수 있는 기회를 제공하는 것이다. 아동수당양육수당제도는 부모휴가에서 다시 노동시장으로 복귀하는데 있어서 부모와 자녀의 관계를 더 강화시키고 유연화하기 위한 것이다.

① 대상

아동양육수당은 1세(생후 12개월)이상에서 3세 미만(36개월)에 해당되는 자녀가 있는 부모이다. 아동을 돌보는 주요 보호자가 아동수당을 받을 수 있다. 아동양육수당을 받기 위한 조건은 양육수당을 받기 전 고용상태여야 한다.

② 급여

급여는 최대 한 달에 3,000크로나(약 489,410원)를 받을 수 있다. 이 급여는 세금면제이다. 액수는 그 지역의 구청에 의해서 자율적으로 결정된다. 아동양육수당을 받고 보육서비스를 받을 수 없으며 부모휴가도 함께 사용할 수 없다.

③ 전달체계

아동양육수당을 받고자 하면 구청에서 신청하면 양육하는 달부터 구청은 양육 주요대상자에게 지급된다.

④ 재정

아동양육수당은 사회보장 체제하에 있지 않다. 지방 자치도시의 역량에 있기 때문에 주마다 아동양육수당 도입 여부와 재정지원이 다르다. 재정은 지방정부 재원에서 충당된다.

4) 여성 연금 크레딧

스웨덴 전체 여성 중 80%가 노동시장에 참여하고 있으며, 실업율도 4.5%로 낮은 편이다. 또한 연금 수급권 형태도 개별 수급권이기 때문에 스웨덴 여성에 대한 연금 적용범위는 100%이다. 그렇기 때문에 출산이나 돌봄으로 인해 노동시장을 중단한 여성들에게 주부 여성 연금 크레딧은 사실상 의미가 크지 않다. 또한 스웨덴 사회는 노동연계하지 않는 이런 연금은 바람직하지 않다고 보고 있다.

① 할당

16세 이상의 모든 스웨덴 여성에게 적용된다. 조건은 돌봄이나 출산,

군복무, 교육, 질병 등의 이유로 노동시장을 중단해 연금 보험료를 지급
할 수 없는 경우이다(류연규 외, 2007).

② 급여

적용 대상이 되는 여성들은 다음과 같이 세 가지 유형을 통해 급여가
산정된다. (1) 부모휴가급여를 결정짓는 소득 (2) 어린이가 있는 모든 부
모의 소득은 65세 미만인 전체 가입자의 평균 소득의 75% (3) 기초연금
과 동일한 급여 형태로 이중 한 가지를 선택할 수 있다. 대상소득최대기
간은 4년이다(류연규 외, 2007).

③ 전달체계

전체적으로 사회보장청에서 관리하고 있다.

④ 재정

여성 연금 크레딧 기간 중 국가가 모든 금액을 지급한다.

5) 기타

① 주거수당

주거수당은 자산조사를 기반으로 하고 있으며 주거비용과 아동 수에
따라 지급된다. 한 아동 당 6,000(1,041,120원)크로나이며, 두 명일 경우
900크로나, 세 명 이상은 1,300크로나를 추가로 더 지급한다. 스웨덴에
서 자녀가 있는 가족의 30%가 주거수당을 받고 있다(Ministry of Health
and Social Affairs, 2003).

② 편부모에 대한 양육비 지원(Maintenance support)

18세 미만의 자녀가 있는 이혼 및 별거 가정에게 지원하는 소득지원프
로그램으로, 자녀와 함께 살지 않는 부모가 자녀와 함께 사는 부모에게
일정 금액의 양육비를 지원해야 한다. 만약 양육비를 지원하는 부모가
능력이 없을 경우 정부가 선납형색으로 지원하고 후에 받아낸다.

나. 독일

독일은 전형적인 여성의 탈상품화 정책이 발달한 국가이다. 보수주의
복지국가로서 독일은 가족정책을 통해서 여성들이 가족 내 돌봄 책임자
의 역할을 충실히 하도록 하였다. 그래서 독일에서는 육아나 돌봄의 이유
로 여성이 경제활동의 중단이나 소득 감소에 대한 보상을 해주는 수당제
도가 발전되었다. 주요 정책은 아동수당, 산전·산후 휴가와 아동 양육
및 수발 여성 연금 크레딧 제도, 그리고 세금 공제제도가 있다.

1) 출산휴가에 대한 재정지원: 산전산후 휴가

독일이 산전산후 휴가 제도는 1980년대 까지 여성 노동자를 위한 유일
한 탈상품화적 성격이었다. 전술했듯이 독일 여성의 경제적 세력화는 낮
다. 그래서 출산휴가제도도 다른 유럽 국가들에 비해 늦게 도입되었다.
독일 최초 출산휴가는 1952년 모성보호법(Muttersehutzgesets)을 통해
도입되었고, 이 법은 근로관계에 있는 모든 임산부에 적용되었다. 이 법
은 여성의 혼인 여부와 상관없이 근로여성에게 적용되고 있다.

① 할당

주요 대상은 근로형태, 종사상의 지위, 국적에 상관없이 취업을 목적
으로 독일의 거주하고 있는 모든 여성이다. 그러나 제도의 성격은 직업에

따라 다르다. 공무원의 경우 별도의 법에 의해 적용을 받고 있다. 농업, 자영업 종사자 여성일 경우 소득 보장은 공적의료보험의 당연 또는 임의 가입자에 한하여 상병급여 수준으로 지원해주고 있다. 공적의료보험의 피보험자에 대한 배우자의 신분으로 가입하고 있는 전업주부의 경우 일회성의 정액급여인 출산 급여만이 제공된다(장자연 외, 2005).

② 급여

산전후 휴가기간은 출산 전 6주, 출산 후 8주 총 14주이다. 그리고 조산이나 쌍둥이 출산 시 산후의 휴가기간은 14주에서 12주 더 연장할 수 있다[22].

모성수당 급여액은 하루 최고 13유로(22,200원)이다. 만약 수급자가 질병보험에 가입되지 않았을 경우 모성보호법 13조 제 2항에 의거해 연방의 부담으로 최고 총 210유로의 모성수당을 지급받는다(노동부, 2008; 장자연 외, 2005). 모성보호법 제 8조에 의하면 임산부에게는 연장근로, 야간근로 및 휴일근로가 금지된다. 임산부는 20시부터 6시까지의 야간작업 및 휴일에 근무할 수 없다. 또 하루 8시 30분 이상 근로할 수 없고, 2주 연속 90시간 일할 수 없다. 18세 미만의 산모는 8시간까지만 일할 수 있고 2주 연속 80시간 이상 근로할 수 없다. 임산부의 취업금지기간에는 예외적인 경우 외에는 소득이 감소되지 않는다.

---

22) 모성보호법 제 3조 3항, 8항 및 제 21조 3항에 의하면 만약 사업주가 출산 전 6주, 출산 후 8주라는 14주 기간 동안에 있는 여성근로자에게 노동을 시키면 사업주는 15,000유로 이하의 벌과금을(Geldbusse) 부과해야 한다. 특히 사업자가 고의로 위반하여 근로 금지 기간 동안 근로에 종사토록 하고 이로 인해 해당 여성근로자의 노동력 또는 건강에 위해를 강한 경우 1년 이하의 징역 또는 벌금형에 처할 수 있도록 되어 있다(노동부, 2008).

<표 19> 독일의 산전 산후 휴가 급여체계

구분	재원 및 지급 금액
법정 의료보험 가입 근로자	의료보험조합이 근로자의 지난 3개월간 평균 실질 수입에 따라 차등 지급(일일 최고 13유로)
법정 의료보험 가입 자영업자	의료보험조합이 질병보조금(Krankengeld)에 상응하는 금액을 지급(보호기간 시작전 순수입의 70%)
실업급여 수급중인 실업자	실업급여Ⅰ 수급자는 고용보험기금에서 보호기간 시작 전 받았던 실업급여 금액만큼 수령 실업급여Ⅱ 수급자는 연방정부의 재원에서 보호기간 시작 전 받았던 실업급여 금액만큼 수령
사보험 가입자 및 보험에 가입하지 않는 자로서 보호기간 시작당시 근로자인 경우	연방정부(연방보험청)의 부담으로 최고 210유로 지급

*출처: 노동부(2008), 〈독일〉 모성보호관련 벌칙 조항

③ 전달체계

전체적으로 고용보험과 질병보험에서 담당하고 있다. 임신 중 여성은 출산 예정일을 회사 건강관리 담당자에게 고지해야 한다. 그러면 의료보험에서 출산과 관련된 재정적 지원이 이루어진다.

④ 재정

제국보험령 제 200조 제 2항에 의거해 임산부가 법정 질병보험에 가입된 경우 질병금고(Krankenkasse)로부터 모성수당(Mutterschaftsgeld)을 지급받는다(모성모호법 제 13조 제1항). 만약 수급자가 질병보험에 가입되지 않았을 경우 모성보호법 13조 제 2항에 의거해 연방 정부의 부담으

로 모성수당을 지급을 수 있다.

2) 아동 수당: 아동 수당 및 아동 세금공제

독일의 아동수당 역사는 나찌 정권때부터 존재할 정도로 오래되었다. 그리고 아동수당은 독일의 대표적인 가족정책이다. 아동수당은 초기 모성권을 사회적으로 인정해주는 동시에 출산정책의 일환으로 도입되었다. 1940년대부터 아동수당은 당파를 초월한 독일 정당들에 의해서 만들어졌고 보편주의에 입각하여 독일 시민이나 세금을 내는 거주민에게 제공하고 있다. 독일의 아동수당은 현금으로 지급하는 아동수당과 세금을 공제해주는 아동세금 공제제도로 분리되어 있다. 이 둘은 소득수준에 따라 각기 적용되고 있다. 소득이 높을수록 아동세금 공제를 선호하고 반대로 세금이 낮을수록 아동수당급여를 받고 있다.

① 할당

독일 아동복지서비스의 대표적 정책은 아동수당(Kindergeld)으로 일반적으로 18세 이하 아동에게 지급하며 장애아동에 대해서는 연령제한이 없다. 단 실업자인 경우 21세 까지 가능하며, 학생이나 직업훈련생인 경우 혹은 훈련시설이 없는 경우는 27세 까지 받을 수 있다. 조건은 독일에 거주하거나 유럽연합, 또는 유럽경제구역에 속하는 국가에서 생활하는 독일인의 경우 아동수당을 받을 수 있다(김안나, 2006 ; 심미례, 2007).

② 급여
a. 아동 수당
2005년을 기준으로 첫 번째 아동부터 세 번째 아동까지는 각 월 154

(273,624원)유로, 넷째 아동부터는 각 179(318,043원)유로가 매월 지급된다. 액수는 2002년부터 가구에 거주하는 아동 수에 따라 여성에게 지급되고 있다(김안나, 2006).

b. 아동세금 공제(Kinderfrdibetrag)

독일 소득세법 제 32조에 의하면 세무서가 아동수당과 아동세금공제 중 부모에게 유리한 방향으로 급여를 결정해준다. 아동세금공제는 부부의 경우 5,000유로(8,883,900원), 한부모의 경우 2,500(4,441,950원)유로 이상인 사람들에게 제공된다. 이 제도는 고소득가구 일수록 유리하다(조성혜, 2007).

③ 전달체계

연방정부의 가족부에서 총괄하고 있으며, 노동청을 통해 공무원들이 가족기금을 통해 지급한다.

④ 재정

국가가 모든 비용을 담당하고 있다. 아동수당예산은 수급자 증가로 지속적으로 증가하고 있다. 2002년에는 9,059천 9명이었으나 2004년 12월에는 9,193천 9명이 되었고 급여지출 역시 2002년에는 28,831백 만 유로에서 2004년에는 29,020백만 유로로 증가하였다. 아동수당은 가구에 거주하는 개별아동으로 계산하여 18세미만의 아동에 대해 보호자에게 지급된다. 교육이나 훈련을 받는 젊은 계층으로서 소득이 연7,680유로 미만인 경우 최대 27세까지 지급 가능하다(김안나, 2006). 독일 정부는 2007년 기준으로 아동수당을 위해 총 324억 유로(약 60조 원)가 지급되었다[23].

3) 아동 양육 수당: 부도 수당

부모수당제도는 부모휴가제도가 2007년 '연방부모수당 및 자녀양육시
간법'에 따라 시간과 수당을 분류되면서 신생된 제도이다. 이러한 독일의
부모수당제도 도입의 목적은 다음과 같다. 첫째, 출산율을 증가시키는 것
이다. 둘째 남성이 부모휴가를 더 많이 사용하도록 하기 위한 것이다. 셋
째는 부모휴가기간을 줄임으로써 출산 후 여성이 과거보다 빠른 시간 안
에 노동시장에 복귀하도록 하는 것이다. 부모수당제도는 독일 가족정책
지출을 크게 증가시켰으며, 저소득 층 위주의 보조주의 방식에서 조세에
기반 한 일하는 부모에게 까지 확대된 보편주의 성격을 갖는다는 점에서
큰 의의가 있다(홍성대·김철주·김주일, 2009).

① 할당

주요 대상은 독일에 거주하는 부모이다. 부모는 둘 중에 한명이 육아
휴직 당시 취업상태가 아니거나, 전일제 고용 상태여선 안된다. 또한 양
육권이 있는 모가 동의한 경우 청소년 청에서 발급한 친부확인증을 소지
한 사실혼의 부와 양육권이 있는 부모가 동의한 경우 배우자 또는 사실
혼 배우자 자녀의 양부모 및 자녀를 입양한 부모도 부모수당 청구권이
있다. 단 부모의 중병이나 중장애 또는 사망 등으로 인해 청구권자가 없
는 경우 3촌 이내의 방계혈족도 부모수당 청구권을 갖는다. 외국인의 경
우 EU 국적을 소지하거나 장기체류허가를 받은 자로서 정식 노동허가를
받은 경우 부모휴가 청구권을 갖는다(조성혜, 2007).

---

23) http://www.bmfsfj.de/bmfsfj/generator/RedaktionBMFSFJ/Broschuerenstelle
/Pdf-Anlagen/Dossier-Kindergeld,property=pdf,bereich=bmfsfj,sprache=
de,rwb=true.pdf

② 급여

출산후 14개월까지 지급되며 부모 수당의 지급 기간은 분할 사용이 가능하며, 부부가 공동으로 사용할 수 있다. 부모 수당 액은 평균임금의 67%이며 최고 1,800유로를 지급 받을 수 있다. 또한 전업주부일 경우 매달 300유로를 받을 수 있다. 또한 자녀수에 따라 차등 지급되며 입양아도 여기에 포함된다.

③ 전달체계

부모수당은 반드시 서면으로 연방 부모수당 집행을 위해 관할이 있는 각 주의 부모수당관청에 신청해야만 한다. 모든 부모는 한번만 부모수당은 신청할 수 있다. 시기는 아이의 출생이후에 곧바로 할 필요는 없다. 하지만 소급적인 지급은 단지 부모가 신청을 해서 부모수당을 받을 수 있는 달의 3개월 이전까지만 수령할 수 있다.

④ 재정

대략 40억 유로(약 7조원)가 매년 부모수당으로 책정되어 있다. 이것은 이전의 교육수당 29억 유로에 비해서 상승했다. 대략 40억 유로의 3분의 2가 임금대체(실업급여)로 지불되고 3분의 1이 사회수당으로서 지출된다.

4) 여성 연금 크레딧: 아동양육크레딧과 수발보험 여성 연금 크레딧

여성 연금 크레딧은 출산정책의 일환으로 도입되었다. 여성 연금 크레딧은 독일 여성이 아동양육이나 노인 및 장애인을 돌보기 위한 목적으로 노동시장을 중단할 경우 국가가 여기에 대한 재정적 뒷받침을 해주는 것이다.

① 아동 양육 크레딧

a. 할당

아동양육 대상은 원칙적으로 여성, 생모, 입양모, 계모, 임시보호가정의 여성에게만 해당된다. 그러나 부모끼리 합의할 경우 남성도 아동양육기간을 인정받을 수 있으며 부부가 분할해서 사용할 수 있다(정재훈, 2000).

b. 급여

1992년 연금 개혁법은 여성을 아동양육기간동안 연금을 납부하나 것으로 인정하게 되었다. 법 개정 당시 기간은 1992년 이후 출생한 자녀를 기준으로 3년으로 보험료는 독일 근로자 평균 임금의 75%로 책정하였다. 그 후 급여는 1998년 85%, 1999년 90% 2000년 7월 이후부터는 100%로 발전하였다(정재훈, 2000). 양육기간 중 여성이 취업상태인 경우 개정 당시 연금 수급권을 획득할 수 없었으나, 1998년 아동 양육 기간에 취업이나 자율적 보험가입을 통한 납부 기간이 겹치더라도 그 가치를 따로 인정받을 수 있게 되었다. 즉 취업과 동시에 아동양육을 하더라도 두 경우 모두 연금 수급액 계산에 포함하게 되었다.

② 수발보험 여성 연금 크레딧

독일 수발보험이 도입된 1995년 4월 1일 이후, 수발자에게도 연금 수급권을 수여하였다. 수발노동으로 인해 노동시장에서 주당 30시간 이상 일을 할 수 없고, 수발노동 14시간이상 하는 경우 수발보험에서 주 수발자에게 보험료를 대신 지급한다.

다. 미국

오늘날 미국사회에서 여성의 탈상품화적 성격을 가진 국가 정책은 부재하다. 전술했듯이 미국은 1990년대 복지개혁이후 대부분의 정책이 수급자들의 탈젠더화하는 방향으로 나아갔다. 기존의 모성권을 보장해주던 AFDC가 대표적인 여성의 탈상품화 성격을 가진 가족정책이라고 할 수 있지만 이 제도는 한시적부조프로그램(TANF)로 전환되면서 폐지 되었다. 이외에 모든 정책은 부모들의 근로 연계를 바탕으로 하고 있다. 출산휴가는 연방정부 차원에서 수행되기 보다는 지방정부나 기업의 자율성에 맡겨져 있다. 또한 미국의 잔여주의 정책과 가족책임주의로 인해 다른 국가들처럼 아동수당이 존재하지 않는다. 단 유사한 제도로 아동세금 공제가 있다. 여기서는 여성의 탈상품화적 성격을 지닌 출산휴가제도와 아동세금공제 성격에 대해서 살펴보고자 한다.

1) 출산 휴가를 위한 재정 지원제도: 출산 유가

1960년대 초 까지 모성 급여에 대한 지원은 없었다. 1964년 시민법은 고용주의 특권, 조건, 기간 과 관련하여 남·여 차별하는 것이 불법이라고 명시하면서 한시적 장애보험(Temporary Disability Insurance: TDI) 개정하였다. 1978년에는 1964년 시민법의 Ⅶ을 수정하여, '임신차별 금지법'을 제정하였고, TDI는 '임신 및 출산기' 여성에 대한 조항을 만들었다. 그 후 건강보험 장애 보험, 상병급여(Sick pay) 정책들은 임신 및 모성에 관한 규정이 만들어졌다. 이 법은 임신 중 여성을 다른 근로자들과 똑같이 대우하도록 명시하고 있지만 고용주들의 의무조항은 아니다.

① 할당

임신과 출산 중인 근로 여성이 주요 대상이다. 그러나 적용대상은 하와이처럼 고용 중인 모든 여성에서부터 오레곤 주는 25인 규모의 사업장에 속하는 근로 여성까지 주마다 다양하며, 자녀의 연령도 출산부터 만 7세 까지 다양하게 적용된다.

② 급여

출산 휴가 기간은 최소 6주에서 최대 52주 까지 주마다 다르다. 평균적으로 5주에서 13주이다. 급여주순은 주당 142달러에서 273달러이며 로드아일랜드 주 경우 평균 주급의 60%를 제공하며 상한선은 주당 504달러이다.

③ 전달체계

출산휴가를 원하는 여성은 직장 내 고용주에게 고지하면 된다.

④ 재정

재정은 기업에서 충당하고 있다. 기업에서 단체로 민간 보험가입에 의해 적용받을 수 있거나 기업에서 부가 급여나 장애보험법하에 재정이 충당될 수 있다.

2) 아동수당제도: 아동세금 공제

미국은 아동수당제도와 유사한 제도로 아동세금공제(child tax credit: CTC)가 있다. 오늘날 아동세금공제(CTC)는 미국의 자녀를 가진 중산층 가구를 지원하기 위한 제도이다. 1997년 납세자 구제법(Taxpayer Relief Act of 1997)의 일환으로 제정되었던 시행 첫해인 1998년에는 국가 예산의 35억 달러였으며, 2005년에는 약 462억으로 근로장려세제(EITC)를 제치고 미국에서 가장 큰 예산이 투입되었다. 이후 아동세금공제(CTC)는 소득지원프로그램으로 확대되고 있다. 이는 복지부가 집행하는 아동 및 가족 서비스 프로그램(Health 제외)의 연방정부 전체 예산과 비슷한 수준으로 미국 보건복지부의 가장 큰 예산을 차지하는 한시적부조프로그램(TANF)(160억만달러)보다 높은 금액이다.

① 할당

납세자가 아동세금공제(Child Tax Credit) 제도의 수급 자격을 갖추려면, 17세 이하의 자녀가 있어야 한다. 소득은 부부 합산 소득의 110,000달러, 부부 분리 소득인 경우 55,000달러 이상이어야 하며, 소득세 납부가 가능해야 한다. 수급자의 연령은 제한이 없으나 최소 16살 이상이어야 하며 미국 시민권이나 영주권을 소지해야 한다. 부양아동은 17세 미만으로 부모와 6개월 이상 거주해야 하며, 친자녀, 입양자녀, 의붓 자녀, 손자·손녀, 형제, 자매 관계이어야 한다. 그러나 근로조건은 없다.

② 급여

1998년 한 자녀 당 총액은 400달러를 공제받을 수 있었고, 그 후 공제액은 꾸준히 증가하고 있다. 2010년 1,000달러까지 상향조정할 예정이다. 그러나 2011년에 아동 당(per child) 500달러로 하향 조정될 것이다. 아동세금공제(CTC)는 납세자나 일정소득수준 이상에서 점감구간이었다. 만약 납제사의 세금 가능한 소득이 기준점 이상이면 총 공제는 1,000달러당 50달러까지 감소한다. 납세자의 총 공제액은 납제사가 11,750달러 이상의 근로소득을 벌어들인다면 그 중 15%범위 내에서 환급받을 수 있다.

공제액는 조정된 총소득이 일정액 이상이라면 제한을 받을 수 있다. 점감구간의 액수는 결혼 상태에 따라 다르다. 게다가 아동세금공제(CTC)는 일반적으로 소득세 액수에 의해 제한을 받는다. 아동세금공제(CTC)가 액수가 크면 추가아동세금공제(Additional Child Tax Credit)로 환급받을 수 있다. 추가아동세금공제(Additional Child Tax Credit)는 소득세를 내지 않는다 하더라도 환급받을 수 있다. 아동세금공제 및 추가아동세금공제(Child Tax Credit and any Additional Child Tax Credit)가 한 아동 당 최대 1,000달러를 할 수 없다(미국 국세청, 2009; 최현수, 2007; 박만숙, 2006).

<표 20> 급여체계

(단위: 달러)

년	2000	2001	2002	2003	2004	2005	2006	2007	2008	2009	2010
최대급여액	500	600				700				800	900
2000년 달러가치	500	581	566	551	537	612	597	582	568	633	772
환급여부	불가능	1000달러 초과 근로소득의 10%까지 환급가능(2002년 이후) 물가에 연동)				세액 공제의 15%까지 환급 가능					

*출처: 박만숙(2006), "영국과 미국의 자녀지원 세액 공제제도 비교연구", 이화여자대학교

③ 전달체계

미국 재무부 산하 국세청에서 담당하고 있으며, 소득세체계 내에서 소득신고를 통해 급여산정 및 환급액에 대한 지급이 이루어진다. 자격을 갖춘 납세자들은 매 해 4월 전년도 귀속분에 대한 소득신고서를 작성하고 제출한다. 개별가구로부터 제출된 소득신고 자료를 기초로 납부해야 할 소득세액과 아동세금공제(CTC)에 의해 받을 수 있는 급여액이 결정

된다. 급여액은 아동수와 조정총소득, 그리고 소득신고 유형에 따라 가구
별로 산출된다. 산출된 급여액, 근로소득 수준에 따라 다시 납부해야할
소득세액을 공제하는 부분인 아동세금공제(CTC)와 급여로 환급받을 부
분인 추가아동세금공제(Additional CTC)로 구분하며 이 가운데 후자를
실제 지급하게 된다(최현수, 2007).

<그림 15> CTC 전달체계

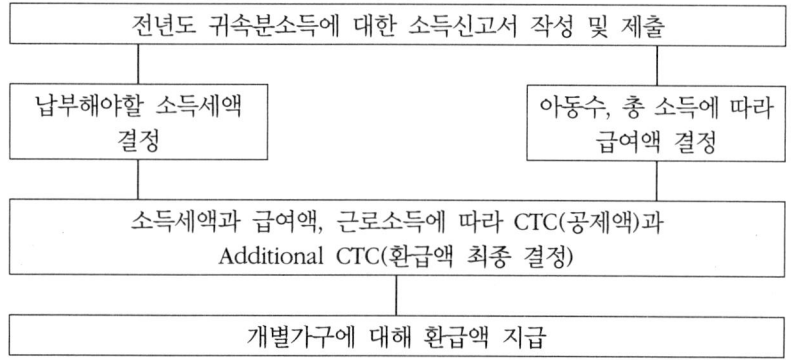

*출처: 최현수(2007), 국제 사회보장 동향, 보건사회연구원

라. 한국

한국 가족정책은 잔여주의 성격으로 1990년대 전까지 명목적 가족정
책이 부재하였다. 그렇기 때문에 스웨덴과 독일처럼 보편적 아동수당이
나 가족 수당 등과 같이 여성의 탈상품화 정책이 발전하지 못했다. 단지
산전산후 휴가와 최근에 도입된 출산 크레딧이 존재하고 있을 뿐이다.
산전산후 휴가는 저출산 및 고령화라는 인구학적 위험으로 인해 최근 발
전되고 있지만 아직도 다른 선진 국가들에 비하면 발전이 느린편이며,
출산 크레딧도 최근에 도입되어 제도가 정착되기에는 많은 시간이 필요
로 하고 있다.

1) 출산 휴가를 위한 재정 지원: 산전 산후 휴가

한국이 산전산후 휴가제도는 출산한 여성근로자의 근로의무를 면제하고 임금상실 없이 휴식을 보장받도록 하는 제도이다. 우리나라 산전산후 휴가는 1953년 제정된 근로기준법에 의해서 보호를 받고 있었다. 당시 근로기준법에는 여성의 평등권과 모성보호 조항이 신설되면서, 여성의 산전 산후휴가가 법적으로 인정되었다. 당시 내용은 산전산후 휴가는 유급으로 휴가기간도 고용상태로 인정받았으며, 유아시기에 여성근로자들의 수유시간도 허용하고 있었다[24]. 1987년 남녀고용평등법 제정으로 산전순후 휴가는 더욱 개선되었고 사용율도 꾸준히 증가하고 있다[25].

---

24) 근로기준법 제 5조에 의하면 고용상의 남녀균등대우원칙을 기본 원칙으로 하고 있었으며(이혜경, 1994), 동법 제 60조 산전휴가 규정과, 제 48조 연차 유급휴가 제 4항에 의하면 산전산후 여자의 휴업은 출근한 것으로 본다고 규정하였고, 제 27조 해고 등의 대한 2항 조항을 두었으며, 제 67조 육아시간에서 여성근로자들에게 수유시간을 허용할 수 있도록 하고 있다는 점 등 근로여성에 대한 모성보호를 규정하고 있었지만(최유정, 2005), 당시 여성의 열악한 경제적 세력화를 살펴볼 때 실효성이 없는 것으로 볼 수 있다.

25) 1960년대부터 1980년대 까지 꾸준히 증가하고 있었으며, 직종별로도 1960년대 무급종사자가 높은반면 1980년대 들어서는 그 비율이 대폭 감소하였고 임금 근로자가 증가하기 시작하였다. 특히 정규직 여성의 경우 1963년 0.9%에서 20년 후인 1983년 24.6% 그리고 1985년 40.9로 급증하였다.

1960년대~80년대 여성직종

연도	자영업자	고용주	무급종사자	임금노동자			
				계	정규직	임시직	일용직
1963	17.0	0.3	75.3	7.4	0.9	0.8	5.7
1970	21.0	-	50.3	16.1	13.9	6.7	9.0
1980	23.1	-	37.4	39.4	22.0	9.1	8.3
1983	19.7	1.0	40.4	38.9	24.6	-	14.3
1988	21.5	-	27.3	51.2	40.9	-	10.3

출처: 최은영(1991), "80년대 한국여성복지정책의 성격에 관한연구" 연세대학교에서 재구성

① 할당[26]

주요 대상은 임신 중인 여성근로자이며, 이들은 고용보험에 가입해야 한다. 사업주로부터 산전후휴가(또는 유산 또는 사산휴가)를 부여받아 사용하고 산전후휴가가 종료일 이전에 고용보험 피보험단위기간이 통산하여 180일 이상이어야 하며, 산전후휴가 개시일 이후 1월부터 종료 후 12개월 이내 신청하여야 한다.

② 급여

a. 근로자

임신한 여성은 산전·후 합쳐서 90일간의 휴가를 사용할 수 있으며 반드시 산후에 45일 이상 확보해야 한다. 출산이 예정보다 늦어져 산전휴가가 45일을 초과한 경우에도 산후 45일 이상이 되도록 휴가기간을 연장해야 한다. 종전에는 산전후 휴가기간 중 최초 60일분은 사업주가 지급하고, 이후 30일 분은 고용보험에서 지급하였으나, 우선지원대상기업의 근로자가 2006년 1월 1일 이후 출산하는 경우에는 90일간의 급여를 고용보험에서 지급해야 한다. 대규모기업의 경우에는 종전과 같이 최초 60일분은 사업주가, 이후 30일 분은 고용보험에서 지급해야 한다[27].

---

26) 노동부 내부 자료
27) 급여는 고용보험법 시행령 제 15조에 의하면 우선지원대상기업과 중소기업법 제 2조 제 1항 및 제 3항의 기준에 해당하는 기업으로 나눌 수 있다. 우선지원 대상기업(고용보험법 시행령 제15조)은 광업 300인 이하, 제조업 500인 이하 건설업 300인 이하, 운수·창고 및 통신업 300인 이하, 기타 100인 이하 사업 장으로 제한하고 있다. 중소기업법 제2조 제1항 및 제3항의 기준에 해당하는 기업이다.

b. 사업자

근로자들은 산전후 휴가기간 90일 중 최초 60일은 유급휴가이므로 종전과 같이 사용자가 급여를 지급할 의무가 있고, 다만 고용보험에서 산전후휴가급여를 받은 경우 그 금액의 한도 내에서 지급의무가 면제된다. 산전후휴가기간 중 우선 지원 대상 기업은 90일분, 그 외의 기업은 30일분에 대해 근로기준법상 통상임금상당액을 지급한다. 금액은 상한액과 하한액이 설정되어 있어서 상한액의 경우 최고 30일분의 통상임금이 135만원을 초과하는 경우에는 135만원을 지급한다.

③ 전달체계

산전산후 휴가를 신청하고자 하는 경우 휴가 개시일 이후 1개월부터 종료일 이후 12개월 이내로 신청할 수 있다. 2005월 12월 31일 이전 출산한 여성은 휴가종료일부터 6개월 이내에 신청하여야 한다. 산전후휴가 종료일부터 12월 이내에 신청하지 않을 경우에는 산전후휴가 급여를 받을 수 없다. 산전후휴가급여를 지급받고자 하는 근로자는 사업주로부터 산전후휴가확인서를 발급받아 산전후휴가신청서와 함께 30일 단위로 신청인의 거주지 또는 사업장 소재지를 관할하는 고용지원센터에 제출하면 된다. 단 휴가종료 후 신청하는 경우 일괄신청이 가능하다.

④ 재정

재정은 고용보험에 근거하여 운영되고 있다. 노동부는 산전선후 휴가 급여 및 확대를 위해 2007년 1,206억 원을 지원했으며 이 금액은 2006년 1,108억 원보다 다소 증가한 금액이다.

2) 여성 출산 크레딧

저출산·고령화 사회 도래에 대비하여 둘째 이상의 자녀를 출산하는 국민연금가입자에게는 가입기간을 추가로 인정하여, 출산을 장려하고, 연금수급기회를 증대시켜 연금 사각지대 축소하려는 목적을 가지고 있다.

① 할당

국민연금법 제 55조에 의하면 2인 이상의 자녀가 있는 가입자 또는 가입자였던 자이며, 출산의 범위는 친생자와 입양자녀가 포함된다.

② 급여

2008년 1월 1일 이후에 둘째 이상의 자녀를 출산한 경우를 대상으로 적용하고 있다. 둘째자녀에는 12개월이, 셋째이상 자녀 출산에는 18개월이 추가로 인정되었다. 즉 둘째자녀는 월 2만 1천원, 셋째자녀는 월 3만 2천원의 연금이 추가로 지급된다. 추가 산입기간은 최대 50개월이며, 추가 가입기간 중 부모가 모두 가입자인 경우 부와 모의 합의에 따라 2명 중 1명의 가입기간에만 산입되면 합의하지 않는 경우에는 균등 배분하여 각각의 가입기간을 산입한다. 합의 절차는 보건복지부령으로 정한다.

<표 21> 여성 연금 크레딧 급여

자녀 구분	둘째자녀	둘째+셋째자녀	둘째+셋째+넷째 자녀	둘째+셋째+넷째+다섯째 자녀 이상
출산 크레딧 인정기간	12개월	30개월	48개월	50개월

마. 소결

여성의 탈상품화란 여성이 노동시장에 의존하지 않고 가족 내에서 여성의 역할을 충실히 할 수 있는 것을 의미한다. 이러한 뒷받침을 하기 위한 주요 가족정책은 수당형식과 세금 공제 형식으로 이루어지고 있으며, 일반적으로 출산휴가 재정지원, 아동수당, 아동양육수당, 여성 연금 크레딧이 있다. 스웨덴, 독일, 미국, 한국 모두 탈상품화적 성격의 가족정책이 존재했으나, 그 종류와 내용이 달랐다.

<표 22> 국가별 여성의 탈상품화 정책

		스웨덴	독일	미국	한국
탈상품화정책	출산 정책	임신 급여 산전산후	모성보호제도	출산 휴가	산전산후
	아동 수당	아동 수당	아동수당 아동세금공제 부모수당	아동세금 공제(CTC)	-
	아동 보육 수당	양육보육수당	부모 수당	-	-
	여성 연금 크레딧	-	·수발보험연금 크레딧 ·아동양육연금 크레딧	-	·연금 크레딧
	기타	·입양수당 ·가족 위로수당 ·보육바우처 ·주택수당 ·편부모에 대한 ·양육지원비	-	-	-

우선 국가별 가족 내 여성의 탈상품화 정도는 종류별로 살펴보았을 때 스웨덴과 독일이 많았으며, 미국과 한국은 적었다. 출산휴가 재정지원은

네 개의 국가 모두 존재했지만 특히 스웨덴의 경우 출산휴가 재정지원에 임신금여와 산전산후휴가 제도로 이원화 되어 좀더 다양하였다. 그리고 수당정책은 스웨덴과 독일이 다양했는데, 특히 스웨덴은 아동수당, 주택수당, 편부모에 대한 양육지원비, 입양수당, 가족위로수당, 양육보육수당, 보육바우처로 가장 많았다. 독일의 경우 아동수당은 수당과 부모수당이 있으며 아동수당은 직접 현금을 지원하는 수당형식과 세금공제로 나뉜진다. 미국의 경우 아동수당은 존재하지 않았으나, 유사한 제도로 아동세금 공제가 있다. 한국은 아동수당이나 아동보육수당과 같은 수당제도가 존재하지 않는다. 여성 연금 크레딧의 경우 미국을 제외한 스웨덴, 독일, 한국이 존재했는데, 특히 독일은 아동양육 연금크레딧과 수발보험 여성 연금 크레딧이 있다. 전체적으로 종류별로는 스웨덴과 독일이 다양했으며 미국과 한국은 미미한 것으로 나타났다.

좀 더 구체적으로 출산휴가와 아동수당, 아동양육수당, 여성 연금 크레딧을 할당, 급여수준, 전달체계, 재정 부분에서 비교했다. 출산휴가의 재정지원 정책에서 독일이 다른 국가들에 비해 좀 더 수급자격이 관대했다. 스웨덴, 미국, 한국은 여성의 고용상태를 전제로 하고 있다면 독일은 전업주부까지 포함하고 있다. 급여수준에서는 스웨덴이 기간은 산전산후휴가 480일과 임신급여 50일로 가장 관대했으며 급여액도 390일은 임금의 80%, 90일은 하루 180크로나(29,048원)로 가장 많았다. 다음으로 독일로 90일의 기간 동안 임금에 따라 차등 지급되고 있었다. 독일에 이어 한국은 90일로 기간은 독일과 비슷했지만 최대 130만원 이상 받을 수 없다. 미국은 연방정부 차원에서 이루어지지 못했기 때문에 기업의 자율성에 맡기고 있다. 그렇기 때문에 법적인 급여수준이 존재하지 않는다. 일반적으로 5주에서 13주로 급여액은 142달러에서 273달러로 다른 국가들에 비해 낮았다. 전달체계는 스웨덴이 지방 보험사무소로 다른 네 국가들에 비해 가장 접근성면에서 편리하고 신속하다는 것을 알 수 있다. 독일과 한국은 중앙 정부 차원에서 전적으로 담당하고 있었고 미국은 민간에 의존하고 있었다. 재정적 측면에서 미국을 제외한 스웨덴, 독일, 한국은 사회보험 체제에서 지원됐으며, 스웨덴은 일부 정부 조세로도 충당되고 있었다. 궁극적으로 출산휴가 재정적 지원정도는 스웨덴, 독일, 한국, 미국 순으로 탈상품화 정도가 높다고 볼 수 있다.

<표 23> 사례 유형국가별 출산 정책 내용

명칭		스웨덴		독일	미국	한국
		산전산후 휴가	임신급여	출산휴가	출산휴가	산전산후 휴가
할당	대상	임신중 모든 여성	임신중 모든 여성	독일 거주 모든 여성	일부 임신중 여성	임신 중 여성
	자격 조건	고용상태	고용상태	고용+ 전업주부	고용상태	고용 상태
급여 수준	기간	최대 480일 (토일 공휴일제외)	50일 (토일 공휴일제외)	3달(90일) (토일 공휴일제외)	최대 26주~52 주/평균 5~13 주(토일 공휴일 포함)	90일 (토일 공휴일 포함)
	수당	임금 80%	임금의 80%	임금에 따라 차등적용 (최대1일 130유로)	142달러~273 달러	130만원
전달체계		지방보험사 무국	지방보험사 무국	연방정부 노동청	기업	고용지원센터 (노동부)
재정		사회보장 고용주(85%) +정부(15%)	사회보험	사회보장	-민간 보험	60일(고용주) +30일(사회보 장)

사례 국가별로 아동수당을 비교해보면 우선 한국을 제외한 스웨덴, 독

일, 미국은 아동수당제도가 존재하고 있다. 아동 수당제도가 가장 발달한 나라는 독일이다. 독일은 소득 수준에 따라 아동수당과 아동 세금 공제 둘 중에 하나를 선택할 수 있었다. 미국은 명목적으로 아동수당은 존재하지 않았으나 유사한 제도로 아동세금 공제제도가 있었다. 할당면에서 독일이 가장 관대했다. 독일은 자녀 연령이 만 18세 미만이면 아동수당을 부모에게 지급하였다. 다음으로 미국으로 만 17세를 원칙으로 하고 있었으며 스웨덴이 만 16세로 가장 엄격했다. 자격조건은 미국이 부부 합산 소득 1,100,000 달러 이상이 되어야 세금 공제를 받을 수 있기 때문에 가장 엄격했다. 급여수준은 독일이 가장 관대하였다. 수당액을 보면 한 아동당 수당은 월 154유로(273,624원)이고 세금공제는 1년 50,000유로 (8,883,900원)였다. 다음으로 스웨덴으로 한 아동당 월 1,050크로나(약 182,196원)를 받을 수 있다. 다음으로 미국은 1년에 한 자녀당 1,000달러 (1,166,200원)의 세금 공제 혜택을 받을 수 있다. 전달체계는 스웨덴이 사회보장 사무소에서 관리하기 때문에 가장 접근성이 편리하다는 것을 알 수 있다. 재정은 세 나라 모두 조세를 통해 충당되고 있다. 특히 스웨덴과 독일은 보편주의 원리에 입각하여 아동수당을 지급하고 있다. 결론적으로 아동수당은 독일이 가장 여성 탈상품화정도를 높여주고 있었고 다음이 스웨덴 그리고 미국이었다.

<표 24> 사례국가별 아동수당 현황

명칭		스웨덴	독일		미국	한국
		아동수당	아동수당	아동세금공제	아동세금 공제	-
할당	대상	만 16세 이하 자녀가 있는 가족	만 18세 이하 자녀가 있는 가족	만 18세 이하 자녀가 있는 가족	만 17세 이하 자녀가 있는 가족	-
	자격 조건	자녀있는 모든 가구	자녀있는 모든 가구	자녀있는 모든 가구	부부합산소득 110,000달러 이상	-
급여 수준	기간	자녀 생후부터 만 16세 될 때까지	자녀 연령 생후부터 만 18세 까지		생후부터 만 17세 까지	-
	수당	1,050 (약 182,196원)	154유로 (273,624원)	1년 50,000유로 (8,883,900원)	년간 1자녀당 1,000달러 (1,166,200원)	-
전달체계		사회보장사무소	연방정부가족부		재무부 국세청	-
재정		조세	조세		조세	-

아동양육수당을 살펴보면 미국과 한국은 존재하지 않았다. 스웨덴과 독일의 경우 독일이 할당면에서 더 관대했다. 독일은 3촌 이내 방계혈족까지 포함하고 있었으며 부모의 고용상태를 전제로 하고 있지만 부부 둘다 고용상태를 요구하지 않았다. 그러나 스웨덴은 아동양육수당 대상을 부부로 한정했으며, 부부 둘 다 고용상태에 있어야 했다. 급여수준은 기간측면에서 3년(36개월)로 독일 28개월보다 약간 길었으나, 급여수준은 독일이 임금 68%로 스웨덴 최고 3,000크로나(489,410원)보다 높았다. 이외 전달체계는 스웨덴과 독일은 지역 내 구청이나 부모수당 관청에서 관리되었으며, 재정은 스웨덴은 조세에 의해서 그리고 독일은 사회보험과 정부재원으로 충당된다. 그러나 스웨덴은 아동양육수당을 자치도시 재량권에 맡겼기 때문에 독일보다 강제성이 약하다. 이런 측면에서 독일이 할당, 급여 수준, 재정 측면에서 살펴보면 스웨덴 보다 아동양육수당은

여성의 탈상품화 정도를 높음을 알 수 있다.

<표 25> 사례국가별 아동양육수당

명칭		스웨덴	독일	미국	한국
		아동양육수당	부모수당		
할당	대상	1세부터 3세 이하의 자녀가 있는 가구	자녀가 있는 부모 +3촌이내 방계혈족	-	-
	자격조건	부부 둘다 고용상태	부부 한명은 부분 고용이거나 고용상태가 되어선 안됨	-	-
급여수준	기간	3년	28개월	-	-
	수당	월 3,000크로나	임금 67%	-	-
전달체계		구청	부모수당관청	-	-
재정		조세	사회보장(실업급여) +조세(사회수당)		

　여성 연금 크레딧을 살펴보면 미국은 존재하지 않는다. 할당 측면에서 스웨덴이 가장 관대했다. 모든 여성을 포함하고 있었으며 한국은 연금 수급권자로 한정했다. 자격조건은 스웨덴과 독일이 여성의 고용을 전제로 하고 있다면 한국은 둘째 자녀 이상 자녀가 있어야 적용받을 수 있다. 기간은 스웨덴이 한 자녀 당 최고 4년이었고 다음으로 독일이 3년 한국이 12개월이었다. 수당액은 스웨덴이 자녀가 출생한 전년도의 연금화 대상소득, 65세 미만인 전체 가입자의 평균 연금화 대상소득의 75%, 소득기준 기초액과 동일한 급여 중 하나 선택할 수 있었다. 그러나 스웨덴의 모든 여성이 개별적 연금 수급권을 가지고 있었기 때문에 수당액은 실질적으로 아무런 의미가 없다. 독일은 임금 100%를 기준으로 적용받을 수 있으며 한국이 2만 1천원으로 가장 낮았다. 전달체계, 재정은 모두 사회

보험관련 사무소에서 관리하고 있었고 사회보험 체제에 의해서 재정이 뒷받침 되고 있었다. 이런 측면에서 여성 연금 크레딧은 스웨덴, 독일, 한국 순으로 여성의 노동력이 탈상품화 효과가 가장 높을 것으로 판단된다.

<표 26> 사례국가별 여성 연금 크레딧

명칭		스웨덴	독일	미국	한국
		-	아동양육크레딧 수발여성 연금 크레딧	-	출산크레딧
할당	대상	모든 여성	직장 여성	-	연금 수급권자
	자격 조건	고용상태	고용상태	-	둘째자녀 이상
급여 수준	기간	4년	3년	-	12개월(최고 50개월)
	수당	가. 자녀가 출생한 전년도의 연금화 대상소득 나. 65세 미만인 전체 가입자의 평균 연금화 대상소득의 75% 다. 소득 기준 기초액과 동일한 급여	임금 100%	-	2만1천원
전달체계		사호보험 사무소	연방 보험국	-	국민관리 공단
재정		사회보험	사회보험		사회보험

결론적으로 여성 탈상품화적 가족정책의 종류와 내용을 살펴보면 스웨덴과 독일이 여성의 탈상품화적 성격이 강했다. 스웨덴의 경우 출산휴가에 대한 재정 지원과 여성 연금 크레딧 수준이 다른 국가들에 비해 높았으며, 독일은 아동수당과 아동 양육수당이 다른 국가들에 비해 관대했다. 그러나 미국과 한국은 정책의 종류면과 내용면에서 둘다 미약했다. 미국은 출산휴가가 존재하고 있지만 일부 기업을 중심으로 수행되고 있

었고, 아동 수당은 세금 공제 형식으로 고소득자에게 유리하게 설계되어 있었다. 또한 아동양육수당과 여성 연금 크레딧은 존재하지 않았다. 한국의 경우도 출산휴가와 여성 연금 크레딧은 존재하지만 아동수당과 아동양육수당은 존재하지 않았다. 또한 출산 휴가와 여성 연금 크레딧의 자격 조건과 급여수준은 다른 국가들에 비해 엄격했다. 이런 점은 한국의 가족정책이 여성이 탈상품화 정도의 성격이 낮다는 것을 나타내고 있다.

제2절 가족 내 탈젠더화 성격의 가족정책

▌1▐ 가족 내 탈젠더화 가족정책 발달과정

가. 스웨덴

오늘날 스웨덴은 가족 내 탈젠더화를 추구하는 대표적인 국가이다. 스웨덴 가족정책의 특징은 이념적으로 남녀평등을 표방하고 있으며, 노동정책과 결합하여 부모가 직장과 가족생활을 양립할 수 있도록 하고 있다. 이러한 정책으로 인해 오늘날 스웨덴 기혼여성의 90%이상이 노동시장에 참여하고 있으며, 많은 기혼 남성들도 다른 나라 남성들보다 자녀와 시간을 많이 보내고 있다. 이처럼 스웨덴 정부가 가족 내 탈젠더화 성격으로 가족정책을 강화시킨 이유는 여성의 경제적·정치적 세력화의 성장이었다.

1960년대 여성의 높은 노동시장 참여는 많은 사회정책을 바꾸는 계기가 되었다. 당시 스웨덴은 경기 호황으로 여성의 노동시장 참여는 급격히 증가했다. 1955년과 1966년 사이 스웨덴 여성의 고용률은 15.6%에서 36.7%로 급상승하였으며, 여성노동력은 스웨덴의 경제성장과 더불어 계속해서 그 수요가 높아졌다.

게다가 이러한 여성의 경제적 세력화향상은 정치적으로 여성들을 단결시켜주는 계기가 되었다. 당시 스웨덴 사회에서 많은 여성들이 노동시장에 참여한다는 것은 여성들이 자녀와 노동력이라는 수단을 가지고 국가와 협상할 수 있는 유리한 위치에 있다는 것을 의미했다. 가족과 직장의 양립을 원하는 여성의 욕구는 사민당 여성당원들에게 받아들여졌다. 이들은 1960년대 성역할에 대한 문제제기, 가정 내에서 남성의 역할에 대한 논쟁을 중심으로 여성의 고용기회 확대, 여성적 직업에 남성참여,

여성의 노동조건개선, 파트타임 취업기회의 증가, 새로운 가족형태에 맞는 주거환경, 전일제 탁아시설의 요구, 양육에의 남성참여와 남성과 자녀가 남성양육의 중요성을 인식하는 것, 결혼과 무거운 조세제도요구 등 가족 내 탈젠더화를 유도할 수 있는 정책들을 제시하였다(김미성·전경옥·문경희, 2005; Hirdman, 1997; 이건정, 1992)[28]. 특히 이들의 노력은 1960년대 말 보육과 사회보험에서 결실이 드러나기 시작하였다. 1968년에 정부기관, 고용주 및 피고용인 등으로 구성된 협력중앙단체(Joint Central Group)란 정책집단을 결성하여 아동관리 프로그램을 단일체제로 통합하였다. 한편 아동센터를 보완하는 가정탁아(Familije Daghem)와 방문 탁아(Child Minding)가 1969년부터 지방자치에 의해 운영되었다(이혜란, 1984). 1969년 노동위원회는 사회보험설계에 이중소득자 모델을 적용하였다(Hirdman, 1998).

1970년대 여성의 경제활동은 더욱 증가했으며, 여성의 고용성격도 변했다. 1960년대 30%대의 여성의 고용률은 1970년대 40%로 급증했다. 이러한 여성고용의 확대는 젠더에 의한 성별 간 노동의 엄격한 경계를 무너뜨렸으며, 많은 여성들은 노동시장의 공공부분과 민간부분으로 진입했다. 특히 지방정부는 여성들 중에서도 가정주부들을 많이 채용하였다. 동시에 많은 여성들은 국회, 지역 및 중앙 정부 등 정치권에 진출하면서 복지, 교육, 환경 부분에 주요 임무를 맡았다. 이와 같이 여성들의 노동시장과 정치영역의 진출은 여성들이 복지국가 관점에서 시민이 되었다는

28) 이러한 여성의 경제적 세력화상승과 함께 정치적 단결은 스웨덴사회에 젠더에 대한 의식 변화를 가져왔다. 바로 1950년대 까지 지배해왔던 남성생계 부양자모델에서 이중 소득자 및 돌봄제공자 모델로 향한 의식의 전환이었다. 더욱이 1960년대 젠더 평등에 관한 사회적 분위기는 바로 1970년대 양성평등을 지향하는 가족정책으로 개혁에 원동력이 되었다(김미성·전경옥·문경희, 2005; Hirdman, 1997).

것을 의미했으며 "시민권"에 입각한 복지 급여를 정당히 요구할 수 있었
다(류애현, 2007; Sundström and Duvander, 2002; Hirdman, 1998).

특히 여성 인력의 필요성과 관련하여 정치적 논쟁은 뜨거웠다. 1972년
사민당 여성당원들은 '가족의 미래, 사회주의 가족정책'이라는 신 강령
(platform)을 채택하면서 사민당 내에 근본적인 젠더 의식을 변화시켰다.
이 강령은 여성과 남성이 공·사 영역에서 동등한 권리와 책임을 가질
수 있도록 하루에 6시간 일해야 한다고 주장하면서 직장과 가족의 일은
남성과 여성 두 사람의 공동의 몫이라는 것을 강구하였다[29](Sundström
and Duvander, 2002). 사민당의 노력과 더불어 당파를 초월한 여성 의
원들도 의회에서 남성생계부양자 체제와 이중 소득자 모델사이에 대한
논쟁을 일으켰다. 이들은 이중 소득자 모델로 나아가기 위해서 공공 아동
돌봄서비스의 도입을 요구하는 정치적 문건을 작성하였다. 그리고 아동
돌봄에 대한 공공 서비스의 필요성에 대하여 정치적인 합의를 이루었다
(Sundström and Duvander, 2002).

이렇게 여성의 높은 경제활동과 활발한 여성의 정치적 활동은 탈젠더
화적 성격의 가족정책의 기틀을 구축할 수 있었다. 이러한 논의를 바탕으
로 1971년 부부 개별과세 제도를 시작으로 양성평등관련 사회정책들이
개혁되기 시작하였다〈표 27〉. 1973년 신 예비 학교(new preschool) 개
혁이 도입되어서 맞벌이 부모들을 위해서 전일제로 아동 돌봄 서비스가

---

29) 같은 해 사회민주당 의회는 이러한 아젠다로 여성의 평등을 주제로 개최되었
다. 당시 수상인 Olof Palme은 여성과 남성사이의 평등은 고용에 대한 여성
의 권리가 뒷받침되어야 한다는 노동시장내에 기반을 두어야 한다고 강력하
게 주장하였다. 사회는 평등의 개념으로 구성될 수 있었다고 보았다. 이것은
주간돌봄시설을 더욱 많이 신설하고 사회서비스를 확장하고 하루에 6시간 노
동시간 도입과 사회에 남성과 여성사이의 연대성을 위해 계획할 것을 요구하
였다(Hirdman, 1998).

이루어졌다. 또한 남녀 간 동등한 부모역할을 해야 한다는 새로운 가족적 이데올로기의 확산은 1974년 모성보험에서 부모보험으로 변형되었다. 적극적 노동시장정책을 통해 완전고용정책은 여성들에게 초점이 맞추어 졌으며 이러한 현상은 이전의 많은 가족정책들이 남성에게도 책임을 부과하는 방식으로 변화를 가져왔다(Sundström and Duvander, 2002).

<표 27> 스웨덴 양성평등 제도

- 개별 과세 법 제정(Individual Taxation Act, 1971)
- 양성평등을 위한 정부 위원회(Governmental Committee on equality between man and women, 1972)
- 신 가족법(New Family laws, 1973-74)[30]
- 부모 휴가 보험 법(Parental Leave Insurance Act, 1974)
- 자유 낙태 법(The Law of Free Abortion, 1975)
- 평등 지위를 위한 위원회(Parliamentary Commission on Equal Status, 1976)
- 평등 지위 부(Ministry of Equal Status, 1976)
- 시민서비스의 양성평등을 위한 법(Decree for Gender Equality in the Civil Service, 1976)
- 유아를 가진 부모를 위한 6시간 근로 권(Right to a 6-Hour Day for Parents with Small Children, 1979)[31]
- 양성고용차별 금지법(Law Against Gender Discrimination in Employment, 1979)

---

30) 1973년에 개정된 신 가족법은 경제적 능력에 따른 아동의 부양의무를 규정하였고 이 의무는 부모 쌍방에 동등하게 부과하였다. 이 법은 스웨덴의 유아교육 발전에 큰 영향을 끼친 것으로 그 법은 자녀가 있는 부부에게 유아교육시설의 필요성을 전제로 한 것이다. 또 신 가족법은 전통적인 결혼이 감소되고 증가일로에 있는 사회정세를 고려한 것인데 태어난 아동의 권리를 보장한다는 의무를 가진다(이혜란, 1984).
31) 1979년 이후 8세 이하의 어린이를 가진 부모에게 종래의 8시간 노동대신 6시간 노동을 선택할 수 있는 권리를 인정, 아동과 지내는 시간을 늘릴 수 있도록

이러한 젠더 평등적 개혁(gender neutral reform)으로 고용시장과 연계된 여성들은 아동양육에 대한 부담을 덜게 되었다(Hirdman, 1998). 사실 이러한 정책의 효과는 스웨덴의 많은 여성들이 직업적으로 남성과 여성이 분리되었다는 비판을 받기도 했다. 하지만 이 정책은 더욱더 여성을 노동시장으로 내보낼 수 있었으며, 이는 스웨덴 정치적 변화를 야기 시켰다(Hirdman, 1998)[32].

이렇게 1960년대에서 1970년대 변화된 이념과 정책은 최근까지 그 틀을 유지하면서 탈젠더화 성격으로 점점 더 강화되기 시작하였다. 사실 1970년대 양성평등을 지향하는 가족정책과 노동정책들이 만들어졌음에도 불구하고 노동시장에서 여성과 남성의 불평등은 계속 존재하고 있었다. 여성의 시간제 비율이 높고 남성과 여성의 임금격차가 계속 남아있었다. 특히 여성의 저임금, 시간제 노동 증가, 자녀 양육의 부담 등이 양성평등에 장애가 된다는 비판이 제기되었다(류애현, 2007). 이러한 문제의식하에 의회는 1987년 양성평등법을 제정하였고, 1987년 정부는 "양성평등 고취를 위한 정책목표(Varannan Damernas, 1987)"를 세움으로써 육아와 가사의 책임을 남성에게 좀 더 많이 부담할 수 있도록 하였다. 게다가 1988년 양성평등 5개년행동계획을 제시하면서 좀 더 가정 내 양성평등으로 갈 수 있도록 하였다. 그리고 아버지 휴가제도가 도입되었다.

한것이다(Sundström and Duvander, 2002; 이혜란, 1984).

32) 노동시장에서 젠더 평등으로 향하는 정책의 방향은 그리 분명하지 않았다. 1970년 여성고용의 확대는 젠더에 의한 노동의 엄격한 경계를 허물어뜨리기 시작했으며, 많은 여성들은 노동시장의 공공부분과 민간부분으로 진입하기 시작하였다. 어린자녀를 가진 부모들의 노동시간 단축은 1979년에 도입되었다(Sundström and Duvander, 2002). 스웨덴 여성들의 시간제 노동은 이 당시 급격히 증가하기 시작하였다. 지방정부는 여성들 중에서도 가정주부들을 많이 채용함으로써 이들의 새로운 욕구로서 일과 육아에 대한 조화로운 정책이 필요하게 되었던 것이다(류애현, 2007).

<표 28> 양성평등정책을 위한 5개년(1988~1993) 행동계획

경제에 있어서 여성의 역할
노동시장에서의 평등
교육의 평등
가정내의 평등
여성의 영향력

*출처: 1995년도 여성관계의안정책자료, 국회여성특별위원회

1990년대는 스웨덴의 탈젠더화 성격의 가족정책이 위협받기도 하였다 (Bergqvist and Nyberg, 2002). 이 시기 스웨덴 경기는 침체되면서 실업율이 1930년대 이후 최악을 기록하였다. 또한 정치적 측면에서도 1991년 사회민주당은 선거에 패배했고, 우파성양의 연합정당이 1994년 까지 집권하였다. 이 기간 동안 의회의 여성 참여는 38%에서 31%로 하락했으며, 경제정책은 사회민주당 정책들을 제지했고, 정부의 적자는 심각하였다. 더욱이 실업 또한 스웨덴의 심각한 문제가 되면서 이전의 1960년대부터 구축되어온 가족정책도 축소될 수 있는 상황이었다. 그러나 가족정책은 오히려 가족정책이 축소되면 출산율에 부정적인 영향을 미칠 수 있다는 판단 하에 우파정권은 축소하지 않았다[33]. 오히려 가족 내 탈젠더화 정

---

33) 1990년대 여성과 남성의 실업률은 거의 큰 차이가 없었으며, 실업상태이거나 노동시장에 참여하지 않는 여성들의 비율은 유럽에서 가장 낮았다. 여성의 고용이나 자녀출산은 그들의 결혼이나 학력과 관계가 없이 비슷했다. 오히려 자녀의 수나 연령이 여성의 고용률이나 노동시간에 영향을 미쳤으나 노동시장 휴지기에는 거의 영향을 미치지 않았다. 부모보험은 수정되었다. 부모보험은 남성이 가정에서 자신의 자녀들과 시간을 더 보내는 동시에 여성들이 자신의 직장생활을 더 원활히 할 수 있도록 개정되었다. 기독민주당과 중앙당은 모든 사람들에게 평등한 이른바 아동 양육 수당을 도입하였다. 이것은 노동시장과 분리되고 이른바 낡은 모델이었다. 또한 스웨덴 경제를 병든 사람으로

책은 더욱 발전하게 되었다. 부모 보험은 더욱 확대되어 가족 내 탈젠더
화 수준을 높이려 하였다. 1990년대 특징은 아버지 할당제의 도입이었다.
부모휴가제도가 남성의 가족화에 그 효과성이 크지 않다는 비판 하에 남
성이 가족 내 시간을 더 많이 상용하도록 할당제를 도입하였다.

<표 29> 1992년 스웨덴 양성평등정책 목표

남녀는 생활의 모든 분야에서 동등한 권리, 의무, 기회를 가져야 한다.
개인은 각자의 생계를 양위할 수 있는 충분한 임금노동을 하여야 한다.
남녀는 어린이나 가정에서의 일에 대한 책임을 분담하여야 한다.
남녀는 다같이 정치, 노동조합, 지역사회에서 같은 정도의 관계를 가져야 한다.

2000년대 진입하면서 스웨덴 사회의 젠더평등에 대한 강력한 여성의
정치적 세력화와 직장 여성에 대한 도덕적 수용은 가족 삶의 현실이 중
요한 변화를 경험하고 있다. 여성이 여전히 주요 가사 책임자라 할지라
도, 예전에 비하면 그 역할에 대한 책임은 줄어들었으며, 남성은 가사 책
임이 증가하였다(Sundström and Duvander, 2002).

그럼에도 불구하고 가족정책의 양성평등효과에 대해서 비판이 제기되
었다. 그 원인은 부모휴가제도와 여성의 고용형태였다. 노동시장에서 상
대적으로 여성보다 남성의 높은 임금은 가족 내 저임금의 아내가 부모휴

묘사하고 스웨덴의 악화되는 경제조건을 희생양으로 묘사하면서 공적영역에
대한 공격은 수백만의 스웨덴 여성의 일자리에 대한 공격이기도 했다. 이러한
정책은 결국 1994년 사민당의 재집권으로 결과가 드러났다. 여성정당을 형성
하기 위한 Stöd Strumporna(Supportive Stockings)라는 페미니스트 네트워
크의 활동은 평등한 지위에 대한 논쟁을 부추기는데 기여했다. 선거당시 전체
후보자 중 41%가 여성이었으며, 정부는 여성과 남성사이에 정치 분야에 할당
제를 하게되었다(Hirdman, 1998).

가를 선택하고 있었다. 이는 임금이 상대적으로 높은 남편이 부모휴가를 택하고 임금의 80%만 부모보험 지원을 받을 경우 상대적으로 임금이 낮은 아내가 부모보험 혜택을 받는 것보다 전체적인 가족 소득에 손실이었다. 그러므로 임금에 바탕을 둔 부모휴가 혜택은 여성의 노동참여를 증가시키지만, 한편으로는 가정 내 성역할을 강화하는 결과를 초래하고 있었다(문경희, 2007). 게다가 여성의 높은 부모휴가 사용은 고용주들이 업무상의 효과성과 효율적 측면에서 여성고용을 꺼리는 원인으로 작용하고 있었다. 여성의 고용형태에 관해서도 80%이상의 높은 고용률을 보이지만 여성의 직업이 시간제, 직종분리 현상을 야기 시키고 있다는 비판을 면치 못하고 있었다(Ferrarini and Duvander, 2008).

2006년 정권을 잡은 우파정권(center-right)[34]은 개인의 선택을 강조하는 방향으로 나아갔다. 그런데 이러한 정책이 여성의 지위향상에 모순된 영향력을 행사하고 있다. 바로 탈상품화 성격인 정액(flate rate)의 아동보육수당과 아동 바우처 제도와 탈젠더적 성격인 성평등 과세 보너스 제도이다. 전자는 여성의 집에서 아동을 키울 수 있도록 장려하는 성격을 가지고 있으며 후자는 아동양육을 부부가 평등하게 공유할 수 있도록 하는 목적을 가지고 있다. 게다가 개인의 선택을 중요시하는 아동보육 바우처(childcare voucher)는 여성이 가정에서 아동을 돌볼 수 있는 가능성

---

34) 이러한 문제의식 하에 부모휴가 혜택에 대한 여성계의 개정 요구가 이어진 가운데 2005년 집권당인 사민당은 부모휴가를 15개월로 정하되 5개월은 어머니가, 또 다른 5개월은 아버지가 취하고, 이는 절대 양도될 수 없는 휴가로 규정할 것을 제안하였다. 그리고 나머지 5개월은 가족의 자유의사에 따라 아버지와 어머니가 나누어서 휴가를 취해야 한다는 내용도 포함시켰다. 이들의 제안은 당 내부의 여성조직 및 청년조직의 지지를 받았지만, 최종적으로 당 의회에서 통과되지 못했다. 이후 사민당은 2006년 총선거에서 부모휴가에 대한 뚜렷한 정책을 제시하지 못함으로써 사민당의 여성유권자를 실망시키는 결과를 초래하였다(문경희, 2007).

을 더욱 열어놓았다. 이는 취업모가 집에서 아동을 양육할 것인지 또는 시설에 맡기면서 노동시장에 진출할 것인지 개인의 선택을 강화시키는 것이다. 오늘날 이러한 제도는 앞으로 "이중소득자 모델"의 방향을 결정 짓는 역할을 할 것으로 보인다.

이처럼 스웨덴 가족정책의 탈상품화적 성격은 1960년대를 토대로 1970년대 그 기틀이 구축되었으며, 오늘날까지 계속 발전하고 있다. 이렇게 발전할 수 있었던 원동력은 여성들의 높은 경제활동과 사민당과 여성의원들 주도의 복지 정책의 결과였다. 특히 기혼여성들의 경제활동 증가는 직장과 가족 양립에 대한 욕구를 만들어냈으며, 당시 여성인력의 필요성이 컸던 스웨덴 정부는 적극적으로 이들의 욕구를 반영하였다. 특히 사민당 여성당원들과 여성 국회의원들은 양성평등적 관점에서 가족정책을 설계하도록 적극적인 활동을 하였으며, 이러한 결실이 탈젠더적 성격의 가족정책으로 나타났다. 탈젠더적 성격의 대표적인 제도로는 부모휴가와 보육서비스였다. 아버지 할당제가 포함된 부모휴가는 남성의 가족화를 강화시켰으며, 근로연계의 보육서비스는 여성들의 상품화전략에 핵심이었다.

나. 독일

통일 후 독일의 가족정책은 탈상품화적 성격에서 탈젠더화적 성격으로 변하기 시작하였다. 이러한 변화는 여성의 경제적 세력화 상승, 동독과 서독의 통일, 사민당의 집권, 인구학적 문제에서 기인한다. 1980년대부터 독일 여성들의 경제활동은 급격히 증가하였다. 그런데 적절한 가족정책이 뒷받침 되지 않는 상황에서 여성의 경제활동 증가는 저출산, 가족해체, 한부모 가족 증가 등 다양한 사회적 문제를 야기 시켰다. 또한 통일이후 동독의 남녀 평등주의적 이념은 독일사회에 영향을 주기 시작하였다. 통일 전 동독은 탈젠더화된 가족정책을 추구했기 때문에, 스웨덴과 같이 보편적 보육서비스가 발전되었으며, 여성의 노동시장 참여율이 높았다. 더욱이 동독의 사회주의 사상은 통독 후 독일 사회에 남녀평등에 대한 시각을 변화시켰다. 또한 사민당의 집권은 보수주의 가족정책에서 가족 내 탈젠더화 정책으로 변화시켰고, 여성의 고용에 대해서 긍정적이었다.

그러나 이러한 원인보다도 인구학적 문제가 결정적으로 탈젠더화 가족정책을 추구하게 되었다. 독일의 관대한 여성 탈상품화 정책이 모성을 강조하고 집에서 여성의 역할을 적절히 할 수 있도록 뒷받침이 되었음에도 불구하고 독일의 출산율은 유럽에서 가장 낮았다. 특히 직장여성들 사이에서 저출산 현상은 심각했다. 더욱이 학력이 높을수록 많은 직장여성들이 자녀 출산을 거부하였다. 독일 여성의 교육수준과 비교하여 무자녀 가정을 비교해보면, 40~44세의 대졸자가 전체 27%이고 동독의 경우 13%에 불과했지만, 대도시일 경우 40%이상으로 높았다. 이런 현상이 계속된다면 향후 30년 안에 노동인력은 반 이상으로 줄어들며, 반 이상의 독일인이 무자녀 가구가 될 상황이었다. 이는 앞으로 독일사회에 노동인력 감소로 독일 경제에 심각한 사태를 예상할 수 있었다(서병문, 2006; 정재훈, 2008).

<표 30> 무자녀 고학력 여성비율

학력	직업학교졸	중등졸	전문졸	대졸
무자녀 율	24%	22%	29%	28%

*출처: 독일통계청(2003)/ 서병문외(2006), '독일의 가족 및 가족 내 사회화과정연구'에서 재구성

이런 상황 속에 독일의 가족정책은 비판의 대상이 되었다. 2000년대 취업 여성의 육아와 임금 노동이라는 이중부담을 당연시하는 전통적 가족정책으로는 저출산 문제를 해결할 수 없는 한계를 가지고 있었다. 그리고 이러한 가족정책이 계속 유지된다면 인구학적 문제로 경제성장 동력을 상실할 것이라는 위기감이 사회적으로 고조되었다. 독일 경제계[35]에서도 이런 위기의식을 인식하여, 남성에게는 더 많은 육아의 기회를, 여성에게는 더 많은 취업노동의 기회를 보장하는 성인지적 가족정책을 선호하게 되었다(정재훈, 2008).

결국 1990년대 후반부터 정권을 잡은 사민당 정부는 차츰 가족 내 탈젠더화를 지향하는 정책으로 나아가기 시작하였다. 더욱이 탈산업화로 인해 여성인력의 필요성이 높아지면서 경제계에서도 이러한 지원을 뒷받침하였다. 1998년 집권한 사민당 정부는 공식적으로 '여성과 직업'이라는 프로그램을 출범하면서 양성평등을 지향하는 정책을 제시하였다. 그리고 이를 위해 가족친화정책의 필요하다는 인식하에 '가족생활과 취업병행 그리고 유자녀가족의 경제적 상황개선'을 가족정책의 목표로 설정하였다. 목표를 달성하기 위해서 사민당은 2001년 육아휴직제도를 '부모시간(Elternzeit)'으로 개정하여 부부가 동시에 휴직하거나 시간제 근무를 할 수 있도록 허용하였다(유시민, 1999; 이진숙, 2004).

게다가 2001년 7월 사민당과 녹색당 및 4대 경제단체는 여성의 경제활동참가를 강화할 목적으로 '민간부문의 여성과 남성의 기회균등 촉진을 위한 합의문에 서명하였다. 합의문에서는 여성의 사회 진출에 따른 교육훈련 및 직업관련 기회의 장기적 향상, 육아를 포함한 가정과 직장생활의 균형 실현, 상위 관리직 및 미래지향적 부문의 여성고용 비율의 확대, 남녀 근로자간 임금차이의 축소 등이 포함되어 있었다. 주요 경제단

---

35) 독일사용자단체전국연합회(Bundesvereinigung der Deutschen Arbeitgeberverbände:BDA)

체는 해당 기업에게 여성 근로자의 균등한 기회제공을 보장하도록 하는
의무를 가지게 되었다(이정언, 2008).

그리고 2002년 사민당 정부는 가족정책 목표를 '아동보육의 양적 질적
개선과 가족생활과 직업세계의 더 나은 균형조성'으로 설정하였다. 2002
년에서 2005년까지 가족·노인·여성·청소년부 장관을 맡은 슈미트
(Schmidt)는 '지속가능한 가족정책'을 제시하면서 독일의 저출산 문제를
해결하기 위해 노동시간정책, 보육인프라 구축 및 재정지원과 같은 정책
을 펴나갔다. 또한 가족우호적인 사회와 직장문화를 마련하기 위해 슈미
트는 경제인, 유명정치인, 노조활동가들 및 학자들이 참여한 '가족을 위
한 연대'를 결성했다(이진숙, 2004; 홍미희, 2007).

특히 사민당과 녹색당의 연합정권은 공공보육시설확장을 위해 적극적
인 활동을 하였다[36]. 2004년을 시작으로 적녹동맹은 3세미만의 아동을
위한 데이케어 시설확장을 위해 연간 1.5억 만 달러를 지출하였다. 더욱
이 아동보육시설의 부족이 저출산의 주요 원인으로 지적되면서 기민당과
사민당 연립 정부는 2013년까지 0세~3세 이하 전체 아동 3명중 1명이
보육시설을 이용할 수 있도록 합의하였다. 2009년에는 0~3세 아동의
20%가 보육시설을 이용할 수 있도록 할 예정이다(정재훈, 2008; The Cle
aringhouse, 2009; Bleses and Seeleib-Kaier, 2004).

---

36) 더욱이 2000년대 들어 저출산 문제를 극복하지 못했다는 비판과 함께 여기에
    대한 원인으로 여성의 경제활동이 지적되면서 정치 분야에서 화두가 되기 시
    작하였다. 특히 사민당을 중심으로 한 연립 정당과 각 부처 장관들, 지역 및
    지방 의원들은 저출산 극복으로 양성평등을 지향하는 정책을 요구하게 되었다.
    그 중 대표적인 제도가 아동보육시설이었다. 사실 1998년~2003년 사민당과
    녹색당의 연합정권은 집권 4년 동안 보육시설에 대한 관심을 보이지 않았다.
    그러나 교육과 아동보육이 국가의 책임이라는 것을 인식하면서 연방정부는 재
    정적 유인이나 법적 규제를 통해서 제도적 변화를 도모하였다. 게다가 아동보
    육시설의 신설을 위한 재정적 지원은 재집권기간 중 우선순위가 되었다.

　그러나 이러한 노력에도 불구하고 여기에 대한 평가는 대립되고 있었다. 2003년 12월 독일 정부와 경제계는 여성의 사회 진출 및 직장과 가정생활의 조화 측면에서 긍정적인 진전이 있었다고 평가하였다. 한편 노동조합에서 실시한 조사에서는, 여성의 사회활동 촉진을 지원하기 위해 도입된 직장과 가정생활의 조화 실현 프로그램, 근로시간 유연성확대, 직장생활 여성을 위한 육아프로그램 등의 확대 도입의 효과가 한정적인 것으로 밝혀졌다. 즉, 정책이 실질적인 개선이 이루어지지 않았음이 밝혀져 2001년 합의 내용의 실천성과에 따른 이견이 제기되었다. 도입된 제도는 평균 이상의 직무능력 또는 상대적으로 높은 숙련도를 가진 여성, 대학교육 이상의 학력을 보유한 여성 근로자에게만 긍정적인 효과가 두드러졌다고 분석되었다(이정언, 2008).

　2006년 다시 정권을 잡은 보수연립인 기민당과 기사련은 사민당과 연정을 맺으면서 더욱 적극적인 성인지적인 가족정책을 펼치고 있다. 2005년 '3세 미만 아동의 보육시설 확충에 관한 법'을 제정하였다. 이 법은 젊은 부부의 자녀 양육으로 인한 부담을 덜어줌으로써 출산을 장려하려는 인구 정책적 목적을 가지고 있다. 2006년부터 기독민주당 출신인 가족부 장관인 레옌(Leyen)은 2007년부터 위에 언급한 부모시간, 부모수당 제도를 도입하였다. 즉 2007년 1월부터 독일에서 새로운 부모수당 및 부모휴가제도가 실시되었다. 2006년까지 부와 모는 자녀가 출생한 후 '연방 자녀양육급여법'에 따라 부모휴가기간 중 자녀양육급여를 수급하였다. 그러나 2007년부터는 '연방부모수당 및 자녀양육시간법'에 따라 부모휴가와 부모 수당은 분리되었다(이선주, 2007). 물론 이 이면에는 저출산이라는 인구학적 위기를 극복하고자 하는 것이 숨어 있었지만 현금정책과 같은 여성의 탈상품화에서 시간정책과 서비스 정책으로의 전환은 가족 내 양성평등을 위한 중요한 정책이라고 볼 수 있으며 이들의 보수적인 이데올로기의 전환 또한 간접적으로 알 수 있었다.

최근 2007년을 기준으로 가족 내 탈젠더화 정책은 정치적 측면에서 긍정적인 합의가 이루어지고 있다. 지역 및 지방정부 위원들은 독일 가족부 장관을 중심으로 하여 보육(nursery)시설을 확장하려고 하고 있다. 이들은 최소 세 명 중 한 명의 아동이 데이케어 센터를 이용함으로써, 유럽연합의 평균 기준에 도달해야 한다고 주장하였다(Bode and Nees, 2007). 2007년 현재 독일은 3세 미만 아동의 시설 등록율이 13.5%로 유럽 전체 평균의 35%에 비하면 상당히 낮은 수치라는 것을 지적하였다. 데이케어 시설의 수를 확충함으로써 독일은 유럽의 기준에 이를 수 있으며, 이를 위해서는 대기자가 너무 많기 때문에 빠른 행동이 필요하다고 강조하였다. 정부 장관들은 또한 데이케어시설 이용의 확대는 유럽에서 가장 낮은 독일 출산문제에 기여할 것으로 보았다. 가족부 장관의 보육시설에 대한 확대는 사민당과 녹색당, 그리고 경제계뿐만 아니라 기민당, 기사당, 그리고 여성총수인 메르켈에게 적극적인 지지를 얻어내었다[37](Bode and Nees, 2007).

통일 후 최근까지 독일의 가족정책은 성인지적인 접근을 통해 기존의 남성생계부양자 모델에서 이중소득자 모델로 전환하고 있다. 보육서비스 확대, 남성의 가사노동에 대한 조치들이 국가적으로 만들어 지고 있다.

---

37) 그러나 여기에 대한 보수주의자들의 반발도 만만치 않았다. Augsburg의 가톨릭 추기경인 Mixa을 중심으로 한 보수주의자들은 가족부 장관을 '이데올로기의 맹목성(ideological blindness)이라고 비난하면서 또한 가족부 장관이 통독 전 동독의 구제도를 답습하려고 한다'면서 비난하면서 전통적 가족 구조가 유지되도록 정책이 뒷받침 되어야 한다고 주장하였다. 또한 기사당 당수인 Edmund Stoiber을 중심으로 기민당과 기사당의 보수주의자, 교회는 주교와 뜻을 같이 하였다. 특히 Mixa는 교황 베네딕토14세의 낙태 및 가족통제제도에 관한 칙령에서 여성의 권위(the dignity of women)를 '출산'으로 동일시 하였다(Bode and Nees, 2007).

그럼에도 불구하고 여전히 독일 가족정책은 탈상품화 성격에서 벗어나지 못하고 있다. 그러나 가족정책이 명목상으로는 양성평등을 지향하고 있으나 실질적으로는 저출산을 극복하기 위한 것이다. 게다가 3세 미만의 포괄적이고 체계적이지 못한 공적 육아서비스는 이중소득자 부부의 가구 소득에 부정적인 영향을 미칠 수 있다. 공적 보육시설의 확장은 많은 여성들의 탈가족화를 장려할 수 있는 계기를 마련했지만, 여전히 보육 시설은 조기 아동에 대한 지원이 낮고 오히려 수당정책을 통해 여성의 모성 권을 강조하고 있다. 또한 여성의 고용이 전적으로 시간제가 증가하고 있다는 사실이다. 양질의 서비스 부족은 많은 여성들이 전일제로 노동시장 참여하는데 제한이 있으며, 결국 이러한 현상은 독일의 젠더 불평등을 계속 유지할 수밖에 없다는 것을 시사하고 있다.

다. 미국

미국은 여성의 경제적 세력화가 높은 반면 여성의 정치적 세력화는 낮은 국가이다. 2차 세계대전을 기점으로 미국 여성들의 노동시장 참여율은 계속해서 증가하고 있으며, 가족 내 전일제 맞벌이 가구도 다른 국가들에 비해 높다. 또한 여성의 높은 교육수준은 많은 여성들의 관리직과 전문직에 종사 할 수 있도록 해주었다. 반면 여성의 정치적 세력화는 풀뿌리 성격의 이익단체로 활동하는 경향이 크며, 강력한 사회주의나 좌파 정당의 부재, 노조의 약세, 여성의원들과 장관 부족으로 정치권내로 제도화되지 못했다.

특히 1960년대 이후 자유주의 페미니즘의 성장과 모성주의를 표방하던 복지주의 페미니즘의 약세는 오히려 기존의 가족정책을 더욱 축소시키는 결과를 가져왔다. 이러한 특성은 미국의 가족정책이 여성의 욕구를 적절히 반영할 수 없었다. 그럼에도 불구하고 여성의 높은 경제활동에

대한 욕구는 민간영역에서 보육서비스 확대와 기업에서 제공하는 복지급
여가 남성과 여성 둘다 유사하게 적용되고 있다는 점에서 근로를 연계하
고 있다는 점에서 여성의 탈상품화적 성격보다는 가족 내 탈젠더화적 성
격이 더 강하다고 볼 수 있다.

　미국의 가족정책은 1980년대 신보수주의 정당이 정권을 잡으면서 기
존의 모성권을 강조하던 성격이 여성의 노동권을 강조하는 성격으로 변
하였다. 1980년대 레이건 정권을 중심으로 한 신보수주의 성향의 정치인
들은 반 여성주의 정책을 수행하였다. 이들은 여성조직에 재정적 지원을
중단했으며, 여성들의 법적지위에 영향을 미치는 입법 활동에 대해서 반
대했다. 더욱이 이들은 기존의 모성권에 기반을 두었던 복지제도를 폐지
하려 하였다(김경희, 1998). 게다가 미국 여성 조직들은 복지문제에 관심
을 두지 않았다. 이들은 남녀평등, 낙태, 폭력에 대해서 강력하게 개선을
요구했지만, 복지제도는 반복지 제도의 입장에 있었다. 물론 자유주의 페
미니스트들의 주요 목표인 남녀 기회 균등 확립을 이루기위한 전략중에
탁아제도의 개선이 포함되었지만, 입법에 대한 지지발언은 하지 않았다
(김해리, 2002). 이렇게 여성 운동에 반복지적 입장을 보인 것은 기존의
모성주의 페미니즘 운동이 여성을 오히려 사적 영역에 한정하여 젠더 불
평등한 관계를 유지시켰다는 그들의 견해에서 비롯되었다. 또한 여성들
이 남성지배에서 벗어나는 길은 여성 자신의 노동권을 확보하는 길이라
고 보았다. 그렇기 때문에 1980년대 복지개혁으로 인해 여성의 수급권이
좁혀지는데 있어서 이들은 아무런 행동을 하지 않았다(김해리, 2002).

　이러한 배경속에 1980년대 레이건 정권은 연방정부의 재정극복을 위
해 복지 프로그램들이 여성의 모성권에서 노동권으로 전환하려고 했다.
1980년대 당시 미국 연방정부는 사회복지 프로그램의 부담으로 신연방
주의(New Federalism)를 표방하면서 주정부와 지방정부에 책임을 부과

했다. 또한 1988년 연방법인 가족 지원법(Family Support Act)을 제정해 복지 수급자들이 고용을 통해 스스로 빈곤에서 탈피하도록 하였다[38]. 이 복지 개혁법은 1987년 3월 하원에 의해 소개되었으며, 10월 레이건에 의해 승인되었다. 당시 이 법의 목적은 AFDC 수급자들에게 현금지원에서 근로능력을 향상시키는 프로그램 제공과 부모의 책임을 강화하는데 목적이 있었다. 결국 이러한 목적을 위해 주정부 부모역할 제도(State Paternity establishment)와 아동지원강화프로그램(child support enforcement program), 직업기회와 기본기술훈련(Job Opportunities and Basic Skills Training: JOBS)이 만들어졌다. 이러한 프로그램들은 결국 십대 미혼부모를 줄이고, 남성의 아버지 역할을 강화시키고, 고용을 통해 수급자 탈피를 도모하고자 하였다.

이러한 노력은 클린턴(Clintion) 행정부에 가서 개혁이 더욱 단행되었고 근본적인 복지 프로그램이 변화를 맞이하게 되었다. 미국의 복지정책은 1996년 개인책임및근로기회조정법(Personal Responsibility an Work Opportunity Reconciliation Act: PRWORA)[39]이 통과되면서 미국의 복

---

38) 복지의 책임을 가족에게 전가하려 했던 레이건 정권은 1980년대와 90년대를 거쳐 복지 개혁이 단행되기 시작하였다. 그 배경은 대략 두 가지로 설명되는데 하나는 납세자(taxpayer)들이 납부한 많은 세금이 복지 수급계층(dependance class)으로 이전된다는 것이고 다른 하나는 기존의 복지 정책이 미혼모와 이혼으로 인한 여성가구주 양산이라는 바람직하지 않는 결과를 조성한다는데 있었다(Klerman, 1998). 사실 개혁의 근본적인 원인은 바로 사회복지 분야에 비대해진 예산에 대한 부담감이었으며, 두 번째 원인이 국가 재정부담의 원인으로 지적되면서 국민들의 비판을 받아왔다.

39) PROWA의 주요 원칙은 다음 4가지이다.

빈곤 가족이 자신의 자녀를 집에서 양육할 수 있도록 보조하기
직업준비(job preparation), 고용, 결혼을 통하여 빈곤 부모의 복지의존성을 종결시키기
미혼부모, 십대 임신 및 출산을 예방하고 감소시키기
부부중심(two parent families)가족 형성 및 유지 장려하기

지정책은 크게 변화되었다[40]. 이 복지 개혁법은 1935년 부터 지배하던 근본적인 패러다임의 변화를 가져왔다. 즉 복지(welfare)에서 근로연계복지(workfare)의 변화였다. 이 개혁의 특징은 근로와 복지를 연계시킴으로써 기존 저소득 여성가구주를 노동시장으로 내보내는 것이었다(박세경외, 2005; 이현주외, 2003; Kamerman and Kahn, 1997)[41]. 이법은 기존 AFDC[42]와 JOBS를 TANF(Temporary Assistant to Needy Families)로 전환시켰고, 복지급여의 성격과 지급조건은 크게 달라졌다. 수급자격이 엄격해져 그 수가 급감하였으며, 수급자격이 되더라도 일정기간이 지나면 복지급여를 보장받지 못하게 되었다. 무엇보다도 중요한 점은 복지급여를 수급하기 위한 조건으로서 근로 의무가 강화되었다(박세경 외, 2005; 이현주 외, 2003; Kamerman and Kahn, 1997)[43].

출처: Maynard, Boehnen, Corbett, Sandefur and Mosley(1998), "Changing Family Formation Behavior Through Welfare Reform, Welfare, The Family, And Reproductive Behavior editied by Moffitt"(1998).

40) 1996년 Bill Clinton은 공화당과 협상을 통해서 PRWOA를 국회에 통과시킴으로서 AFDC는 드라마틱한 변화를 경험하게 된다. 우선 5년이라는 시간제한이 수급자들에게 부여되었으며, 새로운 한정적 대체 프로그램들이 수급자들에게 강화되었다.

41) 이 시기부터 여성의 노동권이 강화되는 시기로 볼 수 있다. 당시 항목별 교부금(categorical grant)에서 포괄적교부금(block grant) 또는 특별교부금(fixed federal contribution) 형태로의 전환되었다. 이는 주정부와 지방정부의 자율권이 증가한 대신 사회복지 프로그램 예산의 일정부분을 본인들이 책임을 져야한다는 것을 의미했다. 이는 역으로 연방정부의 복지 프로그램에 대한 책임이 감소와 예산 감소를 할 수 있게 되었다는 증거이다.

42) AFDC는 프로그램에 참여하는 대상에게 일정한 기간에 대한 제한을 상대적으로 약했으며 이 프로그램이 오히려 급여를 연장시킴으로써 미혼모 출산을 조장했다는점, 그리고 근로 유인체계가 약했다는 점에서 비판받았다. 왜냐하면 노동시장 진입은 AFDC에 의한 급여를 제공받을 수 없기 때문이었다. 또한 AFDC는 빈곤선 위에 있는 가족들을 빈곤선으로 끌어들인 다는 점이다(박세경 외, 2005).

43) 복지급여의 지급기간에 대한 제한도 강화되어 생애기간 중 복지수급기간이

이처럼 클린턴 행정부가 레이건 행정부와 정치적 성향이 달랐음에도 불구하고 복지개혁을 단행했던 이유는 당시 신자유주의 이념이 미국 사회를 지배하고 있었으며, 클린턴은 정치적 기반을 확보해야 했다. 민주당 출신인 클린턴은 신민주당 구호아래 공화당과 유사한 정치적 성향을 가지고 있었다. 이에 그는 자유주의 이념에 입각한 정책을 수행하려 했으며, 1992년 대선 때 정치적 공략으로 복지제도 축소를 제시하였다. 또한 정치적 기반이 약했던 클린턴 행정부는 의료 개혁 등 사회복지 부분에 공화당의 반대로 성공하지 못했다. 게다가 1996년 재선을 위해서 여론이 원하는 복지개혁을 다시 선거 공략으로 제시했어야만 했다(김해리, 2007).

당시 클린턴 행정부의 복지개혁에 대한 여성 운동에 대한 입장은 상반됐다. 중산층 백인 여성으로 구성된 자유주의 페미니스트의 주요 초점은 노동시장에서 남녀평등 구현이었다. 이들은 근본적으로 노동시장에서 남녀 간 불평등한 관계가 사라질 때 진정한 젠더 평등을 이룰 수 있다고 보았다. 이에 이들에게 있어서 복지정책은 주요 관심이 아니었으며, 클린턴의 복지개혁을 반대하지 않았다. 반면 모성주의를 강조했던 복지주의 페미니즘은 입장을 함께하는 단체들과 함께 클린턴 행정부 복지개혁에 대해서 반대 운동을 활발하게 진행시켰지만, 재정적 여유가 없었던 이들은 정치권으로 반영될 수 있는 로비활동을 수행할 수 없었다. 그리고 이러한 문제가 민주당에게는 유색인종 한 부모에게만 해당되는 이슈였기 때문에 민주당에서는 관심을 보이지 않았다. 게다가 정당의 이념을 함께한 여성의원들도 5명을 제외한 대다수가 복지개혁에 찬성하는 입장이었

5년 이상 되지 못하도록 제한하였으며, 최초 수급으로부터 2년 이내로 취업하여 근로하는 규정이 새롭게 부가되었다. 특히 영유아기의 자녀를 가진 빈곤 여성가장에게는 근로의무를 면제시키던 규정이 폐지되어 영유아기의 자녀가 있더라도 의무적으로 취업하거나 훈련을 받도록 강제하였다

다(김해리, 2007). 1996년에 단행된 복지개혁은 지금까지 그 틀을 유지해오고 있다. 최근까지 공화당을 중심으로 한 많은 정치인들은 오히려 수급자들의 근로 연계를 더욱 강화해야 한다는 합의가 이루어지고 있다.

그런데 최근 미국의 복지 제도의 변화의 조짐이 보이고 있다. 현재 재임 중인 오바마 정권은 가족정책을 중산층까지 확대시키고자 하고 있으며, 탈젠더적 성격의 가족정책을 표방하고 있다. 오바마 정권은 미국 전역의 중산층 근로 가족의 생활수준을 높이기 위해서 부통령 바이덴(Biden)을 중심으로 한 "중산층 근로 가족을 위한 백악관 테스크 포스(a White House Task Force on Middle Class Working Families)"를 만들었다. 오바마의 가족정책의 기본 원칙은 대략 세 가지로 정리할 수 있다. 우선 "강한 가족(Strong Families)"이다. 이는 강한 국가는 강한 가족들로 구성되어 있다고 관점을 내포하고 있다. 모든 가족의 구성원인 부모와 자녀들이 더 좋은 미래를 맞이하도록 국가가 지원해야 한다는 것이다. 두 번째 "근로가족 지원"이다. 근로 가족 지원을 위해 오바마는 미국 전역에 걸쳐 가족을 위한 경제적 기회와 직업 창출을 강화하고 있다. 그리고 오바마는 세금 체계에 대한 공정성을 회복하고 근로가구를 위한 아동보육 서비스를 증가시킬 계획이다. 세 번째로 "직장과 가족의 양립 생활"이다. 직장과 가족의 삶을 양립을 가능하게 하려고 하고 있다. 오늘날 미국의 수백만의 여성과 남성은 직장과 가족의 삶 속에 갈등하고 있다. 오바마는 유급 질병 휴가(paid sick leave)와 같은 유연한 노동 정책을 통해서 여성과 남성이 가족과 직장의 책임사이에 갈등을 해결하려고 하고 있다.

이러한 기저 하에 오바마 정권은 실질적으로 가족정책을 확대하고 있다. 2009년 대통령의 경제회복 재투자 법(American Recovery and Reinvestment Act)은 현재 어려운 미국 경제시기에 가족들의 필요로 하는 지원을 제공하고 있다. 법은 실직자 지원뿐만 아니라 아동 세금 크레 딧을 확장함으로서 근로가족에 해당되는 천만명의 아동을 추가로 확대시 켰고 신근로세환급(a new Make Work Pay tax credit)을 추진하고 있다. 취업 중인 부모가 양질의 아동보육을 받기위해 법은 아동보육 개발 포괄 보조금과 조기 해드스타트의 재정지원도 확대했다. 또한 빈곤가구를 위 해 SNAP(Supplemental Nutrition Assistance Program)와 WIC(Special Supplemental Nutrition Program for Women, Infants, and Children) 과 같은 식품프로그램의 예산을 확대시켰다. 저소득가구의 에너지 절약 및 효율적 사용을 위해서 Weatherization Assistance Program을 50억 달러($5 billion) 까지 예산을 편성하였다. 이처럼 오바마 정권은 가족정 책을 중산층 까지 포괄하려고 하고 있으나 근로 가족을 중심으로 하고 있다는 점과 연방정부 차원에서 재정지원이라는 한정된 역할은 기존의 복지의 틀을 벗어나지 못하고 있다는 것을 알 수 있다. 게다가 이러한 정책이 탈젠더보다는 탈가족화에 더 근접하다고 볼 수 있다.

　그러나 사실상 미국의 가족정책은 부재하며, 실질적으로 여성의 노동 권을 보장해주는 가족정책도 거의 없다. 이러한 특성은 미국의 개인주의 와 자본주의라는 오랜 전통으로 복지의 책임을 국가보다는 가족 및 개인 에게 부여하였기 때문이다. 국가의 개입도 잔여주의 특성으로 시민권에 입각한 보편적인 프로그램은 거의 전무하며 빈곤층을 중심으로 한 사회 정책이 발달되어 있다. 이런 점에서 미국의 완전한 탈젠더화 정책은 없다 고 볼 수 있다. 더욱이 여성의 경제적 세력화가 향상되었지만 가족정책에 반영되지 않았다. 그 이유는 여성의 경제적 세력화가 향상된 계층들은 중상층 백인여성들이었고 이들은 가족정책보다는 노동시장에서 평등을 원했다. 이러한 맥은 자유주의 페미니즘과 함께 하였다. 그렇기 때문에 미국 여성의 높은 노동시장 참여로 인한 보육 및 돌봄의 책임은 국가 보다는 시장에게 의존하는 경향을 보이고 있다. 그럼에도 불구하고 여성의 노동권측면에서 살펴보았을 때 대부분의 가족을 단위로 한 정책들이 근로를 조건으로 하고 있으며, 많은 수급 여성들을 탈가족화 시킨다는 측면에서 미국의 사회정책들은 여성의 탈상품화 보다는 가족 내 탈젠더화 정책에 더 유사하다고 볼 수 있다.

라. 한국

한국의 가족 내 탈젠더화적 가족정책은 1980년대 후반부터 발전하기 시작하였다. 이 시기부터 여성의 고용형태가 변하기 시작했으며, 여성의 정치적 세력화는 제도권으로 편입되기 시작되었다. 한국 여성의 고용률은 산업화와 더불어 꾸준히 발전하였다. 특히 1980년대 이르러 기혼여성의 노동시장 참여율이 미혼여성을 앞서기 시작했으며, 탈산업화로 인해 여성이 서비스업으로 이동하는 등 직종의 변화가 이루어졌다. 또한 여성의 교육수준 향상으로 저임금과 낮은 지위에 머물지 않았고 서서히 고임금 전문직 부분으로 나아가고 있었다.

1980년대 여성 운동은 기존의 수동적 입장에서 탈피해 여성 고유의 문제에 집중하면서 주체성을 회복하였고, 다양한 성향의 여성조직이 하나로 뭉치게 되었다. 1987년을 기점으로 보수 진영과 민주진영으로 나누었던 여성운동이 하나로 단결하였다. 진보 진영이었던 한국 여성민우회와 한국 여성 노동자 단체 등을 포함한 한국 여성운동 단체는 여성운동 연합체인 "여성단체연합"을 결성하면서 독자적이면서 좀 더 강력한 운동을 추진하기 시작하였다. 이들의 노력은 김영삼, 김대중, 노무현 정권에 이르러 여성운동이 제도화에 이를 수 있었다. 김영삼 정부 때 정무장관제 2실, 김대중 정부 때 여성특별위원회(1998~2000)와 여성부(2001~2005), 노무현 정부 때 여성가족부(2005~2007) 설치가 바로 여성 운동이 제도화되어 모든 정책에 양성평등을 고려할 수 있는 기반을 마련할 수 있었다(김경희, 2007; 허성우, 2007).

이러한 배경 하에 1980년대와 1990년대는 탈젠더화적 성격의 가족정책의 토대가 구축될 수 있었다. 대표적인 제도로 육아휴직제도와 보육서비스 확대였다. 육아휴직제도는 여성단체들이 여성의 평생고용 보장을 위해 1980년대부터 꾸준히 요구해온 결과물이었다. 1980년대부터 기혼여성의 경제활동은 미혼여성을 앞섰음에도 불구하고 결혼퇴직 관행제도가 존재했기 때문에 여성은 보육과 평생 고용이라는 측면에서 불리한 위치에 있었다. 이러한 불합리한 현상은 여성단체들의 적극적인 활동으로 인해 1987년 남녀고용평등법이 제정되면서 육아휴직을 제도화시켰다. 그 이후 양성평등의 이념에 근거한 계속적인 여성계의 꾸준한 요구는 1995년 일부 남성에게도 적용되었다[44]. 1995년 남녀고용평등법 개정 중 제 7조에 의하며 사업주가 여성근로자의 교육, 배치, 승진에 있어서 혼인, 임신, 출산을 이유로 남성과 차별대우를 하지 못하도록 하였다. 또한 제 11조에 의하면 기존에 영아의 양육에 필요한 육아휴직이 여성에게 1년 범위 내에서 허용하였으나 이중소득자 부부의 경우 남녀 근로자가 모두 육아휴직을 선택적으로 사용할 수 있도록 하고 기간도 산전산후 휴가기간을 포함하여 13개월 동안 사용할 수 있도록 규정을 개정하였다. 그러나 당시 이 법은 여성근로자 배우자에게 확대되는 것이었고 무급휴가였기 때문에 탈젠더화 성격보다도 여성의 탈상품화 성격이 강하였다. 1990년대 중반 육아의 문제는 여성과 남성 모두 책임지도록 여성계에서

---

44) 또한 남성의 가족화를 유도할 수 있는 법이 제정되었다. 1994년 12월 12일 국가 공무원법 개정(법률 제4829)으로 성별에 관계없이 1세 미만의 자녀를 둔 부모들은 1년 범위내에서 무급육아 휴직 제도를 이용할 수 있게 되었다. 또한 남녀 공무원들은 부모, 배우자, 자녀, 배우자의 부모가 장기간 요양이 필요한 경우 1년 범위내에서 무급가사 휴직 제도를 허용할 수 있도록 하였다.

꾸준히 요구하였다. 이러한 결과 2001년 고용보험법과 남녀고용평등법 개정을 통해 독립적으로 남성의 육아휴직 사용이 허용되었다(김진욱, 2008; 김경희·류임량, 2005).

　한국의 보육정책이 탈젠더화적 성격을 지니게 된 시기는 1980년대 이후 였다. 그전에는 저소득 층 중심으로 보육서비스45)가 제공되었다. 그러나 여성의 지속되는 노동시장 참여의 증가는 보육의 욕구와 노동의 욕구를 동시에 만들어냈다. 전술했듯이 1980년대는 기혼여성의 노동시장 참여가 증가하고 있던 시기였다46). 그런데 이들의 노동시장 패턴을 살펴보면 여성의 고용구조가 M자형을 이루고 있었다. 여성의 경제활동은 15세에서 25세까지는 상승하다고 결혼연령과 육아기인 25세부터 35세 까지 낮아지다가 다시 그 이후에 높아지고 있었다. 이는 간접적으로 기혼여성의 경제활동 참여 욕구가 높다는 것과 육아 문제가 경제활동에 장애가 되고 있음을 알 수 있다.

　1980년대 이러한 욕구는 1990년대 이르러 여성 운동47)의 화두로 올라

---

45) 중요한 점인 이 시기 여성의 경제활동을 고려한 탈젠더화적 성격의 가족정책이 만들어졌다.
46) 1970~1980년도 기혼여성과 미혼여성 경제활동

연도	기혼여성	미혼여성
1970	36.9	44.3
1975	43.1	55.8
1980	35.6	49.1
1983	33.9	34.0
1985	41.0	39.5
1987	44.7	45.9

　출처: 경제 기획원, 경제활동 연구 각 연도
47) 그럼에도 불구하고 정치적 측면에서 이슈화가 뒤늦게 되었다고 볼 수 있다. 이희수(1979)의 한국 여성협의회에 등록된 여성 운동단체를 중심으로 조사한 결과 보육에 대한 이슈보다는 당시 여성문제나 여성의 권익 소비자보호, 여성

오면서, 보육서비스에 대한 관심이 높아졌다. 중요한 점은 여성 단체의 적극적인 활동 결과 보육서비스가 기존의 저소득층의 욕구에 한정되었다면 직장여성까지 확대되었다는 점이다. 여성 단체들은 1990년 모성의 해 선언, 평생평등노동권확보의 해로 정하고 여성노동자의 평생노동권을 확보하기 위한 기본적인 노동권확보라는 차원에서 직장탁아소, 학교병설 탁아소설치 의무화 조항을 비롯하여 올바른 탁아법 제정을 위한 다양한 운동을 전개하였다[48].

　1991년 영유아 보육법(법률 제4328호)이 제정되었다. 영유아 보육법은 보호자가 근로 또는 질병 기타 사정으로 인하여 보호하기 어려운 영

　　의 교육과 양질 향상 등과 관련된 부분에 초점이 맞추어졌으며, 보육이나 아동과 관련된 부분은 거의 하고 있지 않는 것으로 나타났다. 특히 당시 여성단체에서 아동양육과 여성의 문제를 별개로 구분하는 경우가 있었다고 보고하고 있다.

48) 1990년대부터 이러한 보육 서비스의 발전은 여성의 경제적 사회적 상황 이외에 여성운동의 노력에서도 찾아볼 수 있다. 1991년 영유아보육법은 여성운동이 기존 관련법의 시각의 문제점을 지적하고 법 제정의 필요성을 인식하는 작업에서부터 시작되었다. 여성운동은 1981년대 후반 탁아관련 정책 및 법이 없다는 점을 문제제기하고 탁아입법의 필요성을 강조하는 활동부터 전개하였다. 1982년 "유아교육진흥법"이 제정됨에 따라 저소득층과 이중소득자 부부의 탁아보호기능을 위한 보사부 소관의 어린이집 이 유아교육에 중점을 둔 내무부 산하의 새마을 유아원으로 바뀌게 되었다(황숙현, 1987). 이에 국가가 1989년 9월 아동복지법 시행령중 개정안을 공포하고 1991년 영유아보육법을 제정하지만 이 법은 여전히 국가와 기업이 복지에 대한 책임을 개별가족에게 돌리려는 성격을 지니는 문제를 지니고 있었다. 여성운동은 탁아입법 가두서명 및 어머니대회를 개최하고 지역탁아소 연합회를 중심으로 올바른 탁아법 제정을 위한 투쟁을 전개하였다. 여성연합은 1990년을 모성의 해로선언하고 평등한 노동, 건강한 모성이라는 슬로건 아래 노동시장에서 모성파괴 실상을 폭로하였으며, 1991년 평생평등노동권확보의 해로 정하고 여성노동자의 평생노동권을 확보하기 위한 기본적인 노동권확보라는 차원에서 직장탁아소, 학교병설 탁아소설치 의무화조항을 비롯하여 올바른 탁아법 제정을 위한 다양한 운동을 전개하였다(황정미, 2004).

아 및 유아를 심신의 보호와 건전한 교육을 통하여 건강한 사회성원으로 육성함과 아울러 보호자의 경제적, 사회적 활동을 원활하게 하여 가족복지증진에 기여하는데 그 목적을 가지고 있다(노동부, 1995). 이 법으로 인해 취업 여성들은 국·공립 보육시설, 민간보육시설, 직장보육시설, 가정보육시설에 아동을 근로시간 동안 맡길 수 있게 되었다. 1995년 5월 19일 영유아 보육법 시행령 개정으로 직장보육시설의 규정이 500인 이상 사업장에서 300인 이상으로 확장하였다. 또한 사업주가 직장 보육시설의 비용을 80% 지원을 50%로 낮추었다.

1990년대 후반부터 2000년대 이르러 한국사회는 저출산·고령화, 가족해체 등과 같은 신사회 위험을 경험하면서 가족 내 탈젠더화적 정책은 더욱 발전하였다[49]. 세계보건기구에 의하면 한국은 2008년을 기준으로 출산율 1.19명으로 193개국 중에 최하위를 기록하고 있으며, 고령화 속도는 OECD 회원국 중에서 가장 빠른 것으로 나타났다. 탈산업화를 경험하면서 노동시장구조의 변화는 1998년 IMF 이후 한국에서도 근로 빈곤층이라는 신 빈곤층을 양산하고 있으며, 이혼율 증가, 만혼, 조손가족, 한부모 가족 등 다양한 가족이 증가하고 있다.

그런데 이러한 새로운 문제점을 발생시키는 원인이 여성의 노동시장 진출과 밀접하게 관련이 있다. 해방 이후 여성의 경제적 세력화는 양적 질적 측면에서 꾸준히 증가하고 있었으며, 특히 고학력이면서 기혼여성의 노동시장 참여의 증가는 또 다른 욕구를 증가시키고 있었다. 여기에 근본적인 해결을 직장과 가정의 양립방향으로 나아가야 한다는 점을 정부는 인식하기 시작했다.

---

49) 신사회 위험이란 저출산 고령화라는 인구구조 변화와 함께 노동시장구조의 변화와 지속적 고용불안정 계층의 증대, 가족구조의 변화 등에서 새롭게 제기되는 일상적 위험의 증가를 의미한다(송다영, 2008).

이러한 상황은 가족정책에 여성들의 경제활동 참여를 증가시키기 위한 실질적인 방안으로 정책에 반영되었다. 특히 정책의 특성은 탈젠더적 성격으로 설계되었다. 2004년 건강가족법 제정, 2005년 호주제 폐지, 2007년 남녀 평등 고용법 개정으로 여성과 남성이 좀 더 동등하게 가족 내 책임과 공적 영역의 책임을 부담할 수 있도록 되었다. 특히 참여정부 이후 가족정책의 발전이 눈에 띠기 시작하였다. 17대 국회는 여성의원들의 증가로 호주제 폐지, 성매매방지법 등이 통과될 수 있었다. 이후 여성 국회의원들은 여성과 남성이 함께 일하고 함께 돌볼 수 있는 국가적 시스템 마련에 여성정책의 무게 중심이 옮겨졌다. 출산, 육아에 따른 고용 차별해소, 근로조건개선, 육아휴직 등의 공공화, 배우자 출산휴가 인정 등과 관련해 여성의원뿐만 아니라 남성의원들도 적극적인 관심을 가지면서 적극적인 입법 활동을 하였다(김은경, 2008).

<표 31> 건강 가족 사업 프로그램 주요 내용

건강가정사업 프로그램
1. 가족구성원의 정신적 · 신체적 건강지원
2. 소득보장 등 경제생활의 안정
3. 안정된 주거생활
4. 태아검진 및 출산 · 양육의 지원
5. 직장과 가정의 양립
6. 음란물 · 유흥가 · 폭력 등 위해환경으로부터의 보호
7. 가정폭력으로부터의 보호
8. 가정친화적 사회분위기의 조성
9. 그 밖에 건강한 가정의 기능을 강화 · 지원할 수 있는 관련 사항

2004년에 제정된 건강가정기본법은 여러 측면에서 양성평등을 반영한

법으로 볼 수 있다. 건강가정 법은 건강한 가정생활의 영위와 가족의 유지 및 발전을 위한 국민의 권리·의무와 국가 및 지방자치단체 등의 책임을 명백히 하고, 가정문제의 적절한 해결방안을 강구하며 가족구성원의 복지증진에 이바지할 수 있는 지원정책을 강화함으로써 건강가정 구현에 기여하는 것을 목적으로 하고 있다. 특히 건강가족법에는 국가와 지방단체가 취업여성의 임신, 출산, 수유와 관련된 모성보호 및 부성보호를 위한 유급휴가시책이 확산되도록 노력하여야 한다고 명시하고 있다. 이는 성인지적 관점을 반영한 정책으로 볼 수 있다.

2005년 호주제 폐지는 기존의 가부장적 가족정책의 패러다임 전환으로 성평등 관점의 가족정책을 수립하기 위한 법제정과 정부조직의 개편은 국가에 여성주의적 관점이 반영된 것으로 평가받고 있다. 성과 가족관련 정책들은 남성의 변화를 수반함으로써 우리사회의 젠더관계의 지형을 변화시킬 수 있다는 점에서 진보적인 것이라고 평가받고 있다[50].

---

50) 그러나 한국 여성운동은 가족법개정이나 가족폭력에 다른 이슈보다 더욱 심혈을 기울였음을 알 수 있다. 가정폭력방지법은 1991년~1996년에 가정폭력 가해자에 대한정당방위적인 살인사건이 여러 건 발생하면서 사회불안요인으로 등장하면서 가족폭력 피해자 구명운동, 경찰의 직무유기를 규탄하는 시위전개 등 적극적인 활동이 이루어졌으며, 가정폭력문제가 사회문제화되면서 각 정당에서도 가정폭력문제 위원회 문제화 되면서 각 정당에서도 가정폭력방지법을 제정하려는 움직임을 보이게 된다. 각 정당이 당론으로 가정폭력방지법 제정을 확정하고 의원입법으로 발의하고 여성단체와 시민단체 등으로 구성된 가정폭력방지법 제정 추진 범국민운동본부가 강도 높은 대응을 하게 되면서 1997년 가정폭력방지법은 제정되게된다(남인순, 2002; 황정미, 2004). 1958년 제정된 가족법을 보면, 가족법의 가부장적이고 성차별적인 조항은 여성운동이 수차례의 개정운동을 벌이게 하는 요인이 된다. 이로써 여성운동이 수차례의 개정운동을 벌이게 하는 요인이 된다. 이로써 1962년, 1972년, 1990년 개정작업이 이루어졌지만, 여전히 이 법은 호주제의 잔존 등 또다시 법 개정 과제를 남겼고 이로 인해 1990년대 후반부터 호주제 폐지운동이 전국적으로 전개되었다. 최근 여성운동은 호주제 폐지 이후 대안마련을 위한 노력에

<표 32> 17대 국회 여성 및 가족 관련 법인 발의안

법안	여성의원발의안	남성의원발의안	총계
일과 생활의 조화를 위해 돌봄노동의 사회적 시스템 마련 관련 법안	29	18	47
보육의 공공성확보, 아동보호, 가족지원시버스 확충 관련 법안	32	17	49
이주여성, 장애여성, 농어촌 여성 등 취약계층 여성의 복지 및 인권보호 확대 관련 법안	12	13	14

2007년 남녀고용평등법에서 「남녀고용평등과 일·가정 양립 지원에 관한 법률」로 개정되었고 2008년부터 시행되었다. 노동부장관은 사업장의 남녀차별개선, 모성보호, 일·가정의 양립 실태를 파악하기 위하여 정기적인 실태조사를 하도록 하고 있다. 특히 남녀고용평등과 일 가정 양립 지원에 관한 법률 중, 배우자 출산 휴가와 육아기 근로시간 단축, 일·가정 양립 지원 기반 조성에서 내용의 골자를 찾아볼 수 있다.

집중하고 있다. 가족법 개정운동에서도 여성운동은 1980년대 후반 가족법 개정공동대책위원회를 구성하였고 1990년대 후반에는 '호주제 폐지를 위한 시민연대' 등을 구성하여 여성단체의 포괄적 참여를 이끌어내고자 했다(황정미, 2004).

<표 33> 2008년도 가족정책 기본 방향

가족정책의 기본방향
1. 보편적·예방적 가족정책 추진 　　취약계층 가족중심에서 중산층 이하 대부분의 가족으로 정책대상 확대 　　가족의 돌봄지원, 일과 가정의 양립 지원 등 사전·예방적 기능 강화 2. 국가-가족-지역사회의 파트너쉽 강화 　　수요자 관점에서 가족의 다양한 선택을 보장 　　다양한 주체 및 자원의 협력체계 구축 3. 통합적 접근으로 가족정책의 체감도 향상 　　아동, 노인 등 개별 복지정책과 통합성 강화 　　다양한 민관서비스전달체계와 연계 강화

그러나 이러한 노력에도 불구하고 실질적 측면에서 아직 미흡한 측면이 많다. 많은 연구들은 한국 여성들의 직장생활의 문제점으로 아동양육 문제를 우선순위로 두고 있을 정도로 보육문제는 심각한 수준임을 보여주고 있다(김흥국, 2005; 최은영, 2006; 유보경, 2004; 박경순, 2002). 이들의 공통된 논의는 자녀의 연령이 낮을 수록 여성의 취업이 낮아지는 경향이 있으며, 보육제도의 미비는 여성의 취업 중단에 결정적인 영향을 미친다는 점을 지적하고 있다.

게다가 참여정부 이후 보육서비스의 확대를 가져왔으나 탈젠더화 정책적 측면에서는 몇 가지 문제점을 가지고 있다. 우선 한국의 보육정책이 여전히 민간시장 의존성을 벗어나지 못하고 있으며, 보육서비스가 지향해야할 공공성을 확보하지 못했다는 점이다. 국공립 보육시설은 전체 보육시설 중 5%정도이며, 90%이상이 민간보육시설이다(송다영, 2008). 한국의 GDP중 정부 부담이 0.27% 개인 보육비용이 32%인 다른 선진국에 비해 높은 비용과 많은 직장여성들의 비공식적 보육서비스의 이용하고 있는 한국의 현실의 감안할 때 민간의존 중심의 보육서비스는 여성의 탈젠더화 정책에 장애가 될 수 있다(송다영, 2008).

게다가 공공보육서비스는 일반 아동을 포괄하기 보다는 저소득 중심으로 급여가 제공된다는 사실이다. 이러한 점은 여성의 노동권을 보장해주는 방향으로 설계가 되지 못했다는 것을 시사해주고 있다(송다영, 2008). 선진국에서 보육 시설의 확장은 양성평등으로 가는 대표적인 프로그램이다. 보편주의에 입각한 보육서비스가 제공되지 않는다면 가족과 노동시장내에서 양성평등이 달성될 것은 어렵다고 볼 수 있다.

마. 소결

오늘날 스웨덴, 독일, 미국, 한국은 여성의 탈상품화적 성격보다는 가족 내 탈젠더화적 성격의 가족정책을 도모하고 있다. 여기에 대한 근본적인 이유는 여성의 경제활동 증가였다. 사례국가들 모두 여성의 경제활동은 증가하고 있었으며 특히 기혼여성들의 노동시장 참여는 미혼여성보다 높았다. 이러한 현상은 여성들의 직장과 가족에 대한 양립에 대한 욕구를 높아지게 되었다. 또한 여성의 정치적 세력화도 미국을 제외한 스웨덴, 독일, 한국은 여성할당제나 여성운동이 제도권으로 편입되어 젠더를 고려한 가족정책이 설계되도록 꾸준히 영향을 미치고 있었다. 이런 상황 속에서 가족 내 탈젠더화 성격을 지원하는 가족정책은 공통적으로 이들은 기존의 모성휴가를 남성에게까지 적용시켜 부모휴가로 확대시키고 보육서비스를 확장시켜 남성은 가족화를 여성은 탈가족화를 유도하는 것이었다.

스웨덴의 탈젠더화 성격을 지닌 가족정책은 다른 국가들에 비해 빨랐다. 그 이유는 1960년대부터 노동시장에서 여성인력의 필요성에서 기인했다. 계속되는 경기 호황은 스웨덴 경제의 심각한 노동인력난을 발생시켰으며 이들의 선택은 외국인 노동자나 여성인력을 대체수단으로 사용하

는 것이었다. 스웨덴 정부는 후자를 선택함으로서 기존의 남성생계부양
자 모델의 가족정책을 버리고 '이중소득자와 이중 돌봄책임자'라는 정책
의 패러다임을 전환시키게 되었다. 특히 사민당의 적극적인 후원아래 사
민당 여성당원들의 활동은 적극적이었으며, 이러한 문제는 여성국회의
원, 그 외 성향이 다른 정당들의 여성당원, 학계에서 커다란 호응을 얻었
다. 결국 이러한 배경은 스웨덴 가족정책이 여성의 탈상품화적 성격의
가족정책보다는 가족 내 탈젠더화를 추구하는 가족정책이 발달할 수 있
었고, 꾸준히 사회적·정치적·경제적 측면에서 가족 내 탈젠더화를 위
해 가족정책을 발전시키고 있다. 이러한 모델을 발전시키고 유지하기 위
해서 정부는 공공 아동 보육 서비스, 부모휴가, 부부 개별(분리)과세 제
도를 실시하고 있다. 이 세 가지 정책은 가족 내 남성과 여성의 자원을
고르게 함으로서 스웨덴 가족정책의 목표인 양성평등을 이루는데 기여하
고 있다. 특히 공적 아동보육서비스는 여성의 노동시장을 강화시켜준다
는 점과 부모휴가는 가족 내 남성의 책임을 강화시켜준다는 점에서 오늘
날 스웨덴의 가족 내 핵심 탈젠더화정책으로 간주되고 있다.

이러한 정책은 효과성 면에서도 긍정적으로 평가받고 있다. 국가간 비
교연구와 실증연구들은 스웨덴의 젠더 평등 정책의 핵심으로 보육서비스
와 부모휴가를 선택하고 있으며, 다른 국가들과 비교해볼때 가장 높은
탈젠더화 수준을 보이고 있다(Ray, Gornick and Schmitt, 2009; Gornick
and Meyers, 2008; Duvander, Ferrarini and Thalberg, 2006; Ferrarini,
2003; Sundström and Duvander, 2002; Korpi, 2000; 윤홍식, 2006; 윤
홍식, 2004; 홍승아, 2005a; 김수정, 2004; 김철주, 2004외 다수).

독일은 통독 이후 유럽에서 최악의 저출산을 경험하고 있다. 바로 여
기에 대한 원인이 여성의 경제활동과 밀접한 관련이 있었다. 1980년대부
터 시작된 여성의 경제활동의 급격한 증가는 여성들이 결혼을 미루거나,

무자녀 가정을 유지하면서 1990년대 이후 독일은 노동인력 부족현상을 경험하게 되었다. 이러한 우려는 정치계와 경제계 분야에서 독일의 정책의 전환하도록 요구하게 되었다. 특히 1990년대부터 사민당의 집권은 독일의 가족정책이 가족 내 탈젠더적 성격으로 전환하는데 많은 기여를 했으며, 이후 2000년대부터 보수주의 성향의 정당들도 인구학적 위기의 극복을 위해 탈젠더 가족정책을 적극적으로 장려하고 있다. 이외에 국제적으로 젠더 불평등을 유지하고 있다는 비판은 양성평등을 전제로한 가족정책의 설계를 더욱 유도하였다. 결국 이러한 배경이 오늘날 독일의 탈젠더적 가족정책의 대표적인 제도로 볼 수 있는 부모휴가와 부모 수당을 도입하게 만들었으며, 보육시설의 확장을 가져왔다. 그럼에도 불구하고 아직 제도가 정착되지 않는 상황에서 독일의 탈젠더적 성격의 가족정책은 여성의 탈상품화적 성격을 벗어나지 못하고 있다. 그 대표적인 사례가 여성의 고용이 증가하는 반면 시간제 비율이 증가하고 있다는 점과 노동시간이 1980년대부터 점점 더 축소된다는 점이다. 특히 어린 자녀가 많을수록 여성의 노동시장 참여가 저조하고 아직도 M자형을 벗어나지 못했다는 것은 여전히 가족의 책임이 여성의 몫이라는 것을 보여주고 있다. 또한 새로 도입된 부모휴가의 사용의 대다수가 여성이라는 점과 남성의 사용이 저조하다는 점, 그리고 어린 자녀에 대한 민간 보육시설과 공공 보육시설의 이용비의 엄청난 차이는 제도적으로 아직 미비한 것으로 나타나고 있다[51].

젠더적 관점에서 미국의 가족정책은 잔여주의의 큰 틀 아래 여성의 모

---

51) 독일에서는 일 년에 대략적으로 40만 명의 여성이 부모휴가(Elternzeit) 사용 후 그 절반 정도의 숫자가 직장으로 복귀하고 있다(석종욱, 2007). 그럼에도 불구하고 대다수 사용자가 여성이고 남성은 5%미만의 저조한 사용은 여성의 탈가족화에 기여하지만 남성의 가족화에는 아직 한계가 있다는 것을 보여주고 있다.

성권 보호에서 노동권 보호로 이동하고 있다. 건국 초기부터 1970년대까지 가족정책은 여성을 모성으로서 간주하면서 많은 여성들이 집에서 자녀들과 함께 생활할 수 있도록 지원하였다. 그러나 가족해체 및 다양화 등 가족구조의 변화와 복지 패러다임의 변화는 여성이 노동시장 참여를 통해 자신과 가족의 복지를 책임일 수 있는 방향으로 나아가고 있다. 특히 1990년대에 수행된 복지개혁은 저소득 여성의 탈가족화를 장려하고 있다. 그 획기적인 사건은 AFDC에서 한시적부조프로그램(TANF)의 변화로 시간제한을 두어 여성의 모성권은 한계에 직면하게 되었다. 이러한 이유는 1980년대와 1990년대 주요 세력이었던 자유주의 성향의 페미니스트의 태도였다. 이들은 중상층 백인여성들이 입장을 대변하고 있었기 때문에 노동시장에서의 평등에 관심이 많았지 저소득계층이면서 유색인종에 관한 가족정책에는 관심을 두지 않았다. 또한 1980년대 레이건 정부와 1990년대 클링턴 정부는 신보수주의 성향으로 복지의 책임을 가족으로 한정하려 했으며, 당시 재정위기는 복지제도의 축소로 극복하려 하였다. 그럼에도 불구하고 2008년 민주당 오바바의 대통령 당선은 가족정책의 확장을 기대하고 있다. 강한 가족의 구호아래 세금과 보육제도를 중산층 까지 확대하려고 하고 있다. 그럼에도 불구 미국의 전통적으로 자조를 강조하는 자유주의 사상과 자본주의 사회는 부모의 탈가족화를 유도할 수 는 있어도 남성의 가족화를 위한 정책은 거의 부재하다는 측면에서 탈젠더화 정책에 한계가 있다고 보인다.

한국의 탈젠더화정책은 독일과 유사한 경향을 보이고 있다. 한국은 1990년대 전까지 가족정책이 부재했으며, 복지정책의 관심의 대상이 아니었다. 그러나 기혼여성의 경제활동을 증가는 보육이나 돌봄의 문제와 저출산이라는 사회적 문제를 가시화시켰다. 또한 기존의 여성운동과 여성 단체 활동이 점점 더 독립적이고 주체적인 성격을 지니면서, 여성 자체의 문제에 초점을 맞추기 시작하였다. 또한 여성운동의 제도권 편입으로 여성부, 여성정책연구원 등 제도화 과정을 통해서 여성의 욕구를 구체적으로 국가 정책에 반영하려는 의지를 보이고 있다. 1991년 제정된 영유아 보육법은 근로 중인 여성들이 다양한 보육시설에 맡길 수 있는 법적 정당성을 확보했고 1995년 육아휴직 장려금제도 신설, 직장 보육시설 지원 등을 통해 여성의 탈가족화 시키는 제도들이 만들어 졌다. 2005년 호주제 폐지는 가족 내 양성평등을 전제로한 가족정책의 패러다임으로 전환시켜주는 계기를 마련하였다. 특히 2004년 제정된 건강가족 법과 2007년 남녀평등 고용법 개정으로 인해 여성과 남성이 공적영역과 사적영역에 동시에 책임을 질 수 있도록 탈젠더적 관점을 반영하였다. 그럼에도 불구하고 이러한 정책들의 근본적인 목적은 저출산을 극복하기 위한 점과 2000년대부터 형성된 제도는 정착되기 전까지 탈젠더화 가족정책으로 자리잡는데 한계가 있는 것으로 볼 수 있다. 현재 한국 여성의 고용형태는 독일과 비슷하게 M자형으로 여성이 결혼과 함께 출산과 어린 자녀의 양육기간에 감소하다가 학령기 자녀가 되면서 여성의 고용이 증가한다는 점은 아직도 가족정책이 효과성 면에서 한계가 있는 것으로 보인다.

결론적으로 스웨덴, 독일, 미국, 한국의 탈젠더적 가족정책의 발전은 가족 내 탈젠더화를 지향하는 방향으로 수렴하고 있다. 여기에 대한 주요 요인은 여성의 경제활동 증가로 다양한 사회적 위험을 야기 시키면서, 기존의 여성의 탈상품화 정책으로 한계가 있었고 여기에 대한 효과적인 방안이 탈젠더화 가족정책이라는 점이다. 또한 스웨덴, 독일, 한국 여성운동의 정치권으로 편입된 제도화는 여성들의 욕구를 정책에 반영하도록 했으며, 가족정책에 젠더 평등을 고려하도록 했다. 반면 미국은 여성의 정치적 세력화가 약했고, 자유주의 성향이 강한 페미니스트들의 활동으로 가족 내 탈젠더화적 가족정책보다는 노동시장에서의 양성 평등에 관심을 두었다.

그럼에도 불구하고 네 국가들의 탈젠더화를 추구하는 가족정책의 목적은 젠더 평등보다 사회적 문제 해결에 있었다. 명목적으로 양성평등을 지향하는 스웨덴의 경우 여성 인력을 사용과 저출산 극복을 위한 것이 더 컸으며, 미국은 근로를 통해 복지급여에서 탈피하는 것, 그리고 독일과 한국은 저출산 극복을 위해서 탈젠더화 정책이 추구되고 있다는 점이다.

▌2▐ 가족 내 탈젠더화 성격의 가족정책 종류

가족 내 탈젠더화 정책은 여성과 남성이 가족 내 이중소득자이자 이중 돌봄자가 되어 남성과 여성사이의 역할을 함께 공유하는 것이다. 그래서 가족정책은 남성은 가족화로, 여성은 탈가족화를 유도하는 데 초점이 맞추어져야 한다. 여기서 그 대표적인 제도가 부모휴가제도와 조기 보육서비스이다.

부모 휴가는 오늘날 가족 내 탈젠더화를 위한 핵심 정책으로 간주되고 있다. 많은 연구들이(Ray, Gornick and Schmitt, 2009; Gornick and Meyers, 2008; Duvander, Ferrarini and Thalberg, 2006; Ferrarini, 2003; Sundström and Duvander, 2002; Korpi, 2000) 일과 가정양립정책, 양성평등지수, 가족친화정책, 여성친화정책의 핵심 지표로서 부모휴가와 공적 보육제도를 기준으로 하고 있으며, OECD 국가들과 UNDP, ILO, EU 등 국제기구들에서도 양성평등정책으로 부모휴가 확장을 주목하고 있다.

조기 아동을 대상으로 한 보육제도(Early Childhood Education and Care)는 여성들의 탈가족화 할 수 있는 핵심 요소이다. 사실 공적 보육정책은 전통적으로 여성의 노동시장 참여에 주요한 영향을 미친다. 즉 공적 보육서비스 확대는 여성의 노동시장 진출은 증가시키며, 이는 양성 평등을 도모한다. 양성평등을 위해서 국가는 공적 재정에 기반한 시설을 확충하여 보편적 프로그램으로 운영하거나 저렴한 비용으로 민간서비스를 이용할 수 있도록 함으로써 어린 자녀를 둔 부모가 적절한 근로조건을 형성시켜야 한다. 그런데 저렴한 민간이용은 서비스 질을 낮추며, 가족 내 돌봄의 책임이 여성의 몫으로 주어진다는 비판 하에, 공적으로 높은 질의 공적서비스가 오히려 부모의 탈가족화를 더욱 용이하게 할 수 있다

(Gornick and Meyers, 2008).

가. 스웨덴

스웨덴은 세계에서 양성평등을 추구하는 모범적인 나라이다. 여기의 핵심 토대는 보육서비스와 부모휴가제도이다.이 두 제도를 통해 스웨덴의 여성과 남성은 가족 내 이중 소득자 및 이중 돌봄 책임자가 될 수 있었다. 또한 아버지 할당제와 성평등 보너스제도를 통해 남성의 가족화를 유도하고 있기 때문에 세계에서 가장 높은 부모휴가 사용률을 가지고 있다. 2008년 유니세프의 조사연구기관 이노첸티 리서치센터는 경제협력개발기구(OECD) 회원국 등 25개국을 대상으로 유아 교육·보육 실태를 조사한 결과 보육관련 요구된 기준[52] 모두를 충족한 나라는 스웨덴일정도로(한겨레신문, 2008년 12월12일자) 보육제도가 잘 정비되어 있다.

1) 부모휴가제도: 부모휴가

스웨덴에서 부모휴가제도의 목표는 양성평등이다. 부모휴가제도는 시간정책과 소득보장정책으로 분류된다. 자녀 돌봄을 위해서 관대한 휴가기간과 유연한 시간사용은 남성들의 가족 내 책임을 강화시켜줄 수 있으며, 80%의 소득대체 급여는 노동이 중단된 기간 동안 적절한 생활을 유지할 수 있다는 점에서 남성의 가족화와 탈상품화가 동시에 추구된다고 볼 수 있다. 이는 역으로 여성의 상품화와 탈가족화를 유도하기 때문에 가족 내 남·녀 역할의 차이가 좁혀지고 가족 내 양성평등을 실현할 수 있다.

---

52) 유급 육아휴직 유무, 취약계층 영·유아 우선 지원정책, 정부지원 서비스, 훈련 받은 교사의 비율, 교사 대비 유아 수, 유아 교육과 보육에 지원되는 공공 예산 등 10개 항목

① **할당**

주요 대상은 18세 미만의 자녀를 둔 부모이다. 급여 조건은 둘 다 취업 상태이거나 구직 중, 또는 학업 중이어야 한다.

② **급여**

급여는 임신급여, 출산 및 입양관련 부모 현금급여, 한시적 부모 급여, 아버지의 달 적극적 아버지의 달, 성평등 보너스가 있다〈표 34 참조〉.

<표 34> 부모 휴가 급여

종류	내용
부모 휴가 급여	월평균소득의 80%에 해당하는 급여를 받을 수 있다. 부나 모가 시간제로 일을 하면서 하루 중 일부만 한시적 부모 휴가를 사용할 경우 근무한 시간에 대해서는 정상적인 급여를 받으며 근무하지 않은 시간에 대해서는 월 평균소득의 80%에 해당되는 급여를 받을 수 있다.
한시적 부모 급여	2007년을 기준으로 부모가 휴가를 사용하지 않고 조부모 또는 이웃이 아동을 간병한 경우 1일 180크로나의 급여를 지급받을 수 있다. 한시적 부모 급여는 세금을 지불해야 한다. 휴가의 남용 방지를 위해서 사회보장사무소는 직장과 가정에 확인 전화를 할 수 있으며 부정이 확인되는 경우 급여를 환수하고 해당자를 경찰에 신고해야한다(박승희 외, 2007).
아버지 달 (Dad`s days)	부모휴가 중 최소 2달은 아버지가 사용해야 한다.
성평등보너스 (gender equality tax bonus)	부부 중에서 봉급이 더 많은 사람이 부모휴가를 쓰는 것을 권장하기 위해 임금을 덜 받는 사람이 일을 계속할 경우 매달 약 3,000크로네 정도의 경제적 지원한다. 개인마다 보너스 금액은 그들의 임금수준과 함께 부부가 부모휴가 혜택을 얼마만큼 공유하느냐에 따라 결정된다.

③ 전달체계

휴가나 급여를 신청할 경우 부모는 고용주에게 신청하고 고용주가 기초자치단체의 사회보장사무소에 해당사실을 통보한다. 고용주가 부모휴가를 사용할 경우 본인이 직접 기초자치단체의 사회보장사무소에 통보해야한다. 사회보장사무소는 적절성 여부를 판단하여 휴가를 받은 부모에게 급여 제공한다(박승희 외, 2007).

④ 재정

부모보험 기금에서 충당하며, 부모보험기금은 고용주 기여금과 정부재원으로 구성된다. 고용주는 소득의 10%를 기여하며 기여금 전체 비용의 전체 85%를 충당하며, 정부는 나머지 15%를 담당한다. 부모급여는 지방보험사무국에서 관리된다(김영희, 2007).

2) 보육서비스: 공적 보육서비스(Public Child Care Service)

스웨덴 보육서비스는 스웨덴 정부에서 가족 내 탈젠더화를 추구하는 대표적인 정책이다. 1960년대 후반부터 스웨덴 정부는 공식적으로 가족내 이중소득자 모델(Dual earner model)을 공표하면서, 공적인 보육서비스를 확대하기 시작하였다. 공적 보육서비스의 확대는 바로 여성의 노동시장 진출을 장려하기 위함이었다. 전술했듯이 1960년대 경제 호황과 노동인구 부족은 여성인력의 필요성이 강구되었다. 특히 자녀를 둔 기혼여성인력의 활용을 위해 보육서비스 확대가 이루어졌다. 스웨덴은 1975년 유아교육기관법을 제정하여 사회 청에서 유치원과 탁아소의 통합되어 1976년과 1980사이 100,000여 개의 탁아소가 만들어졌다. 국회는 1976년 전국의 6세 이하의 아동을 유아교육기관에 수용하고자 하는 목표를 세우고 이를 위하여 1976년 기점으로 하여 각 지방자치제의 의무화를 시

컸다(이혜란, 1984).

① 할당

0세부터 12세 까지 대상으로 한다. 연령에 따라 부모의 근로 시간에 따라 시설 사용이 차등 적용된다. 특히 공공보육의 경우 부모가 근로하는 시민권자이거나 스웨덴 정부에 세금을 납부하는 거주민, 학생일 경우에 가능하다. 부모는 최소 주당 20시간 일을 해야 하며 둘 다 실업자일 경우 구직활동을 해야 한다.

② 급여

스웨덴 보육서비스는 주로 시설이나 가정에서 집단으로 보호하는 형태이다. 보육서비스의 종류는 상당히 다양하나 일반적으로 유치원과 어린이집, 가정 탁아소를 중심으로 운영되고 있다. 이들 시설들의 특징은 지역사회를 기반으로 하고 있다는 점이다. 아동들은 자신들이 거주하는 곳에 위치한 시설을 이용하는 것이 일반적이며 근무지역이나 타 지역 이용은 거의 불가능하다. 이들의 이사진들은 아동들의 부모로 주기적으로 시설과 관련된 회의를 열고 1주일 또는 한 달에 한번 정도 보육시설에 와서 자원봉사를 하기도 한다(박승희 외, 2007).

<표 35> 스웨덴 보육시설과 내용

종류	내용
가. 유아학교 (forskola, preschool)	취업 또는 학업 중인 부모의 자녀와 발달 장애를 가지고 있는 아동을 대상으로 보육과 교육이 제공되는 학교이다. 대상은 0세부터 12세까지 아동이다. 일반적으로 유아학교는 오전 6시 30분부터 오후 6시까지이며, 부모들은 매달 자녀가 기관에서 지내는 시간 및 수입, 자녀수에 따라 지방정부와 함께 비용을 부담하고 있다(홍인혜, 2006).
나. 시간제 유아집단 (deltidsgupper, part time groups)	4~6세 아동을 대상으로 하며 15~20명 집단으로 운영되며 오전 또는 오후에 하루 3시간 보육서비스를 제공한다. 시간제 유치원은 6세 아동에게 무료로 제공된다(홍인혜, 2006).
다. 어린이집(Daghem)	Daghem이란 주간의 집(Day home)으로 번역할 수 있으며 여성이 취업하고 있거나 학생일 경우 그 자녀 중 생후 6개월부터 학령 전까지 어린이를 종일 양육하는 곳이다(이혜란, 1984).
라. 유치원(Lekskola)	Paly school이란 뜻으로 1년간 기초학교 입학 전의 6세 아동에게 실시되는 프로그램이다(이혜란, 1984).
마. 가정탁아 (Familige daghem)	가정탁아소는 육아 담당자(childminder)가 자신의 집에서 아이들을 보호하는 시설을 의미한다. 이 시설은 1940년대 말 일반 탁아소가 집과 원거리에 있는 경우 자신의 자녀는 친인척 및 친구에게 부탁하였고 지방자치단체에서 원조하면서부터 시작된 가정탁아는 1968년 보조금이 도입된 이후 1980년대까지 확대되었다가 일반 보육시설의 증가로 그 이후 감소하고 있다(김영모·표갑수, 1998).
바. 개방탁아 (Oppen Förskola)	가정에서 아동을 보육하는 보모를 지원해주기 위해 법률적 지원과 보육교사를 이용하는 제도이다. 개방학교는 지역주민이 이용하기 쉬운 장소에 설치하여 자치단체에서 보육교사를 파견하고 주 이용자는 재택의 부모나 가정보육시설 보육 보호자들이다. 이 시설은 1972년부터 시작되었으며, 1991년까지 지속적으로 증가하다 현재까지 감소하고 있다. 개방학교의 목적은 부모와 아동보호자의 만남을 제공하고 그들에게 보육교사와 함께 아동을 위한 교육활동을 개발할 수 있는 기회를 마련하는데 있으며 육아나 생활상의 개별상담도 하고 있다(김영모·표갑수, 1998).
사. 방과후 센터 (Fritidshem)	방과 후 또는 학교의 휴일에 아동이나 학생들에게 보육시설을 제공하는 복지서비스이다. 아동들의 자주적인 활동으로 진행되며 아동지도원과 보육자는 아동의 놀이를 감독한다(김영모·표갑수, 1998).
아. 통합아동센터 (Joint Child Center)	탁아소와 유치원 방과 후 센터를 한 시설에서 통합적으로 함께 제공하는 것을 말하는데 오늘날 크게 권장되고 있다(이혜란, 1984).

③ 전달체계

스웨덴 보육제도는 중앙정부와 지방정부의 책임으로 역할이 분담된다. 의회가 보육시설의 확충 및 재정 등에 관한 법률을 제정하지만 실질적인 업무는 스웨덴 보건복지부가 관장한다. 보육행정은 중앙정부와 지방자치단체가 맡고 있는데 현행 보육제도의 도입기에는 중앙정부의 역할이 컸으나 1980년대 이후 보육시설의 감독 및 운영이 자방자치단체로 이양하였다(공인숙 외, 2005; 여성가족부, 2006).

아동을 맡길 부모는 원하는 공립과 사립의 보육시설을 선택하여 기초자치단체에 신청한다. 기초자치단체는 시설별로 신청한 순서에 따라 아동을 시설에 배정해준다. 한 시설에 정원이상으로 많은 아동이 신청하는 경우 늦게 신청한 아동을 기다려야 하며, 대기기간동안 타 시설에서 서비스를 받을 수 있다. 또한 각 시설에 해당 지역에 사는 아동만이 배정되는 것이 원칙이다. 만약 부모가 거주지가 아닌 직장이 있는 지역에 아동을 맡기고자한다면 기초자치단체의 허락을 맡아야 한다(박승희 외, 2007).

④ 재정

아동의 부모와 기초자치단체가 함께 부담한다. 아동의 부모가 이용료를 기초자치단체에 납부하면 기초자치단체에서는 부모의 납입금과 함께 시설에 필요한 지원비를 충당한다. 부모의 부담금과 기초자치단체에서 시설에 지급한 양육비는 보육시간, 아동 수, 아동연령, 시설종류, 서비스 종류 등에 따라 차이가 있다(박승희 외, 2007).

3) 기타: 개별과세제도

부부 개별(분리)과세 제도의 개혁은 여성의 근로유인을 목적으로 하고 있었다. 1971년 스웨덴 정부는 가족 내 양성평등을 위해 부부 합산 과세

(Joint tax)에서 부부 개별과세제도(individual tax)로 개혁이 이루어졌다. 누진세 형식과 결합된 개별과세제도는 가족 내 한명의 고소득자보다 2명의 저소득자 또는 중간소득자에게 유리한 제도이다. 그러나 1990년대 까지 가족과 관련된 세금공제는 피부양 배우자를 포함하고 있다는 점은 완전히 개별과세의 제도로 정착되지 못했음을 보여주고 있다(Ferrarini and Duvander, 2008).

부부 개별과세 제도는 여성이 유급노동을 통해 그들의 남성으로부터 독립할 수 있도록 하는 것이었다. 결과적으로 오늘날 여성의 76%와 남성의 81%가 노동시장에 참여하고 있다. 모든 종류의 직업은 여성에게 개방하고 있으며 여성들은 금단의 구역인 목사, 군인. 소방서, 경찰서 등에서 종사하고 있다.

나. 독일

전술했듯이 1990년대 이후 독일은 유럽에서 가장 심각한 저출산 문제에 직면하게 되었다. 그 주요 원인을 여성의 경제활동 증가로 독일의 기존의 남성생계부양자 모델에 입각한 가족정책으로는 이러한 인구학적 문제에 대처할 수 없었다. 이러한 문제로 인해 오늘날 독일은 정치적 성향에 상관없이 가족 내 탈젠더화 정책을 추구하고 있다. 기민당(CDU)과 기사련(CSU) 그리고 사민당(SPD)의 대연정을 통해 "아이들에게 엄마가 필요하다. 하지만 아버지 또한 필요하다(Kinder brauchen Mütter, Kinder brauchen aber auch Väter)."는 모토 아래 적극적으로 저출산 문제를 해결하고자 노력하고 있다.

1) 부모휴가제도 : 부모 휴가(Elternzeit)

독일의 부모휴가제도는 오늘날 대표적인 탈젠더화적 성격을 지닌 가족정책이다. 독일의 계속되는 저출산의 원인이 직장여성들이 출산을 거부하는 것으로 지적되면서 독일은 기존의 탈상품화적 성격에서 탈젠더화적 성격으로 정책의 성격을 변화화시키고 있다. 여기에 대한 표현이 바로 부모휴가제도였다. 부모휴가제도는 특히 남성의 아비저의 역할을 강조하기 위해서 2001년 새로이 법률이 개정되면서 종전 '육아휴직(Erziehungsurlaub)'이라는 용어가 '부모휴가(Elternzeit)'로 변경되었다(Bleses and Seeleib-Kaier, 2004; 장자연 외, 2005).

① 할당

육아휴직을 이용할 수 있는 대상자가 되려면 다음과 같은 조건을 만족해야 한다〈표 36 참조〉.

<표 36> 육아 휴직 급여 대상자

첫째, 자녀의 생모나 생부이다. 이들은 혼인유무에 상관없이 생모는 육아 휴직에 대한 요구권을 가지고 있다. 그러나 혼인하지 않은 상태에서 생부가 육아휴직을 요구하려면 자기 아이를 입양하거나 생모와 함께 아동복지국이나 공증인에게 부양선언서를 제출하여야 한다. 둘째, 아동의 후견인 셋째, 아동을 돌보고 있으며 후견재판소에서 보호자로 인장 받은 자 넷째, 양모나 양부 다섯째, 의붓 어머니와 의붓아버지 여섯째, 양육권이 없는 생모나 생부인 경우 양육권이 있는 생모나 생부가 아이의 양육을 동의해야 한다.

부모휴가를 사용할 수 있는 조건을 갖춘 남성 및 여성 근로자는 육아 휴직을 사용할 수 있는 기간에 한해 근로시간 감소를 요구할 수 있다. 노동자가 근로시간 감소를 요구할 수 있는 전제조건은 첫째, 해당 사업장에 통상 15명 이상의 근로자가 종사해야 한다. 단 직업양성교육생은 여기서 제외된다. 둘째, 6개월 이상 고용되어 있으며 셋째, 근로계약서에 합의된 정규 노동시간이 최소한 3개월간 주 15~30시간으로 줄어들며 넷째, 근로시간을 감소하더라도 사업장 운영에 지장이 없어야 하며, 다섯째 8주일 이전에 사용자에게 문서로 요구를 하여야 한다(이규용 외, 2004).

② 급여

a. 부모휴가 급여

부모휴가는 3년간을 원칙적으로 자녀의 연령이 만 3세까지이고 개월 단위로 사용가능하다. 부모휴가는 출산 다음날부터 사용할 수 있다. 부모휴가의 일부 기간을 나중에 사용하려면 사용자의 동의를 얻어 최장 12개월간까지 사용가능하다. 부모휴가는 아이의 나이가 만 8세 될 때까지 사

용할 수 있다. 입양아인 경우에는 입양한 날부터 3년간이며 최장 아이의
나이 만 8세까지 사용할 수 있다. 부모휴가는 부모 중 한명 또는 부모가
동시에 사용가능하다. 부모휴가기간을 합쳐서 한 자녀 당 최장 3년으로
제한하고 있다. 부모들은 총 4번에 나누어서 사용할 수 있다. 부모휴가동
안에 아이가 사망할 경우에는 사망일로부터 3주일 이내에 부모휴가가 종
료된다(이규용 외, 2004).

b. 부모휴가 중 근로 시간 감소 요구

부모휴가 대상에 적용되는 근로자가 부모휴가를 사용할 수 있는 기간
중 2번 근로시간 감소를 요구할 수 있다. 사용자가 근로자의 근로시간
감소요구를 거절하면 4주 전에 문서로 거부사유를 고지해야 한다. 만약
사용자가 근로시간 감소 요구를 거부하거나 적절한 시기에 동의하지 않
을 경우 근로자는 노동법원에 소송할 수 있다(이규용 외, 2004).

c. 부모휴가 동안의 연차 휴가

부모휴가를 사용하는 기간에는 연차휴가일이 감소한다. 부모휴가
이전에 사용하지 않은 연차휴가일수에 대해 부모휴가가 종료된 이후
사용가능하다. 육아휴직 동안 또는 부모휴가에 이어 근로관계가 종
료되면 사용자는 사용하지 않은 연차유가일수에 대해 금액으로 지급
해야 한다(이규용 외, 2004).

d. 해고로부터 보호

육아휴직 신청일부터 종료일까지 사용자에 의한 해고는 금지된다. 예
외적인 경우는 주정부 산하 노동보호 담당기관(Gewerbeaufsichtsamt)
의 허가를 받아야 한다〈표 37〉.

<표 37> 해고로부터 보호받을 수 있는 조건

① 해당 근로자가 근로한 사업장이 조업을 중단했고 다른 사업장에서 계속 종사할 수 없는 경우
② 해당 근로자가 근로한 사업장 부서가 조업을 중단했고 사업장의 다른 부서에서 계속 종사할 수 없는 경우
③ 해당 근로자가 근로한 사업장이나 부서가 이전하여 계속 근로할 수 없는 경우
④ 위의 ①~③항에 해당하는데, 사용자가 제공한 다른 적절한 일자리에서의 근로를 노동자가 거부할 경우
⑤ 부모휴가 종료 후 근로관계를 지속하는 것이 사업장의 존립이나 사용자의 경제적 존립에 피해를 입히는 경우
⑥ 근로자가 근로계약상의 의무를 현저하게 위반하여 지속적인 근로가 불가능한 경우

*출처: 이규용 외(2004), 부모휴가 활용실태와 정책과제에서 재구성

③ 전달체계

자녀 출생이후 산후 휴가에 이어 바로 부모휴가를 사용하려는 근로자는 최소한 부모휴가 사용하기 6주전, 이외의 경우 최소 8주전 사용자에게 문서로 신청해야 하며, 앞으로도 2년 동안 미라 육아휴가 일정을 고지해야 한다. 사용자는 근로자가 부모휴가 조건에 해당하면 신청을 거부할 수 없다(이규용 외, 2004).

2) 보육 서비스: ECEC

통독 후 독일의 보육정책은 탈젠더화 성격을 지향하게 되었다. 그 이유는 대략 사회주의 국가였던 동독의 보육의 사회화의 영향과 심각한 독일사회의 저출산으로 인한 인구학적 위험, 그리고 국제적으로 양성 불평등한 국가 정책의 비판[53]은 더 이상 보육이 가족 내 여성의 책임으로 전

가할 수 없었다. 이러한 문제인식은 정당, 정부, 경제 조직54) 등의 의식을 변화시켰으며, 적극적으로 보육시설의 확장을 도모하고 있다. 당시 통독 후 아동보육제도는 조기 아동기 교육과 보육제도(Early Childhood Education and Care: ECEC)로 이 제도는 3세 이상의 아동들에게 보편적인 보육, 교육을 보장해주는 반면 ECEC는 3세 미만의 아동들에게는 공공 아동보육서비스를 거의 제공하지 않았다. 2002년 기준으로 3~6세 아동의 88%는 아동보육서비스를 받고 있는 반면 3세 미만은 3%에 지나지 않았으며 공적으로 이용되는 시설의 수는 극히 미흡하다. 이 수치는 1990년 서독의 현황과 거의 유사했다는 점이다. 게다가 자녀를 유치원에

---

53) 국제적으로도 독일의 아동보육시설의 미비는 비난을 받게 되었다. EU(유럽연합), OECD, UN 등에서는 공통적으로 독일 젠더 불평등의 원인으로 아동보육시설의 확장을 요구하면서 최근 보수당 연합에게도 아동시설확장을 해야 한다는 위기의식을 불러 넣었다. OECD는 독일의 아동보육서비스 측면에서 부정적인 견해를 밝히면서 이슈화 되었다. 독일에서 남성의 임금과 여성임금의 차이가 22%차이는 유럽연합의 평균이 15%인데 반해 상당히 높은 편이었으며, 아동보육아 아동 지원수준은 유럽 국가들에 비해 상당히 미흡했었다. EU 통계에 의하면 평균 유럽의 3세미만의 공적 보육서비스가 20%인데 비해 독일의 경우 5%미만이었다는 점이다. 특히 출산율이 1,36이며, 여성의 경제활동율이 60%미만인 점은 유럽의 밑바닥을 차지하고 있었다. 특히 유럽연합 위원회는 양육시설(nursery places)의 부족과 유치원(kindergartens)의 제한된 시간에 대해서 비난하였다. 2007년 3월 8일 국제 여성의 날 유럽연합 위원회는 회원국의 양성평등 수준을 발표하였다. 이전 독일은 교육면에서 양성평등수준에 비판을 받았으나 최근 양성평등수준이 낮고 아동보육서비스가 미비하다는 점을 비판하였다(Bode and Nees, 2007). 이러한 비판은 최근 독일 국내 정치에 받아들여 양성평등을 지향하는 보육서비스의 확대를 강화시키고 있다.
54) 경제연합은 학령전 교육을 개선시켜야 한다고 강조하였다. Jürgen Hambrecht, chairman of the board of BASF은 가족모델은 취업모들이 일과 병행할 수 있도록 해야 함을 강조하면서 미래에 양질의 우수한 인력을 인력시장에 배치하기 위해서도 지식은 미래 독일 경제를 이끌어갈 추동력이 될 수 있다고 주장하면서 여성인력의 중요성을 다시한번 강조하였다(Bode and Nees, 2007).

맡긴다하더라도 대다수의 학교는 자녀가 집에서 점심을 먹도록 하고 있기 때문에 취업모의 전일제 고용에는 한계가 있다(정재훈, 2008; Clearinghouse, 2009). 이러한 점은 결국 유럽에서 가장 낮은 출산율이라는 인구학적 위기를 초래하게 되었다. 결국 독일의 전형인 남성생계부양자 체제의 전환을 요구되었고 독일 정부와 정당들, 경제 단체는 긍정적으로 받아들여 최근 수정된 남성생계부양자 체제로 전환되었다.

<표 38> 년도별 연령에 따른 보육시설 등록 현황

(단위: %)

	0~3세 미만	3~6세 미만	6~12세
1975	1 미만	66	-
1985	1.6	69.3	3.0
1990	1.8	69.0	3.4
1995	2.2	73.0	3.5
1998	2.8	86.8	5.9
2000	7.0	89.5	12.6

① 할당

독일은 연령에 따라서 보육서비스가 다르다. 0세~3세미만을 위한 보육시설, 3~5세를 위한 유치원, 5~6세 중간학교 등을 이용할 수 있다.

② 급여

영유아 보육서비스는 크게 보육시설, 가정 보육모, 유치원으로 분류할 수 있다. 보육시설은 부모가 학업 및 취업 중일 경우 부모의 요구에 따라 시간제와 전일제로 아동을 맡길 수 있으며, 영유아보호, 사회화 및 교육 기능을 아동을 담당한다. 유치원은 유아의 보호, 사회화, 발달 및 교육

기능을 강조하고 전일제 및 반일제로 운영된다. 초등학교 준비와 연계를 위해 5~6세 아동을 위한 중간학교와 유아학교를 운영하는 유치원도 있다.

③ 전달체계

보육시설은 청소년 가족 여성보건부의 보건사회정책부의 보건사회정책국에서 담당하고 있으며 유치원은 교육과학부에서 관할한다(박선하, 2005). 일반적으로 독일의 아동보육은 지방정부가 민간 아동보육시설을 이용할 수 있도록 보조해준다. 보육서비스의 경우 시설 건축 및 설치비는 구립의 경우 지방정부 50%, 해당구청이 50%를 담당하며, 구립이 아닌 경우 최소 75%, 비영리법인인 경우 90~95%까지 보조해준다. 독일 정부는 공공보육이 상당히 풍부하기 때문에 부모가 받는 급여를 통제할 수 있다.

④ 재정

게다가 시설 운영은 정부와 부모의 이용료로 충당된다. 시설 운영비의 경우 부모가 20~25% 분담하며 나머지 비용은 지방정부와 구가 80% 담당한다(박선하, 2005).

<표 39> 독일의 보육서비스 종류 및 내용

구분	보육시설	가정보육모	유치원
자산조사	빈곤가정신청시	–	빈곤가정 신정할 경우
관할	연방정부 여성 및 청소년부, 지방정부, 복지국, 청소년부	연방정부 여성 및 청소년부, 지방정부, 복지국, 청소년부	연방정부 여성 및 청소년부, 지방정부, 복지국, 청소년부
규제	연방정부아동청소년복지법, 지방정부보육법	연방정부아동청소년복지법, 지방정부보육법	연방정부청소년복지법, 지방정부유치원법
감독	지방정부시설관리 재정지원	지방정부등록, 승인	지방정부시설관리 재정지원
수급자	직업훈련중인 부모	–	일반가정
이용연령	6개월~3세	0~3세	3~5세
재정	지방정부설치, 운영비지원부모비용	정부지원, 부모비용	공공80%, 부모20%

*출처: 박선하(2005), "공보육도입을 통한 한국의 저출산 문제의 극복방안", 서강대학교

다. 미국

엄밀한 의미에서 미국의 탈젠더화 정책은 존재하지 않는다. 단지 부모의 탈가족화를 유도한다는 의미에서 탈상품화 성격보다는 탈젠더화 성격에 유사하다고 볼 수 있다. 보육제도의 경우도 저소득 층 중심으로 지원되기 때문에 완전한 탈젠더화 정책이라고 볼 수 없다. 그러나 연방정부에서 제정된 보육관련 법들은 중산층 보육시설까지 적용된다는 점과 일부 조세정책을 통해 가족의 보육 부담을 감면해준다는 점, 그리고 비록 무급이지만 연방정부 차원에서 부모휴가제도인 가족 간병휴가가 있다는 점은 가족 내 탈젠더화를 높여줄 수 있는 정책이라고 볼 수 있다.

1) 부모 휴가제도: 가족 의료 휴가 제도
(Family and Medical Leave Act)

미국은 스웨덴과 독일처럼 국가적 차원에서 유급의 부모휴가제도가
존재하지 않는다. 단지 연방정부 차원에서 무급의 가족의료 휴가 제도와
조세제도를 통해서 근로 가구의 시간과 소득을 보장해주고 있을 뿐이다.
그럼에도 불구하고 이들 프로그램들이 명목적으로 성별에 상관없이 두
부모에게 적용되고 있다는 점으로 볼 때 가족의료 휴가제도는 남성의 가
족화를, 조세정책은 여성의 탈가족화 시킨다는 점에서 탈젠더화 성격을
가지고 있다고 볼 수 있다. 특히 부모 휴가 및 급여 정책과 세금제도는
미국의 다른 복지 프로그램이 빈곤계층을 대상으로 이루어져 있는 것과
는 달리 중산층을 위한 정책으로도 볼 수 있다.

① 할당

가족의료휴가제도(The Family and Medical Leave Act; FMLA)는
1993년 제정될 당시, 50명 이상의 산업체만 해당되었으며, 휴가를 신청
하기 전 최소한 1,250시간 근로를 해야 한다. 또한 휴가를 사용하기 위해
서 자녀 출산, 자녀 입양, 위탁, 개인 및 가족의 질병상태 여야 한다. 그리
고 고용주는 건강보험에 납입하고 있어야 한다〈표 40 참조〉. 그러나 가
족의료휴가제도는 동성애자, 양성애자, 트렌스젠더 근로자에게는 휴가를
법적으로 허용하고 있지 않기 때문에 같은 성의 배우자나 파트너는 가족
의료휴가제도 급여를 받을 수 없다.

<표 40> 가족의료휴가 수급대상

- 근로자의 출산 및 출산자녀 보육
- 위탁이나 입양 자녀를 한 근로자
- 배우자. 자녀, 부모와 같이 직계가족의 심각한 질병으로 인한 돌봄 사유
- 자신의 심각한 질병으로 인해 근로할 수 없는 경우의 의료휴가(medical leave)

---

② 급여

가족의료 휴가(Family and Medical Leaves)는 무급이다. 그러나 미국의 5개의 주 캘리포니아, 하와이, 뉴저지, 뉴욕, 로드아일랜드에서는 10~12주정도 한시적 유급 장애급여를 통해서 제공되기도 한다. 가족의료휴가제도휴가 기간 동안 고용주들은 근로자의 "단체보건 기획(Group health plan)"하에 근로자 및 근로자 가족의 건강을 유지할 수 있도록 해야하며, 직장 복귀 시 휴가 전과 같은 동등한 대우를 해주어야 한다.

휴가는 의료처지의 필요도에 따라 분할하여 사용 가능하다. 게다가 근로자들은 고용주들의 경영이나 직장에 손실이 없도록 휴가 계획을 할 것을 요구받고 있다. 근로자는 휴가기간 중 유급휴가(Accrued Paid Leaves)를 신청할 수 있다. 가족의료휴가제도의 유급휴가를 받고자 하는 경우 근로자는 고용주의 유급휴가 정책(normal paid leave policy)에 순응해야 한다.

③ 전달체계

근로자는 휴가를 신청하기 위해서는 30일전에 미리 고지해야 한다. 30일 사전에 고지할 수 없다면, 고용주가 요구하는 절차(employer call in procedure)에 따라야 한다. 근로자는 고용주가 휴가에 대한 적격 심사를 할 수 있도록 충분한 자료를 제공해야 한다. 고용주는 근로자에게 휴가허용 여부를 구체적으로 알려야 하며 허용하지 않을 경우 그 이유를 명시

해야한다.

④ 재정

가족의료휴가제도는 총괄예산조정법(Omnibus Budget Reconciliation Act), 미국 장애인법(the Americans with Disabilities Act), 미국 건강 보험 이동 및 회계책임법(the Health Insurance Portability and Accountability Act)에서 급여가 관리된다.

2) 아동 보육 서비스: 조기 아동기 교육 및 보육 프로그램 (Early Childhood Education and Care: ECEC)

전술했듯이 미국은 이중소득자 상품화된 돌봄 책임자 국가이다 (Crompton, 2001; 김수정, 2004; 김철주, 2004). 가족 내 부부는 노동시장에서 전일제로 근무하지만 아동 돌봄의 책임은 시장에 의존하는 특성을 가지고 있다. 그렇기 때문에 미국의 대표적인 공적 보육정책인 조기 아동기 보육프로그램(Early Childhood Education and Care: ECEC)은 저소득 계층을 중심으로 지원하는 잔여주의 성격이 강하며 일반 가정의 아동들은 시장과 비영리기관에 보육에 의존하는 경향이 크다. 그렇기 때문에 미국의 공적 보육서비스는 가족 내 탈젠더화 측면에서 한계가 있으며, 오히려 빈곤여성의 탈가족화와 그 맥을 함께 한다고 볼 수 있다.

① 아동보육 프로그램의 종류와 주요 내용: 아동보육개발기금, 헤드스타트, 유치원 및 학령전 보육 프로그램

a. 아동보육 개발 기금(Child Care and Development Fund)[55]

아동보육개발기금(CCDF)은 아동보육서비스와 아동보육의 질적 향상

---

55) Child Care and Development Block Grant(CCBC)로 불리기도 함.

을 위한 연방정부의 주요 프로그램이다. 저소득 계층 부모들과 한시적부조프로그램(TANF) 수급자들이 주요 대상으로 이들은 근로를 위해 직장에 가거나 교육 및 직업 훈련에 갈 수 있도록 지원해준다. 이 기금의 주요 목적은 모든 주, 특별 구, 원주민 지역 등에 속한 저소득 가구에게 보육서비스에 필요한 재정적 지원을 함으로서 (1) 모든 주의 자율성을 최대한 높여주고 있다. (2) 근로 부모의 선택권을 최대로 존중하고자 하고 있다. (3) 기금은 각 주들이 이용자들에게 정보를 제공하게 함으로써 부모들이 아동보육서비스를 위해 좋은 정보를 얻게끔 하고 있다. (4) 또한 저소득층 부모들이 공공 보육서비스를 이용함으로서 그 시간 중 근로함으로써 공공부조에서 탈피하도록 도모하고 있다. (5) 모든 주들이 합법적이고 안전하고 건강한 규정을 만들 수 있도록 지원하는 것이다.

(a) 할당

주요대상은 저소득 계층, 한시적부조프로그램(TANF) 수급자, 공공부조에서 탈피하기 위해서 근로 중이거나 직업훈련 및 교육을 받고 있는 사람들이다. 이들은 아동보육개발기금(CCDF)을 받기 위해서는 취업 상태에 있어야 한다.

(b) 급여

아동보육개발급여(CCDF)는 아동보육서비스를 중심으로 사용되고 있다. 급여형태는 일반적으로 바우처 형식으로 주어진다. 자격조건을 갖춘 대상자들은 바우처를 통해 본인들이 원하는 보육서비스를 선택 할 수 있다. 이외에 아동보육개발 기금은 서비스 대상자 발굴, 상담서비스, 기관연계 등 대상자들이 적절한 서비스를 이용할 수 있도록 도움을 주고 있으며, 공청회, 연구 등을 통해 양질의 서비스를 제공하려고 노력하고 있다.

(c) 전달체계

아동보육개발기금(CCDF)은 미국 보건복지부 아동 및 가족 행정국(the Administration for Children and Families) 산하 아동보육실(Child Care Bureau)에서 담당한다. 중앙정부는 아동보육개발기금(CCDF)을 관장하고 있는 주와 미국 자치령(Territories)은 아동보육프로그램을 수행하는 연방정부, 여러 주정부, 조직들과 협력하여 업무를 수행한다. 주정부와 미국 자치령 공공기관들은 정부조직과 비정부조직이 프로그램을 이행할 수 있도록 허용하기도 하며 수급자 결정, 지불수행 능력(payment processing responsibility)에 대한 책임을 맡고 있다.

(d) 재정

아동보육 개발 기금을 위해서 경제회복법 기금(Recovery Act funds) 중에서 20억 달러는 수급자들이 일하고, 구직활동하고 직업훈련 및 교육을 받기 위해서 전 지역으로 할당된다. 이 프로그램은 아동보육발달 포괄 교부금법(Child Care and Development Block Grant Act)과 사회보장법(Social Security Act) 제 418장(section 418)을 근간으로 하고 있다.

b. 헤드스타트

헤드 스타트 프로그램은 미국에서 가장 장기간 운영되고 있는 공적 빈곤 프로그램이다. 1960년대 기혼 여성의 급격한 노동시장 진출로 인해 공급에서 아동보육서비스의 욕구가 높아지면서 헤드스타트 프로그램이 시작되었다. 헤드스타트 제도가 만들어지기 전에 빈곤가구를 대상으로 한 주간 아동보육(day care)서비스와 중산층을 위한 학령 전 유아원

(nursery school)이 있었으나, 아동의 지속적인 학습능력향상을 위해서 조기 아동교육이 필요하다는 인식이 제기되었다. 1960년대 존슨 대통령의 빈곤과의 전쟁 프로그램을 진행하는 과정에서 빈곤 계층을 위한 조기 아동교육제도가 만들어질 수 있었다. 이것이 바로 헤드스타트(Head Start)였다. 2007년 12월 재승인 받은 헤드스타트 프로그램은 연방정부 보조금을 증가시키고 수급대상자를 확대하였으며, 2012년까지 프로그램이 유지되도록 하였다.

(a) 할당

헤드스타트(Head Start)는 조기교육이라는 의미로 학령 전 아동을 주요 대상으로 하고 있다. 헤드 스타트는 3~5세 저소득 가구 아동들의 건강한 발달을 위한 프로그램이므로 주요 계층은 저소득 아동들을 중심으로 구성되며 여기에 노숙자, 아동, 장애인 등도 포함하고 있다. 이 프로그램은 아동과 가족의 상황에 따라 아동의 발달과 학습의 측면에서 다양한 서비스를 제공한다. 이민자 자녀와 계절 농업 근로자 자녀는 그들이 거주하는 지역에서 소득 및 헤드스타트 서비스와 같은 서비스들을 받을 수 있다. '미국 인디언-알레스카 원주민을 위한 프로그램 지부'는 미국인디언과 알레스카 원주민 가족의 아동들에게 제공하는 서비스로 학교에서 독서 능력을 향상시키거나 영양, 교육, 사회화 등과 같은 서비스를 제공한다.

<표 41> 헤드 스타트 적용 대상자

대상		내용
저소득층 자녀		실제적으로 빈곤선 이하의 아동을 대상으로 하고 있으나 총소득이 빈곤선 이상이라 하더라도 TANF와 같이 공공부조 대상자나 위탁아동도 대상이 될 수 있음. 일반적으로 저소득 가구는 빈곤선 100~130%임56)
연령	0~3세 이하 및 관련 가족	early head start의 대상이 됨. 임신한 여성도 포함
	3세~6세 및 관련 가족	Head Start의 대상
장애아동		Head Start 프로그램 참여 아동 중에 최소 10%이상은 장애아동이 포함되어야 함. 장애 아동은 장애유형에 따라 개별교육계획(Individualized Education Plan)이나 개별가족서비스계획(Individualized Family Service Plans)를 수립하여야 함. 장애아동이 많지 않으면 일반아동에게 자격을 부여함.
중산층 아동		지역내 프로그램에 자리가 있을 경우 일반가정 아동도 참여 가능함
대기자		지역내 Head Start 프로그램을 실시하는 시설에 선정기준에 합당한 아동이 많을 경우 대기자 명단에 올려놓은후 자리가 비면 즉시 프로그램에 참여할 수 있음

*출처: 미국 보건복지부 아동 및 가족 행정국 Head Start 사무소

56) 2009년 48개주와 콜롬비아 특별구 빈곤선 및 헤드 스타트 빈곤선 지침

가구 수	빈곤선(Poverty guideline)
1	$10,830
2	14,570
3	18,310
4	22,050
5	25,790
6	29,530
7	33,270
8	37,010
1명 추가시 3,740 증가	

*출처: 미국 보건복지부 아동 및 가족 행정국 Head Start 사무소

(b) 급여

헤드스타트법(Head start ACT)은 (1) 헤드스타트 프로그램을 아동의 학습능력 향상과 (2) 저소득 아동 원조, 그리고 (3) 저소득 층 부모의 근로유인이라는 대략적인 세 가지 목적을 명시하고 있다. 앞의 두 가지 목적은 헤드스타트(HEAD START Act)의 주요 목적을 저소득층 아동의 인지적·사회적·정서적 발달을 강화시킴으로서 학교생활에 잘 적응(readiness)하기 위함이라고 명시하고 있다. 이를 위해서 아동의 언어능력, 문맹퇴치, 수학, 과학, 정서기능, 창조적 예술능력, 물리적 기술, 학습의 접근성 등을 지원하기 위한 학습 환경을 조성하는 것이다.

ⓐ 조기 헤드스타트(Early Head Start)

조기헤드스타트(Early Head Start)는 참여아동의 신체적·사회적·정서적·지적 발달을 목적으로 하고 있다. 이러한 서비스는 가족과 아동의 욕구와 환경에 대응하여 적절한 서비스를 보장하고 있으며 긍정적인 아동과 부모의 상호작용을 향상시킬 수 있도록 한다. 이 프로그램의 특징은 지속적이고 집중적이며(intensive), 포괄적이며, 시기적절하며(early)의뢰적인(referral) 등 다양한 성격을 가지고 있다.

<표 42> 조기헤드스타트 급여내용

종류	내용
㉮ 부모역할 훈련 프로그램	서비스는 아동발달을 위한 부모기술 및 훈련과 같이 부모의 역할을 충실히 할 수 있도록 역할지원서비스와 가족이 교육 및 고용서비스를 통해 자립(self-sufficiency)할 수 있도록 돕는 서비스를 지원하고 있다.
㉯ 조정서비스	미국의 주에서 조정서비스(coordinate services)는 포괄적인 여러 개의 서비스를 보장하기위해서 지역사회내의 프로그램과 주에서 프로그램을 제공하고 있다. 외상과 같은 행동적 문제가 있는 아동들이 적절한 의료검진(screenning)이나 의뢰를 받을 수 있도록 도와준다.

㉣ 연계서비스	아동과 가족이 지속적인 서비스를 받기 위해서 지역 Head Start 프로그램과 연계시켜준다. 조기헤드스타트(Early Head Start program)에서 헤드스타트(Head Start program)으로 전환 중이거나 다른 지역의 조기헤드스타트(Early Head Start program)로 옮기려는 아동들과 부모들에게 체계적인 절차를 밟을수 있도록 도와준다. 조기헤드스타트(Early Head Start program)의 직원과 헤드스타트프로그램(Head Start program) 및 기타 지역 제공자와 교류의 통로를 만들어 프로그램이 서로 협력(coordination)할 수 있게 해준다. 헤드스타트프로그램(Head Start program)을 운영하는 기관들에게 프로그램에 참여하는 가족과 아동이 연령에 따른 적절한 서비스를 받을 수 있도록 보장해야 한다. 미국 장애인 교육 법(Individuals with Disabilities Education Act)하에 장애를 가진 유아(infants and toddlers)들에게 초기 개입서비스를 제공자를 연계해주고, 아동학대 예방 및 치료법 제 106항(Section 106 of the Child Abuse Prevention and Treatment Act)에 따라 운영하는 기관들과 연계서비스를 제공해야 한다.

ⓑ 헤드스타트(Head Start)

헤드스타트(Head Start)는 3세에서 5세 사이의 저소득 아동을 위한 건강한 발달을 위한 프로그램으로 아동과 가족의 유형에 따라 서비스 프로그램이 다양하다. 일반적으로 서비스의 내용은 교육, 건강, 사회서비스로 나눌 수 있다. 교육서비스는 미국 학령전기 교육에 적합한 교육프로그램을 중심으로 이루어지고 있다. 건강서비스는 건강검진, screening, 치과치료 등이 있다. 사회서비스는 부모 역할을 잘 수행할 수 있으며 가족이 지역사회 자원에 접근할 수 있는 프로그램을 중심으로 운영되고 있다.

ⓒ 전달체계

헤드스타트(Head Start)는 1969년 닉슨행정부 시절 복지부산하 아동
발달 사무소에서부터 시작되었으며, 1995년 보건복지부 산하 아동 및 가
족 행정국으로 이전되었다. 프로그램은 학교 시스템과 같은 비영리조직,
지역 교육기관에 의해서 운영된다. 프로그램을 진행하는 헤드스타트센터
(Head Start Center)는 지역을 기초로 설립되며 주로 군지역(County), 읍
(town), 대도시 등 지리적으로 구분하여 서비스 단위지역으로 구분한다.
이용자는 헤드스타트(Head Start) 인터넷 홈페이지를 통해 자신의 집과
지리적으로 가까운 곳을 찾을 수 있다. 센터는 직원이 항시 대기하고 있
으며, 대상아동선정, 서비스 기관 연계, 프로그램 진형 등을 담당하고 있
다(박순자, 2007).

ⓓ 재정

헤드스타트(Head Start)는 보건복지부 산하 아동 및 가족 행정국
(Administration for Children and Families, AFC)의 헤드스타트 사무실
(Office of Head Start)에서 전적으로 담당하고 있다. 보건복지부는 지청
을 통해 지방공공기관, 민간비영리조직 및 영리조직, 학교 등 지역에서
헤드스타트(Head Start) 프로그램을 개진하는 기관에 운영예산을 지원한
다(박순자, 2007).

2005년까지 2천2백만 명 이상의 학령 전 아동이 헤드 스타트에 참여
하고 있다. 2009년에 68억 달러가 국가 예산에서 9천만 5천명 아동을 위
해서 사용되어질 예정이며, 이 중 57%는 4세 이상의 아동들이며, 43%는
3세 이하의 아동들이었다. 서비스는 아동 당 평균 7,222달러 총지출로
전국에 걸쳐 흩어져있는 4,800개의 이상의 학급(Classrooms)을 운영하
면서 1,605개의 다양한 프로그램을 제공하고 있다.

C. 유치원 및 학령 전 보육 프로그램
(Kindergarten/Preschool programs)

미국의 유치원 및 학령 전 보육프로그램은 저소득 계층 뿐만 아니라 중상층의 자녀들도 포함하고 있다. 이러한 미국의 보육서비스는 기혼여성의 노동시장 진출 증가와 여성가구주의 증가로 인해 점진적인 발전을 하고 있다. 특히 1980년대 보육시설에 대한 요구가 정점에 이르면서 100여 개 이상의 보육관계법안이 국회를 통과하였다. 그러나 '작은 정부'를 표방하는 한 레이건 대통령의 거부권(Veto point)에 의해 보육 시설 설립이 억제되었다. 이 시기 보육서비스에 대한 식비지원과 공적 서비스 원조가 3분의 1로 축소되었다. 그런데 정부의 정책과는 반대로 여론은 모든 아동과 가정에 대한 공적 자금을 지원하자는 생각이 확산되면서 1989년 13개의 정부기관이 93개의 유아 서비스에 관련된 프로그램을 전개시켰고 그 중 22개가 보육에 관한 프로그램이었다. 게다가 1990년 보다 나은 아동보육을 위한 법(Act for Better Child care, 1990)이 만들어졌다. 이 법에 근거하여 연방정부에 의한 과감한 종합적인 보육정책의 첫걸음이 시작되었다. 보육에 대한 세금공제와 질 높은 프로그램 확충을 위해 책임이 주정부에게 주어지고 이것이 지역별로 교부되게 되었다(김춘일, 2004).

(a) 할당

주요 대상은 학령 전 아동으로 일반적으로 0세부터 만 5세 까지 해당된다. 0~4세의 경우 보육시설(day care center), 3~4세는 유아원(nursery school)과 5세를 아동을 위한 유치원(Kindergarten)에 등록할 수 있다. 최근 4세미만 아동교육의 필요성이 높아지고, 보육시설의 등록율이 높아짐에 따라 저소득층을 위한 학령전 유치원이 증가되고 있다(김영숙,

2005).

(b) 급여

학령기 아동을 대상으로 한 프로그램은 〈표 43〉과 같다. 미국의 보육 정책은 연방정부 차원에서 통합된 서비스가 없다. 그렇기 때문에 각 주마다 지역마다 프로그램이 다양하고 접근방법도 다양하다. 이처럼 각 보육 프로그램의 내용은 지역과 연령에 따라 다양하다. 서비스 내용은 일반적으로 아동의 정서와 사회적 발달 그리고 교육에 주요 초점을 맞추고 있다(서문희 외, 2007; 김영숙, 2005).

유치원은 공교육의 일부로서 무상으로 이루어지고 있으며, 대부분 초등학교에 유치원 학년(K-Grade)을 설치하여 운영하고 있다. 또한 일부 사회단체에서는 방과 후 시설을 설치하여 오후 6시까지 학교에서 보호하기도 한다(김영숙, 2005).

<표 43> 미국의 보육 급여 종류 및 내용

유형	특징	
가정내 보육	성인이 유아의 집으로 와서 직접 돌봄	
친척에 의한 보호	친척이 자신의 집에서 돌봄 (여러 형태의 상품이나 지불방법이 개입됨)	
반일제교육	양육자의 가정에서 돌봄 (개인적인 관계의 비형식적 형태에서부터 형식적으로 면허받은 조직까지 다양함)	
보육시설	영리 사립기관	개인이나 민간단체에 의해서 운영
	비영리 사립기관	교회와 자선단체에 의해서 운영
	공립기관	빈곤가정의 아동을 대상으로 함
	부모협동센터	부모가 보호관리, 정책결정에 참여함으로 비용이 싼편이며 대부분 반일제임
	직장보육	공장, 병원, 대학, 조합 등의 고용인을 위한 것으로 직장 근처에설치함
	주로 일하는 어머니를 위해 보건기관과 사회복지기관이 운영하거나 사립으로 운영되는 서비스 주로 2세까지의 영아와 2~3세까지의 유아가 대상 종일제(07;00~18;00)로 연중 운영 어떤 곳은 학령기 아동에 대한 서비스를 하기도 함 아동발달센터(child development center), 조기학습센터(early learning center)등의 이름을 붙이기도 함	

*출처: 김지은(2003), "미국보육제도 체제와 운영실태에 대한 연구", 한국영아보육학

(c) 전달체계

보육시설은 연방정부 차원에서 유아원과 유치원의 경우 주정부 교육부에서 관할하고 있다. 주마다 보육의 질을 통제하기 위한 관련 법규가 규정되어 있으며, 「주정부 보육면허 규정집」 등에는 법적 책임의 소재, 보육의 범위, 유아와 교사 및 직원의 비율, 물리적 시설 및 설비, 화재, 건강, 영양, 안전, 행정 등이 포함되어 있다. 행정지도와 감독은 연방정부, 주정부, 지방정부, 민간단체, 주정부 등 각 운영단체와 밀접한 관련이 있다(김영숙, 2005).

(d) 재정

연방정부, 주정부, 지방 공공기관, 민간단체, 개인 등 다양한 재원에 의해서 운영된다. 그러나 미국의 보육은 개인의 책임으로 공적인 지원보다는 이용자의 요금에 의존하는 경향이 크다. 보육시설 운영비의 총 80%가 부모가 부담하고 있으며, 영리 보육시설이 전체 3분의 1을 차지하고 있다. 1990년 이후 아동보호법 제정이후 보육에 있어서 경비의 세금공제와 양질의 프로그램 확충과 개발을 위한 기금을 통해 주정부를 통해 지원하고 있으며 1997년 이후 인구 감소로 보육에 대한 정부의 지원을 강화하고 있다(김영숙, 2005).

② 아동 및 피부양자 돌봄 세금 공제
(The Child and Dependent Care Credit: CDCC)

아동 및 피부양자 돌봄 세금 공제(The Child and Dependent Care Credit)는 돌봄으로 인해 지출을 했을 경우 세금을 공제해주는 비환급형 제도이다. 여기에 적격자가 되기 위해서는 노동시장에서 근로를 하거나 구직 중이어야 한다. 이 공제제도는 돌봄 비용의 총액의 일정 비율을 공제해주는 것이다.

a. 할당

부부의 경우 1년 동안 근로소득이 있어야 하며, 직장을 다니거나 구직 중이여서 돌봄 비용을 지출해야 한다. 부모는 자신들 이외에 아동을 볼보는 사람이나 조직에게 돌봄 비용을 지급해야 한다. 독신, 배우자가 없는 상태, 결혼한 상태 모두 자격조건에 포함될 수 있다. 또한 돌봄을 제공하는 사람이나 기관을 정확히 확인해야 한다.

<표 44> 자격조건

자격 조건	비용 지출은 적격 대상자에게 돌봄을 제공할 목적이어야 하며 근로연계가 이루어져야 함. 근로 연계 돌봄 비용은 일을 하는 동안 또는 구직활동을 하는 동안 돌봄을 필요로 하는 가족에게 발생하는 지출로 정의할 수 있음. 결혼한 경우 둘 다 직장에 다니거나 구직활동을 해야 함.
비용 지출 항목	가사서비스(Household services)- 베이비싯팅(babysitting), 간호(nursery), 가사일(housekeeping), 이외에 돌봄과 관련된 일, 유아원(nursery school), 유치원, 기타 유사프로그램, 함께 살고 있지 않고 19세 이상의 친척 가능함.
자격 대상	3세 미만의 아동과 장애인. 정신적이고 육체적인 문제로 스스로 옷을 입고, 몸을 닦고 먹을 수 없거나, 스스로 또는 타인을 상처를 주기 때문에 끊임없이 보호를 요하는 사람들이 대상임. 세금공제를 받기 위해서는 아동 또는 피부양자는 납세자 확인 번호(Individual Taxpayer Identification Number)에 의해서 확인되어야 한다. 이것은 일반적으로 사회보장번호(Social Security Number)이나 개인납세 확인번호, 또는 입양 납세 확인번호(Adoption Taxpayer Identification Number may be substituted)로도 대체 가능.
소득	소득은 임금(wage), 봉급(salaries), 팁(tips), 기타 세금 가능한 고용자 보상금(Other taxable employee compensation), 자영업자의 순소득, 임금으로서 보고된 장애 급여(Disability pay reported as wages).
기타	배우자가 전직 학생이거나 정신적이고 육체적인 문제로 돌볼 능력을 상실했을 때 일정부분을 근로소득으로 인정해준다. 본업이 학생인 경우 학교에 등록되어야 하며 1년 중 5달은 학교에 다녀야 함. 학교는 초등학교, 중학교, 고등학교, 대학교, 기술학교, 무역학교 등 국가에서 공인된 학교이어야 함.

b. 급여

급여는 납세자의 수정된 총 소득을 기준으로 하고 있으며, 직장에 다
니는 납세자가 자신의 자녀나 피부양자의 돌봄을 위해서 지출하는 액수
의 일정 비율로 공제해준다. 납세자는 일반적으로 납세자의 연방소득세
채무에 대한 비용의 20~35% 공제를 받을 수 있다. 공제받을 수 있는
비율은 납세자의 수정된 총소득과 관련이 있다. 결혼한 납세자들은 배우
자 소득에 제한을 두고 있으며 만약 부부 중 한사람이 일을 하지 않고
있으면 원칙적으로는 공제를 받을 수 없다. 그러나 배우자 중 한사람이
근로소득이 없더라도 전업학생이거나 정신적 신체적원 문제로 돌봄을 제
공할 수 없다면 매달 250달러를 버는 것으로 인정해주며 한 자녀 당 250
달러 2명이상일 경우 500달러 공제해준다[57].

<표 45> 급여체계

수정된 총소득	최대 공제받을 수 있는 금액		
	공제 비율	한명의 피부양자	2명이상의 피부양자
$15,000 이하	35%	$1,050	$2,100
$15,001-$17,000	34%	$1,020	$2,040
$17,001-$19,000	33%	$990	$1,980
$19,001-$21,000	32%	$960	$1,920

57) 15,000달러이하의 수정된 총소득을 버는 납세자는 35%까지 공제받을 수 있
다. 15,000달러 이상을 수정된 총소득을 버는 납세자는 15,000달러에서 2,000
달러 당 1% 공제비율이 감소하게 된다. 43,000달러 이상 소득을 버는 근로자
는 20% 까지 감소된다. 최대 공제받을 수 있는 액수는 3,000달러~6,000달러
이며 액수는 납세자의 고용주에 의해서 돌봄 비용이 제공될 경우 그 액수는
감소한다.

$21,001-$23,000	31%	$930	$1,860
$23,001-$25,000	30%	$900	$1,800
$25,001-$27,000	29%	$870	$1,740
$27,001-$29,000	28%	$840	$1,680
$29,001-$31,000	27%	$810	$1,620
$31,001-$33,000	26%	$780	$1,560
$33,001-$35,000	25%	$750	$1,500
$35,001-$37,000	24%	$720	$1,440
$37,001-$39,000	23%	$690	$1,380
$39,001-$41,000	22%	$660	$1,320
$41,001-$43,000	21%	$630	$1,260
$43,001 and over	20%	$600	$1,200

*출처: http://www.ebtax.com/credits/child_and_dependent_care_credit.htm

c. 전달체계

미국 국세청에 의해서 관리되고 있다. 국세청 서비스는 연방조세법에 의거하여 미국 정부를 위해 세금을 모으고 있다. 납세자는 국세청 신청서 (Form) 1040, 1040A, 2441 등과 관련 서류를 제출하면 된다.

3) 기타: 한시적부조프로그램, 저소득 근로장려세제

미국은 보육정책과 부모 휴가 및 급여제도 이외에 탈젠더화 성격을 가진 가족정책으로 한시적부조프로그램과 근로장려세제가 있다. 사실 이들 정책은 미국 빈곤정책의 대표적인 프로그램이었으며, 특히 한시적부조프로그램은 1997년 이전, AFDC에서 전환되기 이전 모성권을 보장해주는 정책으로 탈젠더화 성격보다는 탈상품화 성격이 강했다. 그러나 한시적

부조프로그램(TANF)로 전환되면서 제한된 기간 동안 급여를 제공하고 근로연계를 강화하면서 많은 가족 내 부모들은 노동시장으로 나아가면서 모성권에서 노동권으로 그 성격이 변하였다. 근로장려세제(EITC)는 자녀가 있는 저소득 근로가구를 위한 세금제도라는 점에서 중요하다. 그 후 1978년 국세법(Revenue Act of 1978)으로 편입되어 이 제도는 정착되었다. 1975년 제정되었을 당시 EIC는 꾸준히 증가하였으며, 특히 레이건 행정부 당시 1986년 조세 개혁안(TRA)를 통하여 1987년 크게 확대 되었다. 오늘날 근로장려세제(EITC)는 미국의 빈곤정책중 가장 큰 프로그램이 하나로 드넓은 상하 의원 및 공화당과 민주당의 지지를 받고 있다(미국 국세청자료, 2009; 김양미, 2007; 송재창, 2000).

① 한시적부조프로그램(TANF)

한시적부조프로그램(TANF)은 미국의 대표적인 공공부조 정책으로 부양아동이 있는 한부모 가족에 대한 현금급여 제공 프로그램이다. 1997년 6월 1일 피부양 원조 프로그램(Aid to Families with Dependent Children: AFDC)의 복지의존의 증가, 근로 의욕 손상, 가족구조손상 등의 단점을 보완하기 위해 한시적부조프로그램(TANF)으로 대체하여 시작되었다. 1997년 이전에는 연방정부에서 전체적인 프로그램을 설계하고 지침서를 만들었고 주정부 차원에서는 행정을 담당하였다. 그러나 그 이후 주 정부는 일괄보조금을 받을 수 있었으며 주에 적합한 정책을 설계하고 행정을 담당할 수 있는 재량권이 주어졌다. 그렇기 때문에 한시적부조프로그램(TANF)의 수급자들은 실질적으로 그들이 거주하는 지역에 따라 프로그램 내용이 다르다.

<표 46> 사회보장법 401항에 언급된 TANF의 목적

· 빈곤 가구를 원조함으로써 빈곤 가족 자녀들이 자신의 집이나 친척집에
  서 적절한 돌봄을 받을 수 있게 하는 것이다.

· 빈곤 부모가 자신들의 직업을 준비하고 근로하고 결혼함으로써 정부의
  의존을 끝내는 것이다.

· 혼전 임신을 예방하고 임신의 수를 감소시키는 것이다.

· 부부 중심의 가족을 형성하고 유지시키는 것을 장려하기 위함이다.

· TANF는 급여를 받기 위해서는 근로를 해야 한다.

a. 할당

자녀가 있는 저소득 가족이 주요 대상이다. 장애인의 경우 SSI로 분류
된다. 수급자는 부부, 편부 등 성인이 주요 대상이다. 노동연계를 하지
못하면 가족에 대한 급여는 줄어들거나 종료된다.

<표 47> TANF 대상 및 근로조건

종류	내용
자격대상(범주적)	임산부나 아동이 포함된 가구 수급자격을 갖기 위해서는 "아동양육청구권"을 위임 18세 미만의 미혼모는 그들의 부모와 동거해야 함 60개월 이상 수급자는 수급권자 박탈수
근로의무	수급자들은 급여를 받은 후 2년 이내로 노동시장에서 일을 해야 한다. 편부모들은 적어도 주당 30시간 근로활동을 해야 한다. 부부 중심의 가족들은 상황에 따라서 주당 35~55시간 일을 해야 한다.

b. 급여

주마다 구체적인 수급기준이 다르지만 일반적으로 한시적부조프로그램(TANF)를 제공하고 있다.

1. 기초생계를 위한 현금급여
2. 직업훈련과 직업배치
3. 가족 교육

<표 48> 빈곤율

년	평균 TANF 월 수급자	빈곤율(%)	연간 실업율(%)
1996	12,320,970	11.0	5.4
1997	10,375,993	10.3	4.9
1998	8,347,136	10.0	4.5
1999	6,824,347	9.3	4.2
2000	5,778,034	8.7	4.0
2001	5,359,180	9.2	4.7
2002	5,069,010	9.6	5.8
2003	4,928,878	10.0	6.0
2004	4,748,115	10.2	5.5
2005	4,471,393	9.9	5.1
2006	4,166,659	9.8	4.6
2007	3,895,407	9.8	4.6

c. 전달체계

한시적부조프로그램(TANF)은 2006년 5월부터 미국보건복지부 아동이 및 가족 행정국의 가족 원조 사무실 산하에 있는 TANF국(Bureau)에서 담당하고 있다. 이 부서는 우선적으로 사회보장법 Titles IV-A and XVI에 근거하여 행정 업무에 대한 주요 책임을 맡고 있다. 미국 지방정부는 주정부 산하의 카운티, 시티, 특별구, 학교구로 구성되어 있는데 지방정부 실정에 따라 업무부처가 다르다. 한시적부조프로그램(TANF)의 주요 운영자는 주정부나 지방정부이기 때문에 각 주별로, 수급자 선정기준, 급여수준, 제재내용, 수급기간 등에 차이가 있다(김명희, 2008). 한시적부조프로그램(TANF)을 신청하고자 하는 대상자는 카운티 단위로 나누어 이 그 지역의 한시적부조프로그램(TANF) 관련 지역사무소에 가서 신청하면 된다.

d. 재정

이 제도는 다양한 프로그램으로 구성되어 있으며, 행정 당국은 주정부나 지방정부에 연방정부의 기금을 통해 보조금을 지급하고 그 지역에 적합한 복지 프로그램을 개발하고 수행할 수 있는 권한을 부여함으로, 빈곤 가구에게 부조(assistance)와 근로 기회를 제공하고 있다. 한시적부조프로그램 포괄보조금(The TANF block grant)은 주 정부, 영토 및 원주민 기관(territorial and tribal agencies)에서 행정을 담당하고 있다. 미국 시민은 그들의 지역사회에서 운영되는 기관에서 한시적부조프로그램(TANF)에 참여할 수 있다. 연방정부는 가족에게 직접적인 제공은 하고 있지 않다. 연방정부는 주정부와 지방정부의 경제적 상태와 프로그램에 따라 지원하는데 일반적으로 최소 50~80% 재정지원을 하고 있다.

② 근로장려세제(EITC: Earned Income Tax Credit)

1975년 제정된 근로장려세제(Earned Income Tax Credit)는 부의소득세(negative Income Tax; NIT)의 대안 책이었다. 빈곤 대상에게 세금을

환급해준다는 의미를 가진 부의 소득세는 1960년대 Freedman에 의해서 만들어졌으나 가족해체, 근로 유인감퇴 등 효과성 면에서 비판을 받아왔다. 더욱이 1970년대 사회보장세(payroll tax) 인상으로 인한 저소득층의 부담, 1974년 이후 오일쇼크로 인한 경제 후퇴로 인해 경제학자와 정부에서 부의 소득세에 대한 관심이 높아지면서 최종적으로 1975년 조세감액법(the Tax Reduction Act of 1975)에서 저소득근로가계에 대한 사회보장세를 경감시킬 목적으로 근로장려세제(EITC)가 도입되었다.

a. 할당

근로장려세제(EITC)는 저임금 근로자 가족들을 위한 세금 공제(tax credit)제도이다. 여기 대상자들은 낮은 소득 세율을 지급하거나 세금을 환급받을 수 있다.

근로장려세제(EITC) 자격이 되는 많은 납세자들은 납세면제대상(free tax preparation)의 자격이 있고, 세금전문가와 자원봉사자들에 의해서 전자 filing(electronic filing)에 대한 자격이 될 수 있다. 이들의 자격은 2008년을 기준으로 했을 때 다음과 같다. 대상자는 미국 개별 소득 세 환급체계(U.S. Individual Income Tax Return)에 등록되어야 하며 다음과 같은 자격조건을 요구한다〈표 49〉.

<표 49> 자격조건

자격조건
· 근로소득이 있어야 함
· 본인, 배우자(존재한다면), 자녀에 대한 유효한 사회보장번호가 있어야 함
· 투자소득이 $2,900을 초가해선 안됨
· 결혼했지만 별거 상태여서는 안됨(married filing separately)
· 미국 시민권자 또는 영주권자이어야 함
· 자신의 자녀외의 다른 사람의 자녀여서는 안 됨
· Form 2555 or Form 2555-EZ여서는 안됨
· 근로소득이 일정부분을 초과해서는 안됨. 총조정소득(adjusted gross income)이 다음과 같이 미만이어야 함 - 두명이상의 자녀인 경우 $37,783(부부 소득시 $39,783) - 한명의 자녀인 경우 $33,241(부부 소득시 $35,241) - 자녀가 없는 경우 $12,590(부부 소득시 $14,590)
· 주거조사(Residency Test)-자녀는 6개월이상 미국에서 함께 거주해야 한다.
· 부양가족조사(Relationship Test)-자녀는 반드시 생물학적인 자식, 의붓자녀(stepchild), 위탁아동, 입양자녀, 자매, 형제, 또는 이들의 후손이어야 함. 위탁아동은 기관, 법원 등으로부터 법적 허가를 받아야함.
· 연령검사(Age test)- 19세 미만임. 전업 학생일 경우 24세까지, 영구적인 장애를 가진 자녀의 경우 일정 연령(any age)까지 허용해줌.

b. 급여

2008년 이중소득자 가구 및 2자녀 가구를 기준으로 최대 급여는 연 4,824달러로 최대 적용소득은 연 37,263달러이다. 2007년 회계연도를 기준으로 볼 때 적용소득은 연 4,716달러였으며 자녀 하나를 둔 편부모의 경우 33,241달러, 자녀가 하나인 부부인 경우 35,241달러였다. 최고 2,853달러까지 세액공제가 가능하다.

c. 전달체계

미국 국세청에서 전체적인 행정 및 정책을 담당하고 있다. 선정기준에 적합한 가구는 근로소득 공제대상 월급에 대한 원천징수대신 매달 해당 세액공제에 따른 환급금을 선불로 월급에 가산해 요청할 수 있다. W-5양식을 작성하여 고용주에게 제출하면 된다. 임금이 지불될 때마다 근로소득 공제에 따른 혜택에 가산되어 선불 지급된다. 이 선급액은 연방세, 주정부세, 의료보험 혹은 사회보장 등 어떤 세금에도 영향을 받지 않는다.

<그림 16> EITC전달체계

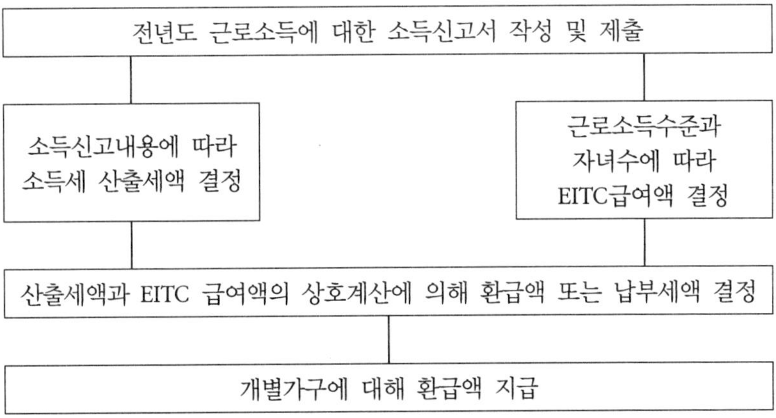

*출처: 김양미(2007), "근로소득보전세제의 국가간 비교연구", 대구카톨릭대학교

라. 한국

2000년 이후 한국의 가족정책은 가족 내 탈젠더화 방향으로 나아가고 있다. 2004년 제정된 건강가족기본법은 공식적으로 가족 내 양성평등을 명시하고 있으며, 1990년대부터 오늘에 이르기 까지 보육시설의 확대, 육아휴직에 남성 적용, 배우자 출산휴가 도입 등 명목적 가족정책은 소폭 발전하고 있다. 물론 급여 수준, 적용 대상, 사용 현황 등에서 아직 미흡

한 측면이 있지만 계속되는 여성의 경제적 세력화와 정치적 세력화는 앞으로 탈젠더화적 가족정책이 발전할 것으로 예상된다.

한국이 대표적인 탈젠더 정책으로는 육아휴직제도와 보육서비스, 배우자 출산휴가가 있다. 육아휴직제도는 부모 휴가와 같은 성격을 지고 있으며 남성에게도 적용되고 있다. 한국의 보육서비스는 여성의 근로를 가능하게 하는 대표적인 정책으로 시설서비스와 보육료 지원이 대표적이다. 그리고 최근 도입된 배우자 출산휴가는 남성의 부성권을 인정해준다는 측면에서 그 의의가 있다.

1) 부모 휴가 제도: 육아휴직제도

① 할당

육아휴직은 생후 3년 미만의 영아를 가진 근로자를 대상으로 하고 있다. 육아휴직을 신청한 근로자는 사업주로부터 30일 이상 육아휴직을 부여받을 수 있다. 육아휴직 개시일 이전에 피보험단위기간이 모두 합해서 180일 이상이 되어야 한다. 그러나 과거에 실업급여를 받았을 경우 인정받았던 피보험기간은 제외된다. 동일한 자녀에 대해서 피보험자인 배우자가 30일 이상의 육아휴직을 부여받지 않아야 한다.

② 급여

영아가 만 3세가 되기 전까지 1년 이내의 육아휴직을 부여받을 수 있다. 양육대상인 영아가 출생한 날부터 생후 3년이 되는 날 사이에 신청근로자가 자유로이 그 시기와 기간을 정할 수 있다. 육아휴직은 산전후 휴가에 이어서 사용하지 않아도 된다. 근로자는 육아휴직기간 동안 매월 50만원씩 받을 수 있다[58].

사업주는 근로자가 소정요건을 갖추어 육아휴직을 신청하면 반드시 이를 허용하여야 한다. 연차유급휴가 등에서 인정되는 사용자의 시기 변경권은 인정되지 않는다. 사업주는 육아휴직 종료 후에는 휴직전과 동일한 업무 또는 동등한 수준의 임금을 지급하는 직무에 근로자를 복귀시켜야 한다. 또한 육아휴직기간은 근속기간에 포함 시켜야한다[59].

③ 전달체계

육아휴직개시 후 1개월이 경과한 시점부터 매월 단위로 신청하되, 당월 중에 실시한 육아휴직에 대한 급여의 지급 신청은 다음 달 말일까지 해야 한다. 매월 신청하지 않고 기간을 나중에 신청 할 수 있다. 단, 육아휴직종료일 이후 12개월 이내에 신청하지 않을 경우 동 급여를 지급하지 않는다. 근로자가 직접 혹은 대리인이 출석하여 육아휴직급여 신청서와 육아휴직 확인서를 매월 단위로 거주지 또는 사업장 소재지 관할 고용지

---

58) 육아휴직급여액의 지급대상 기간이 1개월이 안 되는 달에 대해서는 일수로 계산하여 지급한다. 또한, 2006.1.1 부터는 육아휴직을 이유로 사업주로부터 지급받은 금품의 월평균금액과 육아휴직급여액을 합한 금액이 육아휴직 개시일을 기준으로 한 월 통상임금을 초과한 경우, 그 초과하는 금액을 육아휴직 급여에서 감액하여 지급 한다.

59) 이는 육아휴직 실시근로자에게 휴직 후 원직복직을 보장함으로써 육아에 전념 할 수 있도록 하는 것이다. 한편, 퇴직금 산정, 승진 및 승급 등에 있어 불이익을 방지하기 위한 것으로 사업주는 육아휴직기간동안 임금을 지급할 법적 의무는 없다. 단, 단체협약·취업규칙 등에 임금의 전부 또는 일부를 지급한다고 규정되어 있는 경우에는 이에 따라야 한다. 고용보험피보험자인 근로자에게 육아휴직을 30일 이상 부여하고 육아휴직 종료 후 30일 이상 계속 고용하는 사업주에게 육아휴직 근로자 1인당 월 20만원을 지원한다. 육아휴직개시일 30일 이전(산전후 휴가에 연이어 육아휴직 등을 시작하는 경우에는 산전후휴가 시작일 30일 이전)부터 대체인력을 신규로 30일 이상 채용하고, 육아휴직자 복귀 후 30일 이상 계속 고용한 경우 월 20~30만원의 대체인력채용장려금을 추가 지원한다.

원센터에 제출 하면 된다.

④ 재정

육아휴직 대상자들은 고용보험법에 근거하여 고용보험 기금에서 급여를 지급받는다. 또한 정부는 육아휴직을 적극적으로 장려하기 위해서 2006년 472억원, 2007년 619억원을 지출하여 육아휴직의 다양화와 근로형태의 유연화를 위해 사용되고 있다.

2) 배우자 출산휴가

배우자 출산휴가는 근로 기준법 제18조 2에 신설된 것으로 사업주는 근로자가 배우자의 출산을 이유로 휴가를 청구하는 경우에는 3일의 휴가를 주도록 하되, 근로자의 배우자가 출산한 날부터 30일이 지나면 청구할 수 없도록 하고 있다. 시간 단축은 법 제19조에 신설된 것으로 사업주는 근로자가 현행 전일제 육아휴직 대신 주 15시간부터 30시간까지의 범위에서 근무하는 육아기 근로시간 단축을 근로자가 신청할 경우 허용할 수 있도록 하며, 허용하지 않는 경우 서면으로 그 사유를 해당 근로자에게 알려주도록 하고, 육아기 근로시간 단축을 하는 근로자의 근로조건은 근로관계 당사자 간에 서면으로 정하도록 하고 있다. 일·가정 양립 지원 기반은 법 제22조의3 신설로 노동부장관은 일·가정 양립프로그램의 도입·확산 등을 지원하기 위하여 조사·연구 및 홍보 등의 사업과 전문적인 상담서비스 등을 사업주와 근로자에게 제공하여야 하며 이를 대통령령이 정하는 바에 따라 공공기관 또는 민간에 위탁할 수 있도록 하고 있다.

3) 보육제도

① 시설 보육서비스 보육료 지원

a. 할당

만 0세에서 만 5세의 취학 전 아동을 원칙으로하고 있으며 필요한 경우 시설장은 만 12세 까지 연장하여 보육할 수 있다. 또한 보육시설 입소는 1순위와 2순위, 3순위로 입소 순위를 두고 있다.

<표 50> 보육서비스 급여 대상

순위	대상
1순위	기초생활보장 수급자 모자 복지법 제 5조 규정에 의한 보호대상자 국민기초생활보장법 제 24조 차상위계층자녀 장애인복지법 제 2조 규정에 의한 여성가족부령이 정한 장애등급이상에 해당하는 자의 자녀 아동복지서설에 거주하는 영유아 부모가 모두 취업중인 영유아
2순위	기타 한부모, 조손가족, 입양된 영유아 저소득 보육료 대상중 기타 저소득층(3~4층)의 영유아 세자녀 이상이 영유아 결혼 이민자 자녀
3순위	1순위, 2순위 이외의 영유아

b. 급여

(a) 보육료 지원

보육료 전액지원을 연차적으로 확대하여 부모의 보육비용 부담 경감하도록 하고 있다.

<표 51> 보육서비스 지원대상 및 지원 금액

구분		지원 대상	지원 금액
저소득층 차등보육료		도시근로자 가구소득 100%까지	소득수준별 차등지원(정률지원) - 1층, 2층, 3층, 4층, 5층 : 100%, 100%, 80%, 60%, 30%
만 5세아 무상보육료		도시근로자 가구소득 100%까지	월 167천원
장애아 무상보육료		모든 소득계층(0~12세)	월 372천원 또는 수납한도액
두자녀 이상 보육료		도시근로자 가구소득 100%까지	정액지원(186~84천원, 연령별)
방과 후 보육료		기초수급, 차상위(1층,2층)	만 5세아 무상보육료 지원단가의 50% 이내
시간 연장형 보육료	시간연장 보육	도시근로자 가구소득 100%까지	시간당 2,300원, 장애아동 3,300원
	야간 보육	도시근로자 가구소득 100%까지	월보육료 정부지원단가
	24시간 보육	도시근로자 가구소득 100%까지	월보육료 정부지원단가의 150%
	휴일보육	도시근로자 가구소득 100%까지	일보육료의 150%

ⓐ i-사랑 카드

일반적으로 국가에서 보조하는 보육료는 부모에게 직접 지불되지 않고 보육시설에 지원하는 방식이기 때문에 정책수혜 인식정도가 낮고, 보육료 지원 업무가 부담이 되고 있다. 영유아 부모에게 어린이집을 이용할 수 있는 전자카드를 발급하여 부모들이 쉽고 편리하게 어린이집을 이용토록 개편하였다. 부모는 정부지원 내용을 알 수 있어 보육료 수혜 인지도 제고, 보육시설과 지자체는 보육료 신청·지급 업무 부담 해소할 수 있다.

ⓑ 보육시설 미이용 아동에 대한 지원

2007년을 기준으로 전체 영유아 283만 명 중 보육시설 104만 명(37%), 유치원 54만 명(19%), 미이용 126만 명(44%)이 사각지대가 있다. 이에 정부는 2009년 7월부터 보육시설 미이용 대상자들에게는 양육수당을 도입하여 보육시설·유치원 미이용 아동의 건강한 성장발달을 지원하고 정부지원의 사각지대를 해소하고 하고 있다.

C. 전달체계

한국의 시설보육서비스는 보건복지 가족부 아동청소년 정책실에서 담당한다. 아동청소년정책실 산하 보육정책관에서 한국의 주요 복지관련 정책을 총괄하고 있다. 여기서는 각종 보육관련시설의 보육료 지원 및 평가를 하고 있다.

시설보육서비스 지원비를 신청할 경우 대상자는 자신이 거주하는 주민자치센터에 가서 서류와 신청서를 작성하면 된다. 정부는 소득과 자산조사 후 적격여부 심사 후 급여가 지급된다.

d. 재정

정부와 소득과 자산에 따라 이용자 부담으로 충당된다.

② **아이돌보미서비스**

아동 돌보미서비스는 양육자의 야근·출장 등 일시적이고 긴급한 돌봄이 필요한 가정에 아이돌보미 서비스를 제공함으로써 시설보육의 사각지대를 해소하여 아동의 안전한 보호 및 가족의 아동양육 부담 경감을 목적으로 한다(건강가정기본법 제 22조). 현재 국민들 서비스를 이용하기 편리하도록 시행기관을 2007년에서 2008년 65개로 확대하였다. 2007

년 사업결과 총 137,462명, 아동에게 97,374건 서비스 제공하고 있으며, 돌보미 2,177명 양성하였다.

a. 할당

생후 3개월부터 만 12세 자녀를 둔 부모로 둘 다 야근·출장·질병 등 일시적이고 긴급한 돌봄이 필요할 때 이용할 수 있다.

b. 급여

이용자 가정 또는 아이돌보미의 가정에서 보육시설, 학교, 등·하교, 식사 및 간식 챙겨주기, 부모가 올 때까지 임시보육, 병원 송영서비스, 놀이 활동 등 안전·신변보호 처리 등의 서비스를 제공된다. 그러나 가사 활동은 제외된다.

<표 52> 아이 돌보미 대상 및 급여

이용 대상	0세(3개월이상)~만 12세 아동이 있는 이용 희망가정
급여	- 부모가 올때 까지 임시 보육, 보육시설 등·하원, 놀이 활동 등 서비스 이용 방법 및 이용 요금 - 건강가정지원센터 등 사업 수행기관에 이용회원으로 등록, 서비스 신청 - 월 120시간(연 960시간이내) 필요한 만큼 시간제로 이용비용: 시간당 5,000원 (심야 6,000원) ·가형(* 50% 이하) : 시간당 4,000원 지원(1,000원 자부담) ·나형(* 200% 이하) : 시간당 1,000원 지원(4,000원 자부담) ※ * 는 도시근로자 월평균을 뜻함 ※200%이상 가구는 전액 부담

c. 전달체계

아이돌보미 서비스는 보건복지 가족부 저출산 고령화 정책국의 가족
정책과의 가족지원과에서 정책 총괄을 맡고 있다. 보건복지가족부는 업
무 지침서나 예산 등 거시적인 차원에서 책임을 담당하고 있다. 가족지원
과는 중앙 건강가정지원센터에 업무를 위탁하고 있다. 중앙건강가정지원
센터는 회원관리를 위한 데이터베이스를 관리하고 있으며, 사업운영메뉴
얼 개발 및 평가를 주로 담당하고 있다. 지역건강가정지원센터가 파견,
돌보미 관리 등 직접적인 서비스를 관리하고 있다. 신청자는 중앙건강가
정지원센터 홈페이지나 각 지역의 가까운 건강가정지원센터를 방문하여
서비스가 필요하기 전 최소 24시간 전에 신청해야 한다. 신청서를 받은
실무자는 직접 방문을 하거나 면접을 통해 적격여부를 판정한다. 서비스
허가를 받은 신청자는 필요한 이용료를 지불해야하며, 이러한 행정상의
절차를 마치면 돌보미 서비스를 받을 수 있다.

d. 재정

아동돌보미 사업의 예산은 보건복지 가족부 가족정책관에서 담당하
고 있다. 아동돌보미 사업의 재정은 부모의 이용료와 국가의 지원으로
운영되고 있다. 일반적으로 시간당 아동돌보미 이용료는 5천원으로, 도
시 근로자 평균소득 50%미만인 경우 4천원, 200%인 경우 1천원 국가가
지원하고 나머지는 서비스를 이용하는 부모가 납부해한다. 보건복지 가
족부는 2008년 아동 돌보미 사업으로 5,451백만 원을 비용으로 지출했
으며, 2009년 15,502백만으로 2008년보다 3배 높여 사업비용으로 사용
하고 있다.

마. 소결

오늘날 사례국가들은 스웨덴, 독일, 미국, 한국은 명목적으로 탈젠더화적 성격을 지닌 가족정책이 존재하고 있으며 탈상품화정책보다는 탈젠더화 정책을 강화시키고 있다. 이 네 국가들은 매해 부모 휴가와 보육서비스 비용을 증가시키고 있으며 점점 더 남성의 가족화를 강화시키고 있다. 이들 국가들은 종류와 내용면에서 그 차이가 있는 것을 알 수 있다.

종류면에서 탈젠더화적 성격의 가족정책은 스웨덴이 가장 많았고, 다음으로 미국, 독일과 한국 순이었다. 그러나 명목적으로 미국이 스웨덴 다음으로 종류가 많아보이지만 가족의료휴가와 아동 보육세금 공제를 제외한 다른 정책들은 빈곤정책의 일환이며, 남성의 가족화 정책보다는 부모 둘 다 탈가족화를 강조하는 정책이 많았다.

<표 53> 국가별가족 내 탈젠더화 정책

	탈젠더화정책		
	부모 휴가 및 급여	보육 정책	기타
스웨덴	아버지 할당제 부모휴가 일시적 부모휴가 성평등보너스	탁아소 유아학교 시간제유아집단 유치원 가정탁아 개방탁아 통합아동센터	개별과세제도
독일	부모휴가	시설서비스 가정보육모 유치원	
미국	가족 의료휴가	① 조기 아동기 교육 및 　보육 프로그램(ECEC) 　- 아동보육개발기금 　- 헤드스타트 　- 유치원 및 학령전 보육 　　프로그램 ② CDCC	TANF, EITC

한국	육아휴직제도 배우자출산휴가	시설보육 아이돌보미 서비스	

　좀 더 구체적으로 부모 휴가를 할당, 급여 수준, 전달체계, 재정 측면에서 국가간 탈젠더화적 성격을 비교해볼 수 있다. 할당은 대상과 자격조건 두 측면에서 살펴보면 대상의 경우 스웨덴, 독일, 미국, 한국 동일했다. 자녀가 있는 근로 가구였다. 자격조건은 스웨덴, 독일, 한국, 미국 순이었다. 스웨덴은 만 18세 이하의 자녀가 있고 부부 둘 다 고용 중이거나 학업 또는 구직 중이면 누구나 사용할 수 있었다. 독일은 만 3세 미만의 자녀가 있고 15명 이상의 사업장에 6개월 이상 근무조건으로 하고 있었다. 한국은 만 3세 미만으로 180일 이상 고용보험에 가입을 조건으로 하고 있다. 미국은 네 국가 중에 가장 부모휴가 할당 수준이 가장 엄격했는데 자녀 연령이 만 1세 이하로 25명의 사업장에 최소 1,250시간 근로를 조건으로 하고 있었다. 이처럼 할당수준에서 스웨덴이 가장 관대했으며, 부부 둘다 고용조건은 여성의 탈가족화를 높일 수 있는 수단으로 평가할 수 있다.

　급여수준은 기간, 수당, 시간제 사용, 분할 사용, 부할당 측면에서 탈젠더화적 성격을 분석하였다. 기간은 독일, 스웨덴, 한국, 미국 순이었다. 독일이 156주로 가장 길었으며, 스웨덴이 65주로 두번째였고 한국이 52주로 세 번째였고 미국이 24주로 마지막이었다. 수당 즉 급여액은 스웨덴, 독일, 한국, 미국 순이었다. 스웨덴은 2주 동안은 임금의 80%를 받을 수 있었고 나머지는 일당 180크로나(31,213원)을 받을 수 있다. 독일은 12개월 동안 임금의 67%를 받을 수 있다. 그러나 이 금액은 부모수당에 포함되어 있기 때문에 다소 애매하다. 다음으로 한국이 50만원 정액으로 받고 있다. 미국은 법적으로 무급이지만 일부 기업에서 금전적 지원을 해주고 있지만 액수는 일정하지 않다. 시간제 사용은 스웨덴이 자녀 연령 8세 까지 사용가능으로 가장 길며, 다음으로 독일이었고, 미국과 한국은 시간제 사용을 할 수 없다. 분할 사용의 경우 네 국가 모두 가능했으며, 스웨덴과 미국은 분할 사용을 제한하지 않았지만 독일은 4회, 한국은 1번으로 제한하고 있었다. 아버지의 가족화를 강화시키는 부할당 유무는 스웨덴이 법적으로 존재했으며, 다른 세 국가는 존재하지 않았다. 스웨덴은 8주 의무적인 남성의 사용과 남성이 그 이상을 사용할 경우 성평등 보너스 혜택을 받아 매달 3,000크로나 세금 공제혜택을 받을 수 있다. 독일은 법적인 부 할당제는 존재하지 않으나 12개월 중 남녀가 나누어 사용할 경우 2개월 추가적으로 임금의 67%의 급여를 지급받을 수 있다. 결론적으로 부모휴가 급여수준에서는 스웨덴이 기간을 제외한 수당, 시간제 사용, 분할사용, 부 할당 측면에서 가장 높았다.

부모 휴가의 전달체계를 살펴보면 접근성 측면에서 스웨덴과 독일이 효율성이 높은 것으로 사료되고 다음으로 한국, 미국 순으로 판단된다. 스웨덴은 수급자 거주 지역의 사회보장 사무소에서 직접 서비스를 전달받을 수 있기 때문에 가장 신속하고 수급자 욕구에 가장 빨리 대응할 수 있는 것으로 판단할 수 있다. 주정부 관할인 독일의 경우도 스웨덴과 유사하지만 중앙정부 소속인 한국의 육아휴직 제도는 스웨덴과 독일 보다 접근성면에서 다소 시간이 걸릴 것으로 판단된다. 미국의 경우 영리를 추구하는 기업에서 관리한다는 점과 30일 전에 사업주에게 미리 고지해야 한다는 점과 적격성 심사, 절차 순은 다른 국가들에 비해 시간이 걸릴 것으로 판단되고 절차가 까다로울 것으로 판단된다. 재정은 스웨덴, 독일, 한국이 사회보험하에 지원된다는 점에서 동일하지만 스웨덴의 경우 정부가 일부 기여한다는 점에서 좀 더 보편주의 원리를 따르고 있다.

부모휴가를 통해 각 국가의 가족 내 탈젠더적 성격을 살펴보면 스웨덴
이 가장 높다고 볼 수 있으며, 다음으로 독일, 한국, 미국 순이었다. 스웨
덴은 할당, 급여수준, 전달체계, 재정 면에서 가장 관대한 정책을 수행하
고 있는 것으로 나타났다. 독일은 급여수준 중 기간이 다른 국가들에 비
해 가장 높았고 할당, 급여수준, 전달체계 측면에서도 관대한 편이었다.
한국의 경우 시간제 사용과 부할당을 제외한 다른 제도들은 명목적으로
존재하고 있었지만 수당이 낮은 편이며 전달체계에서 보건복지가족부 아
동청소년 정책실 담당은 절차가 스웨덴과 독일보다 복잡하다는 것을 알
수 있다. 미국의 경우 할당, 급여수준, 전달체계 측면에서 가장 엄격하다
는 것을 알 수 있다. 특히 급여수준이 무급이라는 점은 부모 둘 다 탈가
족화를 유도할 수 있지만 탈상품화하는데 한계가 있다고 볼 수 있다.

<표 54> 부모휴가제도 사례국가별 내용

명칭		스웨덴	독일	미국	한국
		부모휴가	부모휴가	가족 의료휴가	육아휴직
할당	대상	자녀가 있는 근로가구	자녀가 있는 근로가구	자녀가 있는 근로 가구	자녀가 있는 근로가구
	자격 조건	-고용상태, 학업, 구직 중 1 조건 해당 -만 18세이하 자녀	-15명 이상의 사업장 -6개월이상 고용상태 -만 3세 이하의 아동 이 있는 가구	-자녀 연령 만 1세 -25명 이상의 사업장 -최소 1250근로	-자녀 연령 만 3세미만 -180일 이상 고용보험 가입
급여 수준	기간	65주(15개월)	156주(약3년)	24주	12개월(52주)
	수당	52주 80% +나머지 180크로나 (31213원) 성평등보너스 :매달 3000크로나	-임금 67%(부모수당)	무급	50만원
	시간제 사용	부모는 자녀가 8세 까지 사용 가능	가능	불가	불가
	분할 사용	가능	가능(4회)	가능	가능(1회)

	부활당	8주 +성평등보너스	12개월 중 남녀 분담+2개월 추가 사용가능	없음	없음
전달체계		사회보장사무소	주정부	기업	보건복지 가족부 아동청소년 정책실
재정		부모사회보장 보험기금 (고용주+정부)	-	총괄예산조정법, 미국장애인법, 미국 건강보험이동 및 회계책임법에서 관리	고용보험

보육서비스를 기준으로 스웨덴, 독일, 미국, 한국의 탈젠더화적 성격을 살펴보았다. 할당은 대상과 자격조건에서 비교해보면 스웨덴이 만 12세 모든 아동으로 아동연령이 높았다. 다음으로 독일은 학령전 모든 아동으로 그 다음이었고 미국은 조기 아동보육교육 및 보육 프로그램과 아동 돌봄 세금 공제로 나눌 수 있는데 조기 아동기교육 및 보육 프로그램은 학령전 아동을 대상으로 하고 있으며 세금 공제는 만 3세 미만의 아동으로 한정하고 있었다. 한국은 0세에서 만 5세 아동으로 독일 및 미국과 유사했다. 자격조건은 스웨덴이 가장 관대했으며, 미국이 가장 엄격했다. 스웨덴의 경우 스웨덴에 일정 거주하고 있고 스웨덴 정부에 세금을 납세하는 자는 공공 아동보육서비스를 받을 수 있었다. 독일도 스웨덴과 유사했지만 스웨덴은 외국인유학생 자녀도 아동보육서비스를 받을 수 있는 반면 독일은 외국인 학생들은 자격조건에 해당되지 않았다. 미국은 ECEC의 경우 자산조사를 원칙으로 하고 있었으며 CDCC는 1년간 부부의 근로소득을 조건으로 하고 있었다. 한국은 자산조사를 원칙으로 빈곤층과 저소득 층 위주로 공공 보육서비스가 제공되지만 부분적으로 맞벌이 부부도 우선순위에 포함되어 있다.

급여수준은 기간의 경우 자녀 연령과 관련이 깊기 때문에 할당의 아동 대상과 마찬가지로 스웨덴이 가장 높았으며, 독일, 미국, 한국은 비슷했다. 서비스 내용으로는 스웨덴이 탁아소, 유아학교, 시간제유아 집단, 유치원, 가정탁아, 개방탁아, 통합 아동 센터로 가장 다양했으며, 부모와 아동의 선택권을 넓힐 수 있다. 다음으로 미국으로 미국의 ECEC는 헤드 스타트, 유치원 및 학령전 보육 프로그램 등이 있으며 CDCC는 부부가 근로로 인해 돌봄은 제 3자에게 맡길 경우 여기에 대한 세금공제로 20~30%해주었다. 다음으로 독일은 보육시설, 가정보육모, 유치원으로 나눠졌으며, 한국의 경우 시설 아동서비스와 아동 돌보미 서비스가 있다.

전달체계는 스웨덴이 중앙정부와 지방정부로 나눠져 있지만 주요 담당은 구청에서 담당하고 있다. 부모는 보육서비스를 신청하기 위해서 구청에 신정하면 구청에서 시설과 부모를 연결시켜준다. 독일의 경우 보육시설을 청소년 가족부 소관이고 유치원은 교육 과학부 소관으로 이원화되어 있다. 이는 이용자 입장에서 신청할 때 복잡하게 느껴질 수 있다. 미국은 연방정부, 중앙정부, 지역정부, 영리단체, 비영리 단체로 복지의 제공 주체가 다양하다. 한국의 경우 보건복지 가족부 소관으로 중앙정부가 담당하고 있다. 이런 특성들을 살펴보면 전달체계는 스웨덴이 일원화되어 있기 때문에 접근성과 절차가 편리하다는 것을 알 수 있다.

재정은 네 국가 모두 국가와 이용료로 구성되어 있다. 그 중 스웨덴과 독일이 80% 정부의 뒷받침으로 가장 관대한 것으로 볼 수 있으며, 미국과 한국은 저소득 계층 자녀를 중심으로 지원되기 때문에 앞의 두 나라보다는 선별주의 원리에 입각하다고 볼 수 있다.

<표 55> 보육서비스 사례국가별 내용

명칭		스웨덴	독일	미국		한국
		공공 아동보육서비스	조기 아동기교육 및 보육 프로그램	조기 아동기교육 및 보육 프로그램 (ECEC)	CDCC	아동 보육 서비스
할당	대상	만 12세 이하의 모든 아동	학령전 모든 아동	학령전 아동	3세 미만의 아동	0세~ 만 5세 아동
	자격조건	시민권자 납세자 외국인 학생	시민권자 납세자	자산조사	1년간 부부의 근로소득	자산조사, 맞벌이 우선순위
	기간	0세~만 12세	0세~만 6세 이하	만0세~만 5세	-	0세~만 5세
급여 수준	서비스 내용	탁아소 유아학교 시간제유아집단 유치원 가정탁아 개방탁아 통합아동센터	보육시설 가정보육모 유치원	아동보육개발기금(CCDF) 해드스타트 유치원 및 학령전 보육 프로그램	년간 총 소득의 20~35% 공제	시설서비스 아동돌보미 서비스
전달체계		중앙정부+지방정부+구청	청소년 여성가족부 교육과학부	연방정부, 지방연부, 주정부, 민간단체 등 다양	미국 국세청	보건복지 가족부
재정		정부(80%) +부모(20%)	정부(80%) +이용료(20%)	조세 및 후원금+이용료	조세	정부+부모 (자산조사에 따른 차등 지급)

공적 보육서비스의 경우 스웨덴이 할당, 급여수준, 전달체계 면에서 가장 관대한 것으로 나타났다. 다음으로 독일로 할당과 재정 면에서 보편주의 원리에 입각하고 있음을 알 수 있었다. 미국과 한국의 경우 자산조사를 조건으로 하고 있다는 점은 선별주의의 원리에 입각하여 급여가 수여되고 있음을 알 수 있다. 그러나 미국이 서비스 내용과 다양한 전달체계, 다양한 재정체계, 그리고 세금공제 측면에서 한국보다 탈젠더화적 성격이 높다고 볼 수 있다.

좀 더 정책의 탈젠더화적 성격을 살펴보기 위해 추가로 보육서비스 현황과 남성의 가사노동 정도를 살펴보았다. 보육서비스 현황은 여성의 탈가족화를 간접적으로 나타낼 수 있는 지표이며, 남성의 가사노동 정도는 남성의 가족화 수준을 볼 수 있기 때문이다.

2007년 OECD 가족데이터에 의하면 스웨덴의 경우 전체적으로 3세 미만 돌봄 서비스나 유치원에 보내는 비율이 44%로 가장 높았으며 한국과 미국의 경우 31%로 같았고 독일의 경우 21%로 가장 낮았다. 또한 전일제 비율도 스웨덴이 43% 높았으며 다음으로 미국이 32%, 독일이 15%였다. 주당 평균 서비스 시간은 미국이 31시간으로 가장 높았으며 다음으로 스웨덴이 29 시간, 독일이 22 시간 이었다. 결론적으로 보육서비스의 탈젠더화 효과는 스웨덴, 미국, 독일 한국 순임을 알 수 있었다.

<표 56> 3세 이하 돌봄시설 등록현황, 2007

	공식돌봄시설이나 유아원 등록현황(%)	전일제로 맡기는 비율(%)	주당 시설서비스를 받는 시간(시)
스웨덴	44	43	29
한국	31	-	-
독일	21	15	22
미국	31	32	31

*출처: OECD(2007), familydatabase

또한 임금근로자 가구가 자녀 한명당 보육에 지출하는 정도를 살펴보면 스웨덴이 3.4%로 가장 낮았으며, 다음으로 독일 6.2%, 한국 14.3%, 이며 미국이 39.1%로 아동보육 이용료가 가장 비쌌다. 그러나 정부의 아동보육급여 지원, 세금급여, 기타 급여를 다 합한 결과 가족 소득내 아동보육비용은 스웨덴이 4.8%로 가장 낮았으며 다음이 미국으로 66.2%, 독일이 6.8%로 미국보다 약간 높았으며, 한국이 15.7%로 가장 높았다. 이러한 사실은 가족 내 보육 지출비용이 스웨덴이 가장 부담이 낮았으며, 다음이 미국과 독일이었고 한국이 가장 아동보육 비용이 높음을 알 수 있다.

<표 57> 평균 임금 67% 전일제 소득 중 한명의 부모 소득의 자녀 순 비용[60]

	아동보육 이용료	아동보육 급여	세금급여	기타급여	순비용	가족 소득내 아동보육 비용
스웨덴	3.4	0.0	0.0	0.0	3.4	4.8
독일	6.2	-2.1	-0.5	0.0	3.6	6.8
미국	39.1	-33.2	-1.3	0.0	4.6	6.2
한국	14.3	-4.3	-0.3	0.0	9.7	15.7

*출처: OECD(2007), familydatabase

　본 분석에서 국가들이 탈젠더화 정책의 수준은 다소 정책마다 차이가 있었다. 그러나 전체적으로 스웨덴이 정책의 종류, 내용 면에서 가장 높다는 것을 볼 수 있었다. 독일의 경우 부모휴가제도는 스웨덴 보다 낮았지만 미국과 한국보다 높았으며, 보육제도는 스웨덴과 미국 다음으로 탈젠더화 수준이 낮았다. 미국은 공식적으로 부모유급휴가제도나 일반계층을 지원하는 공공 보육서비스가 미약함에도 불구하고 아동보육관련 세금급여와 기타 아동보육급여로 순 비용이 스웨덴 보다 높지만 독일과 한국보다 낮은 편이었다. 한국은 명목적으로 부모휴가제도와 보육제도 등 탈젠더화 정책을 가지고 있었지만 다른 국가들에 비해 그 효과는 미비한 것으로 알 수 있다.

　남녀 가사노동은 가족 내 탈젠더화를 제시할 수 있는 대표적인 지표이

---

60) Net childcare costs for a sole-parent family with full-time earnings of
　　67% of the average wage, 2004

다. 여성과 남성의 가사 노동 분담이 같을수록 가족 내 책임을 공유하고 있다고 볼 수 있다. 〈표 58〉에 따르면 각 국가들마다 가사 노동의 종류에 따라 국가마다 차이가 있지만 대체로 네 국가 모두 여성이 남성에 비해 가사노동 참여가 높은 편이다. 그러나 스웨덴이 남녀가 둘 다 가사 노동에 참여하는 비율이 다른 국가들에 비해 높은 편이다. 특히 가족간병과 식료품 구입은 남녀 둘 다 참여하는 비율이 50%에 이르고 있다. 그러나 남성만 비교해봤을 때 미국보다 그 참여도가 낮았다. 독일의 경우 대체로 여성이 가사 노동에 대한 책임감이 높은 편이며 가족간병과 식사 준비를 제외한 세탁과 식사 준비는 거의 여성의 몫임을 알 수 있다. 미국의 영우 스웨덴에 이어 가사 노동을 남녀가 둘 다 책임을 지는 비율이 높았으며 그 차이도 크지 않다. 더욱이 남성만 비교 했을 때 다른 국가들에 비해서 가사 노동 참여가 높다. 한국의 경우 다른 국가들에 비해 여성의 가사 노동에 대한 책임이 가 가높으며 상대적으로 남성은 다른 국가들에 비해 가장 낮다. 게다가 부부 둘 다 가사 노동에 참여하는 비율도 높지 않았다.

<표 58> 국가별 가사 노동 분담 현황

국가		스웨덴	독일	미국	한국
세탁	여성이 많이	73	89	62	90.1
	둘다	21	9	28	7.2
	남성이 많이	7	3	10	1.3
	외부	0	2	2	1.4
가족간병	여성이 많이	40	57	49	-
	둘다	56	40	45	-
	남성이 많이	4	3	6	-
	외부	0	1	1	-
식료품 구입	여성이 많이	38	51	48	72
	둘다	49	41	42	25.6
	남성이 많이	13	8	10	1.3
	외부	0	1	0	0.1
식사준비	여성이 많이	60	76	55	93.7
	둘다	29	18	31	4.8
	남성이 많이	11	6	13	0.6
	외부	0	0	0	0

*출처: 스웨덴, 독일, 미국 자료: Sevilla-Sanz(2005) Social Effects, Household Time Allication, and the Decline in Union Formation, Congressional Budget Office Wahington DC, Working Paper/ 2002년도를 기준으로 함
한국자료: 여성부(2003), 전국가족조사 및 한국가족보고서,[61] 여성부 여성정책1담당관실

돌봄노동은 가사노동과 함께 가족 내 탈젠더화를 나타내는 대표적인 지표로, 남성의 돌봄노동을 통해 남성의 가족화 및 가족 내 돌봄 책임자를 파악할 수 있다. 본 자료에 의하면 스웨덴, 독일, 미국의 경우 자녀수가 많을수록 남성과 여성 둘 다 자녀를 돌보는 시간이 많아지지만 상대적으로 남성에 비해 여성이 더 높다는 것을 알 수 있다. 특히 다른 국가

---

61) 여성응답자 결과 제시

들에 비해 미국이 남성의 자녀 돌봄에 대한 참여도가 높음을 알 수 있었으며 한국의 경우 학령 전 아동에 대한 돌봄 책임이 전적으로 여성임을 알 수 있다.

<표 59> 성별에 따른 학령전 아동 돌봄 현황

(단위: 시간)

	남성		여성	
	1 명	2 명이상	1 명	2 명이상
스웨덴	6.5	9.0	13.0	17.2
독일	5.9	8.4	14.4	
미국	6.8	7.5	11.0	12.5
한국	미취학 아동		미취학 아동	
	0:06		0:26	

*출처: 통계청(2004), 생활시간조사보고서; OECD(2007), family database

　가족정책의 탈젠더화적 성격 분석결과 스웨덴의 가족정책이 부모휴가, 보육서비스 면에서 가장 높았다. 이외에도 보육서비스 현황, 남녀 가사노동 및 돌봄노동정도에서 여성의 탈가족화와 아버지의 가족화가 높았다. 다음으로 독일이었다. 독일은 스웨덴 다음으로 가족정책의 탈젠더화적 성격이 높았다. 그러나 아동보육서비스 현황과 보육비용, 부부의 가사노동 및 돌봄노동정도는 미국보다 낮았다. 이는 정책의 효과가 실질적으로 괴리가 있음을 알 수 있다. 다음으로 미국은 선별주의를 원칙으로 하는 정책으로 부모휴가는 한국보다 탈젠더화적 성격이 낮았으나 보육서비스는 높았다. 하지만 아동 서비스 현황과 보육비용, 부부 가사 노동 및 돌봄노동 정도를 살펴보면 스웨덴과 유사하거나 그 차이가 적었다. 특히 남성의 가사노동 정도는 남성만 비교했을때 스웨덴 보다 많이 사용하고 있었다. 마지막으로 한국은 가족정책의 탈젠더화적 성격이 가장 낮았다.
이는 보육등록현황, 보육비용, 부부의 가사노동 및 돌봄노동 정도에서도
가장 낮은 정도를 보이고 있었다.

세계여성 복지정책의 비교연구

제 5 장

결론

– 참고문헌

세계여성
복지정책의
비교연구

세계여성 복지정책의 비교연구

제5장

결론

　본 연구는 젠더적 관점에서 국가별 가족정책의 발달과정과 성격을 분석하였다. 이를 위한 연구문제는 다음과 같다. 첫째, 여성의 경제적 세력화와 정치적 세력화 기준에 따라 복지정책을 실행하는 나라들이 어떻게 분류되는가? 둘째, 여성의 경제적 세력화와 정치적 세력화가 가족정책의 형성과정에 어떻게 영향을 미치는가? 셋째, 여성의 경제적 세력화와 정치적 세력화 기준에 의한 나라 유형별 가족정책의 성격은 어떠한가?

　이러한 연구문제에 답하기 위해, 젠더적 관점에서 가족정책에 대한 발달과정과 성격에 대한 이론적 논의를 살펴보았다.

　먼저, 여성의 경제적 세력화와 여성 정치적 세력화에 대한 기존의 논의들을 살펴보았다. 많은 페미니스트들은 복지국가 발달을 설명하는 기존이론들이 주요 수급자를 남성 노동자에게만 초점을 맞추고, 여성들은 배제하고 있음을 비판하여 왔다. 특히 이들은 권력자원론과 탈상품화의 비판적 논의를 통해서 여성의 경제적 세력화와 정치적 세력화가 이루어져야 함을 강조한다. 이들은 복지국가의 주요 수급자인 여성이 탈상품화 되기 위해서 여성 노동력의 상품화가 우선적으로 이루어져야 되고, 정책 과정에 영향을 미치는 핵심 변수인 권력자원을 획득하기 위해, 제도권내 에서 여성의 정치적 세력화가 강화되어야 한다고 주장했다. 그래야만 양 성평등에 기반한 복지국가를 건설할 수 있기 때문이다.

다음으로, 여성의 탈상품화와 가족 내 탈젠더적 관점에서 가족정책의 양상을 살펴보았다. 1970년대 이후 복지국가의 성격은 남성생계부양자 를 전제로 한 복지국가에서, 여성이 직장과 가정의 일을 양립할 수 있도 록 한 복지국가로 전환하고 있다. 그런데 직장과 가정의 양립을 전제로 한 가족정책은 여성 노동력의 탈상품화와 가족 내 탈젠더화적 성격으로 나눌 수 있다. 우선, 여성의 탈상품화적 가족정책은 여성의 모성권을 존 중하는 정책으로, 여성들이 노동시장과 배우자인 남편에게 의존하지 않 고 모성에 충실할 수 있도록 보장해주는 정책이다. 이러한 정책은 출산휴 가 재정지원, 아동수당, 아동보육수당, 여성 연금 크레딧 제도 등에 반 영된다. 가족 내 탈젠더화 정책은 남성과 여성 모두 가족 내 돌봄 및 가사 노동의 책임자로 인식하며, 여성의 노동권과 남성의 부성권을 강 조하는 정책이다. 이것은 아동보육서비스와 부모 휴가 정책을 통해서 구체화된다.

이상의 이론적 논의를 기반으로 본 연구는 여성의 경제적 세력화와 여 성의 정치적 세력화를 기준으로 하여 OECD 국가를 유형화하였으며, 유 형 국가별로 사례국가를 하나씩 택하여 가족정책 중 여성탈상품화 정책 과 탈젠더화 정책의 형성과정과 성격을 비교 하였다.

국가별 여성의 경제적 세력화는 여성의 노동시장 참여율, 남성대비 여 성임금 비율, 관리직 비율, 여성전문직 비율로, 여성의 정치적 세력화는 여성의 국회의원 비율, 여성장관직 비율, 여성친화정당의석수 비율, 노동조합율로 측정하였다. K-Means 군집분석을 통해 4국가군으로 분류한 결과, OECD 나라 들 중에서 여성의 경제적 세력화와 정치적 세력화 정도가 상대적으로 높은 국가는 덴마크, 핀란드, 아이슬란드, 노르웨이, 스웨덴이다. 다음으로 여성의 경제적 세력화는 낮지만 여성의 정치적 세력화 정도가 높은 국가는 오스트리아, 벨기에, 체코, 독일, 그리스, 아일랜드, 멕시코, 포르투갈, 스페인, 영국이다. 그리고 여성이 경제적 세력화는 높지만 여성의 정치적 세력화가 낮은 국가군은 호주, 캐나다, 헝가리, 뉴질랜드, 폴란드, 슬로바키아, 스위스, 미국이다. 마지막으로 여성의 경제적 세력화와 여성의 정치적 세력화가 낮은 국가는 이태리, 일본, 네덜란드, 터키, 한국이다.

이렇게 분류된 각 유형의 나라들 중의 대표적인 사례를 골라 가족정책의 형성과정과 결과를 살펴보면 다음과 같다.

스웨덴의 경우처럼 여성의 경제적 세력화가 높고 여성의 정치적 세력화 정도가 진전된 곳에서는 여성은 경제활동에 참여하고자 하는 욕구가 높으며, 또한 자녀 육아에 대한 욕구, 남성의 가사노동 참여에 대한 욕구 또한 높다. 이런 욕구는 여성의원들, 여성장관들, 그리고 좌파성향의 정당, 노동조합 등을 중심으로 정치적 쟁점으로 부상되어 가족정책에 반영된다. 이런 곳에서는 가족정책의 탈상품화적 성격과 탈젠더적 성격이 매우 강하다.

다음으로 여성의 경제적 세력화는 낮고 여성의 정치적 세력화가 높은 독일과 같은 나라에서는, 노동시장에 있는 여성들은 저임금, 단시간, 낮은 지위 등 자신들의 낮은 경제적 세력화로 인해 여성들은 자신들의 고용유지와 남성의 가사노동에 대한 욕구보다는, 가정 내에서 여성이 시장에 의존하지 않고 여성의 역할을 충실히 하고자 하는 욕구가 강하다. 이런 요구는 모성권을 강조하는 여성운동과 결부되어 여성의 탈상품화적 가족정책으로 반영된다. 그러나 탈젠더화 가족정책은 이에 대한 여성들의 요구가 크지 않기 때문에 진전되는 경향이 약하다.

여성의 경제적 세력화는 높지만 여성의 정치적 세력화가 낮은 미국과 같은 나라에서는, 노동시장에 있는 여성들의 여성의 탈상품화와 가족 내 탈젠더화적 욕구는 강하지만 여성들의 정치적 세력이 약하기 때문에 이들의 욕구를 정책에 반영하지 반영되지 못한다. 이런 나라의 가족정책에서 탈상품화 성격과 탈젠더화 성경이 미약하다.

마지막으로, 여성의 경제적 세력화와 정치적 세력화 모두 낮은 한국의 경우 가족정책은 여성의 경제적 세력화가 낮기 때문에 다양한 욕구가 다른 유형보다 강하지 않을 뿐만 아니라, 미약한 여성들의 요구마저도 정책으로 실현시키지 못하고 있다. 이런 나라의 가족정책은 탈상품화적 성격과 탈젠더화적 성격이 매우 낮게 나타난다.

본 연구에 의하면 한국 젠더적 가족정책의 결핍의 주된 원인은 한국 여성의 경제적 세력화와 정치적 세력화가 낮기 때문인 것으로 볼 수 있다. 앞으로 이런 상태가 계속된다면 한국의 복지국가 구조는 현재와 같이 여성의 능동적인 경제활동 및 정치세력화를 약화시킬 가능성이 크기 때문에, 좀 더 적극적으로 여성의 욕구를 반영할 복지국가를 구현하기 위해선 여성의 경제적 세력화와 정치적 세력화를 지원해야 한다. 그렇지 않으면 변화하는 사회속에서 여성은 가족 내 복지의 주요 책임자로 남을 확률이 크다. 또한 급속히 변화하는 한국사회에서, 저출산 고령화, 근로 빈곤층 양상등과 같은 신사회문제에 여성이 가장 큰 피해자가 될 가능성이 크다.

본 연구의 한계점 및 추후 연구를 위한 제안점은 다음과 같다.

우선 자료의 제한성이다. 이는 비교논문의 일반적인 한계성으로 각 국가마다 언어와 문화가 다르기 때문에 유사한 자료라도 연구자의 해석에 따라 다른 결과를 도출할 수 있다는 점이다. 본 연구에서도 한국의 제외한 스웨덴, 독일, 미국의 경우 영어로 된 자료를 중심으로 분석되었기 때문에 영어권 국가가 아닌 스웨덴과 독일의 경우 풍부하고 자료 획득에 어려움이 있었으며, 그렇기 때문에 객관적인 정보의 전달에 다소 한계가 있을 것으로 사료된다. 또한 본 연구자의 문화적 사회적 한계성으로 인해 분석국가와 한국을 동일하게 이해하는 데에 한계가 있었다. 그럼에도 불구하고 본 연구는 OECD 및 UN, ILO 등과 같은 국제기구와 각 국가 정부부처에서 제공하는 자료와 다양한 국제 학술 논문 등에서 자료를 얻음으로서 이러한 한계를 극복하려고 노력하였다.

다음으로 일반화의 가능성이다. 본 연구는 OECD 국가를 중심으로 유형화한 후 각 군집에서 한 국가를 선택하여 내용분석을 하였다. 유형별로 한 국가를 통해 각 국가군의 특징을 일반화시키기에는 무리가 있다고 본다. 그러나 본 연구는 각 사례국가를 선택할 때 이론적 논의를 바탕으로 하였으며 비교연구를 통해 각 사례국들의 구체적인 특징을 밝히려고 노력하였지만, 보다 엄밀한 실증적 연구가 뒷받침되어야 된다고 본다.

마지막으로 본 연구는 계량적인 연구방법론에 의존하기 보다는, 제도론에 기반해 정책의 내용과 특성을 분석하였기 때문에, 가족정책과 가족 내 탈젠더화 정도의 영향, 상관성 등을 밝히지 못했다. 따라서 본 연구는 여성의 경제적 세력화와 정치적 세력화를 고려하여 복지국가의 상이성을 설명한 탐색적 연구로 볼 수 있다. 추후 엄격한 변수 선정을 통해서 가족 내 탈젠더화 지수가 만들어지고, 풍부한 실증적 연구가 뒷받침되어야 한다고 본다.

세계여성 복지정책의 비교연구

참고문헌

국내 문헌

강성애. 2008. "여성인적자원의 활용과 국가경쟁력과의 관계연구 : OECD 국가를 중심으로", 성균관 대학교 석사학위 논문.

강희경. 2007. "탈상품화 개념에 대한 비판적 검토".『가족과 문화』제 19집 1호: 1-27.

권기대. 2005. "사회복지지출의 결정요인에 관한 연구". 국민대학교. 석사학위 논문.

권정현. 2007. "기혼여성 경제활동 참가 패턴 변화분석:1980~1990". 서울대학교 대학원 석사학위논문.

권현정. 2003.『페미니즘역사의 재구성』, 공감.

공인숙 · 한미현 · 김영주. 2005.『보육학 개론』. 교육학 개론.

국회여성위원회. 2008.『일-생활균형을위한 가족지원체계구축과정책대안』.

국회여성특별위원회. 1995.『여성관계의안정책자료』.

김광희. 2004. "우리나라 여성의원 육성정책에 관한 연구". 한국 여성개발원.

김경태. 2001. "복지국가의 유형별로 본 사회복지통계의 특성비교에 관한 연구". 충남대학교 석사학위논문.

김경희. 2007. "여성운동 20년의 성과와 과제". 한국 여성개발원.

김경희. 1998. "여성운동의 제도화와 자율성: 호주, 브라질, 미국의 사례를 중심으로",『연세 여성연구』4: 115-139.

김경희 · 류임량. 2005. "여성단체의 일-가족 양립 제도화를 위한 활동과 특성".『페미니즘연구』. 통권8권 2호: 77-116.

김동윤. 1984. "한국 가족정책에 관한연구". 전남대학교 석사학위 논문.

김명희. 2008. "공공부조 정책 변화의 역사 제도주의적 분석". 이화여자대학교 박사학위 논문.

김미경. 2001. "복지국가의 여성정책과 정부시책에 관한 비교연구". 명지대학교 석사학위 논문.

김미성·전경옥·문경희. 2005. "한국과 스웨덴의 여성고용과 남녀고용평등정책 비교".『아시아 여성연구』.

김선욱 .2005. "독일 여성 정책", 이화법학 총서.

김선욱. 2001.『여성정책책임관(GEO)제도에 관한 연구』. 여성부.

김수완. 2004. "여성 노인의 노후소득보장제도에 따른 복지국가 유형화 연구".『한국사회복지정책학회』20: 275-296.

김수일 외. 1976.『인구성장과 경제성장』. 한국교육개발원 정책보고서.

김수정. 2006. "스웨덴 가족정책의 삼중동학 :탈상품화, 탈가족화, 탈젠더화".『가족과 문화』18: 1-33.

김수정. 2004. "복지국가 가족지원정책의 젠더적 차원과 유형".『한국사회학회』39: 209-233.

김수정. 2002. "가족수당의 제도 정치와 여성의 사회적 권리".『페미니즘 연구』2: 131-177.

김순애. 1981. '한국여성인력의 취업구조변화에 관한연구', 연세대학교 교육대학원 석사학위논문.

김안나. 2006. "독일의 사회보장제도",『국제사회보장동향』.

김양미. 2007. "근로소득보전세제의 국가간 비교연구". 대구카톨릭대학교 석사학위 논문.

김연진 .2005. "미국의 이민과 소수민족 연구 - 역사학과 사회학의 만남". 단국사회학.

김영모·표갑수. 1998.『선진국 아동보육제도와 보육프로그램』. 서울: 한국 정책연구소.

김영란. 2006. "새로운 사회적 위험과 여성빈곤 그리고 탈빈곤정책".『한국 사회학』40: 189-226.

김영숙. 2005. "우리나라 보육정책 개선방안에 관한 연구". 경희대학교 석사학위 논문.

김영순. 2001. "한국여성 인권에 관한 연구", 한양대학교 석사학위 논문.

김영화·손지아. 2005. "여성운동이 여성복지에 미친 영향과 의미".『복지 행정 논총』.

김영희. 2007. "복지국가체제별 출산장려정책에 관한 연구 :미국·프랑스·스웨덴의 사례를 중심으로", 공주대학교 석사학위 논문.

김원홍. 1999. "스웨덴 여성의 정치적 지위에 관한 소고",『여성과정치Ⅱ』. 서울: 한국여성정치문화연구소.

김은경. 2008. "여성정치참여확대를 위한 제언, 여성 실질적 정치적 세력화를 위하여". 대통합민주신당, 전국여성위원회, 미래여성리더십센터, 12세기 여성 포럼.

김은정. 2004. "공적이전소득의 여성빈곤감소 및 소득 재분배효과에 관한 연구", 숭실대학교 석사학위논문.

김재경. 1999. "통일 후 독일의 여성 및 가족정책",『한국사회과학 논총』.

김지선. 2002. "한국 여성의 정치참여 저해요인과 활성화 방안에 관한 연구", 경희대학교 석사학위논문.

김정숙 외. 1997.『여성과 정치Ⅱ』. 서울: 여성 정치문화 연구소.

김진욱. 2008. "여성근로자의 육아휴직과 근로지속성에 관한 실증연구".『사회복지정책』33: 239-260.

김태성. 1993. "복지국가 유형화에 관한 연구".『한국 사회복지학』.

김택현. 1974. "낙태에 대한 합법화문제", 서울제일변리사회.

김철주. 2004. "복지체제의 유형화와 결정요인에 관한 일연구".『사회복지정책』20: 63-85.

김춘경. 1971. "한국근로여성의 현황과 기본문제". 연세대학교 석사학위논문.

김춘일. 2004. "구미 주요국에서의 유아를 위한 보육 교육의 동향".『유아교육』.

김해리. 2007. "복지개혁의 젠더 정치", 서울대학교 석사학위논문.

김혜경. 2003. "가족정책과 양성평등".『국회도서관보』40: 56-62.

김혜연. 2009. "여성의 소득불평등 경향 및 원인에 관한 연구". 이화여자대학교 박사학위논문.

김흥국. 2005. "여성의 경력개발 방안".『인적자본개발연구』7: 1-33.

김희자·이병렬. 1998. "복지정책이 가족변화에 미치는 영향-미국과 스웨덴을 중심으로".『보건과복지』1: 92-109.

김혜원·김경희·이주희·최은영. 2007.『OECD 주요국의 여성고용정책연구: 영국·캐나다·스웨덴·덴마크』. 서울: 노동연구원.

노동부. 2008. 『여성과 취업』.

노동부. 1995. 『여성과 취업』.

노동부. 1983. 『여성과 취업』.

류애현. 2007. "영국과 스웨덴의 여성정책 비교". 이화여자 대학교 박사학위논문.

류연구. 2007. 『여성연금수급권확대를 위한 국민연금제도』. 서울: 한국여성정책 연구원.

류연규. 2005. "복지국가의 탈가족화와 저출산율의 관계에 관한 비교연구". 서울대학교 박사학위논문.

문경희. 2007. "세계의 여성정책", 여성신문. 2007년 11월 9일지.

문미영 외. 2006. 『양성평등균형인사정책의 실효성확보를 위한 실태조사 분석』. 서울: 한국여성개발원.

맹진학. 2008. "복지체제 유형 간 실증적 비교연구". 『한국사회보장연구』 45: 135-160.

민병학·연병모. 2006. 『현대 정치학 개론』. 서울: 대평.

박경순. 2002. "남녀고용평등법의 문제점과 개선방안 -모성보호 및 직장과 가정생활의 양립지원을 중심으로", 『여성학연구』 12: 91-107.

박만숙. 2006. "영국과 미국의 자녀지원 세액 공제제도 비교연구". 이화여자대학교 석사학위논문.

박미석·송인자·한정원. 2003. "한국가족복지정책에서의 여성정체성". 『한국가정학회』 4: 155-170.

박선영. 2007. "여성의 지방의회 참여 실태와 개선방안", 한양대학교 석사학위논문.

박선하. 2005. "공보육도입을 통한 한국의 저출산 문제의 극복방안", 서강대학교 석사학위논문.

박세경·원종욱·조숙경, 2005. 『OECD 국가와 한국의 아동보호체계비교연구』. 서울: 한국보건사회연구원.

박순자. 2007. "빈곤아동복지정책 개선방안에 관한연구". 경희대학교 석사학위논문.

박승희. 2004. 『한국사회복지 정책론;아름다운세상가꾸기』. 서울: 성균관대학교 출판부.

박승희 · 채구묵 · 김철주 · 홍세영. 2007. 『스웨덴 사회복지의 실제』. 양서원.

박선하. 2005. "공보육도입을 통한 한국의 저출산문제의 극복방안". 서강대학교 석
　　　사학위논문.

박영미. 2001. "여권론적 시각에 의한 여성복지정책분석" 『한국사회와 행정연구』
　　　12: 151-163.

박용수. 2007. "1990년대 이후 잔여적 한국복지국가 발달의 주요 배경". 『한국 국제
　　　정치학회』 47: 97-122.

박영란. 2005. 『여가와 사회자본 및 인적자본 투자 간의 시간배분 분석』. 서울: 한
　　　국여성개발원.

박정선. 1998. "영국, 미국, 독일의 아동보육정책의 형성과 발달현황". 『연세사회복
　　　지연구』 5: 63-96.

박진빈. 2004. "20세기초 미국 모성주의적 복지정책의 발전". 『역사학보』.

배민환. 2007. "우리나라 저출산의 원인 및 출산 장려 방안에 관한 연구", 단국대학
　　　교 석사학위논문.

배선희. 2006. "한국 국가페미니즘의 전개와 정치과정", 경희대학교 박사학위논문.

변화순. 1989. "한국가족정책에 관한 종합적 고찰". 『여성연구』 22: 140-159.

보건복지가족부. 2009. 『2009년 가족지원사업안내』.

보건복지가족부. 2008. 『2007 보건복지 가족백서』.

보건사회부.1964. 『보건사회통계연보』.

서병문; 안드레아스 헤네커; 제스퍼 코글린. 2006. 『독일의 가족 및 가족 내 사회화
　　　과정 연구』, 서울: 한국 청소년 개발원.

서문희 외. 2007. 『취약보육대안 마련을 위한 저소득가정 영유아 보육 실태조사 보
　　　고』. 서울: 한국여성노동자회.

서수경. 2002. "근대 모성담론을 통해 본 한국 가족정책의 방향". 『대한 가정학회지』
　　　40: 137-152.

석종욱. 2007. "독일부모휴직수당및부모휴직에관한법률소개". 『외국법제동향』.

석재은. 1999. "노인 장기요양보호의 공급주체간 역할분담 유형에 관한 비교연구
　　　:비용부담과 보호제공을 중심으로". 이화여자대학교 박사학위논문.

선은애. 2008. "사회보험행정에 있어서 사회보험 수급권에 관한 연구". 단국대학교

석사학위논문.

송근원·김태성. 1995. 『사회복지정책론』. 서울: 나남 출판.

송다영. 2006. "한부모가족과 여성사회권". 『사회복지정책』 27: 171-199.

송명희. 2006. 『산전후휴가미활용실태조사및 노동시장복귀활성화방안에 관한연 구』. 서울: 보건복지부.

송재창. 2000. "조세정책과 복지정책의 정책조합 :근로소득보조세제(Earned Income Tax Credit)도입의 타당성 검토". 성균관대학교 석사학위논문.

신경아. 2005. "저임금노동자와 노동시장담론", 『여성학논집』 22: 3-34.

신명순. 2006. 『비교정치』. 서울: 박영사.

신윤정. 2008. 『스웨덴의 양육 지원 정책 현황』. 서울: 보건사회연구.

심미례. 2007. "한국의 아동수당제도 도입방안에 관한 연구" 서울 시립대학교 석사 학위논문.

안지혜. 2009. "복지국가의 고령자 고용정책에 관한 비교 연구: Therborn의 복지국 가 유형을 중심으로". 건국대학교 석사학위논문.

안상훈. 2002. "비교사회정책 연구방법론의 서설적(序說的) 이해". 『상황과 복지』 13: 47-71.

양진운·차흥봉·석재은. 2006. "노인수발보험의 재정 및 서비스 관리운영체계 모 형 연구 :지역사회 중심형 케어매니지먼트의 실험". 『사회복지정책』 27: 115-148.

오민수·김재일. 2007. "한국 복지레짐의 변화에 관한 연구". 『한국정책과학협회』 11: 147-168.

오장미경. 2006. "국가주의페미니즘을 넘어:개인과차이, 연대의 감수성으로", 『시민 과 세계』 8: 453-470.

오장미경. 2004. "여성운동과 정책참여(1997년이후~현재)". 『시민사회와 NGO』 2: 201-233.

우명숙 .2006. "한국 여성의 경제적 세력화 변화와 국가의 역할 :여성주의 국가론의 국가자율성 논의를 중심으로". 『한국사회학』 40: 62-90.

유보경. 2004. "취업여성을 위한 보육정책의 특성과 과제". 『한국인구학』 27: 91- 120.

유시민. 1999. 『독일사회사민당』. 독일: Friedrich Ebert Stiftung.

윤홍식. 2007. "신사회위험에 대한 대응으로써 사회투자전략". 『한국사회복지학』.

윤홍식. 2006a. "부모 부성휴가를 통해본 남성돌봄지원참여 정책비교", 『한국 사회 복지학』.

윤홍식. 2006b. "OECD 21개국의 부모권과 노동권 보장수준을 통해 본 가족정책의 비교연구", 『한국사회복지학』 58: 341-370.

윤홍식. 2005. "가족정책의 성 통합적 재구조화 : 노동 주체의 관점에 근거한 일과 가족의 양립을 중심으로". 『한국사회복지학회』 57: 291-319.

여성가족부. 2008. 『여성 가족통계연보』.

여성가족부. 2006. 『가정내 육아지원서비스 제공 방안 마련을 위한 연구』.

여성가족부. 2006. 『여성정책연차보고서』.

여성가족부. 2005. 『여성정책연차보고서』.

여성부. 2003. 『전국가족조사 및 한국가족보고서』. 서울: 여성부 여성정책1담당관 실.

여성정책 개발원. 2007. "미국 여성정치 현장을 가다". 여성정책 개발원 내부자료.

이규용 외. 2004. 『육아휴직 활용실태와 정책과제』. 서울: 한국 노동 연구원.

이건정. 1992. "사회민주주의하의 스웨덴 여성". 『여성과 사회』 3: 143-179

은석. 2007. "동아시아 복지국가 유형화에 대한 연구 : 1970-1997, 발전형 복지국가 논의를 중심으로", 서울대학교 석사학위논문.

이미정·정진성. 1999. "여성의 교육수준 향상과 노동시장참여: 1980-1990년대를 중심으로". 『한국사회과학』 21: 75-114.

이병렬. 2003. "저출산의 성차별적 원인과 가족복지정책". 『국회도서관보』 40:63-79

이상은. 2003. "미국의 복지개혁: 소극적 현금지원정책으로부터 적극적 자립지원정 책으로". 『한국 사회보장학회』 19: 23-58.

이선주. 2007. 『독일의 부모수당 도입배경과 의의』. 서울: 여성정책개발원.

이아미. 2006. "지방의회 여성의원의 정치적 영향력 확보를 위한 관계 형성에 관한 연구". 숙명여자 대학교 대학원 석사학위논문.

이재열. 1996. "여성의 생산노동과 재생산노동의 상호연관성이 취업에 미치는 영향 에 관한 경험적 연구". 『한국 인구학』 19: 5-44.

이재경. 2004. "공·사영역의 변화와 가족을 넘어서는 가족정책에서 재구성". 『여성 연구』.

이정언. 2008. "독일여성고용지위 현황 및 개선". 『국제 노동동향』.

이진숙. 2006. "독일 가족정책의 현황과 젠더적 성격". 『한국 사회복지학』 58: 93-118.

이진숙. 2005. "사회통합과 외국인 가족복지정책: 독일 사민당 정부 하에서의 정책 변화를 중심으로". 『한국사회복지학』 57: 231-252.

이진숙. 2004. "독일가족복지정책의 쟁점변화 분석". 『한국 인구학』 27: 1-119

이진숙. 2002. "독일가족정책의 변천에 관한 연구". 『한국 인구학』. 25: 145-179.

이창신. 2002. "경제 대공항기 젠더체계와 미국여성: 여성고용정책과 정치 네트워크형성을 중심으로". 『미국사 연구』 15: 65-99.

이향숙·김경숙. 1996. 『여성고용증대와고용평등을위한적극적조치: 시험적모델』. 서울: 한국노동연구원.

이현주. 2005. 『외국 공공부조 전달체계』. 서울: 한국 보건사회 연구원.

이현주 외. 2003. 『공공부조와 사회복지서비스의 체계분석 및 재편방안』, 한국보건 사회연구원.

이혜경·홍승아. 2003. "성통합적 복지국가재편논의를 위한 여성주의적 비판". 『사회보장연구』 19: 161-189 .

이혜경. 1994. "사회복지 여권론적 관점에서 본 한국 여성복지정책의 성격에 관한 연구". 서울대학교 대학원 박사학위논문.

이혜란. 1984. "스웨덴 유아교육에 관한 일연구", 이화여자대학교 대학원 석사학위 논문.

이헌근. 2007. 『여성, 평등 그리고 정치발전:스웨덴 실험과 한국』. 서울: 신지서원.

이희수. 1979. "한국 여성단체의 아동복지활동의 실태에 관한 연구", 대한가정학 회지.

이효석. 2001. "여성경제활동 참여율의 변화와 요인". 국민대학교 석사 학위논문.

임 숙. 1988. "우리나라 노동시장에서의 여성노동력 차별에 관한연구". 이화여자 대학교 석사학위논문.

유해미. 2004. "젠더 차원에서 본 복지국가 재편 시기의 양육정책 변화에 관한 비교 연구: 이탈리아와 스웨덴의 사례를 중심으로". 고려대학교 박사학위

논문.

장동호. 2001. "국가복지의 발전유형에 관한 질적비교분석 : OECD 12개국의 소득
　　　　보장과 사회복지서비스를 중심으로". 전북대 대학원 석사학위논문.

장미경. 2002. "20세기 미국 여성정책의 특징과 변화".『동덕 여성연구』7: 143-164.

장자연 외. 2005.『일 가족양립체계의 선진국 동향과 정책과제』. 서울: 한국노동연
　　　　구원.

장혜경. 2002.『외국의 가족정책과 한국의 가족정책 및 전담부서의 체계화 방안 연
　　　　구』. 서울: 한국 여성개발원.

전광희. 2005. "유럽 선진국의 인구·가족정책의 전개과정 :프랑스와 독일의 경우".
　　　　『사회과학 연구』16: 211-236.

전복희. 2002. "독일 1기 여성운동에서 여성쟁점의 특징".『한국 정치학보』409:
　　　　4-15.

전복희. 1998.『정치와 여성』, 서울: 나남출판.

정미숙. 1993. "70년대여성논동운동의활성화에 관한경험세계적연구", 이화여자대
　　　　학교 석사학위논문.

정인수 외. 2005.『1～2만 불 시기 선진국 노동시장정책의 변화』. 서울: 한국 노동
　　　　연구원.

정재훈. 2008. "독일에서 수입하고 싶다면, 운하 대신 성인지적 가족정책을".『여성
　　　　과 인권』.

조남훈 외. 2006.『저출산 고령사회 기본계획의 이해』. 서울: 보건사회연구원.

조선주. 2008.『근로장려세제와 여성의 노동공급:실증분석과 정책과제』. 서울: 한국
　　　　여성정책연구원.

조성혜. 2007. "독일의 양육 관련 법제와 출산장려정책",『공법학연구』8.

조영래. 2001. "한국 여성정책추진체계의 개선방안에 관한 연구" 중앙대학교 석사
　　　　학위논문.

조용수. 2007. "우리나라의 세대별 빈곤실태와 결정요인에 대한 실증 연구",『국제
　　　　지역학회』,

조영훈. 2001. "유교주의, 보수주의, 또는 자유주의? 한국의 복지유형 검토".『한국
　　　　사회학회』,

조주현. 2000. 『여성정체 성의 정치학』. 서울: 또 하나의 문화.

조혜정. 1985. 『전문직 여성』, 서울: 한국 여성과 일.

진수희. 1999. 『전문직 여성의 일과 삶의 질』. 생각의 나무.

통계청. 2004. 『생활시간조사보고서』.

채구묵. 2005. "가족복지정책과 출산율", 『한국사회복지학』 57: 337-361.

최성재. 1994. "복지국가와 가족", 『가족학회』 6: 239-266.

최연혁. 2007. 『여성정치선진화와 양성평등사회구현을 위한 정책대안』, 서울: 국회 여성가족위원회,

최유경. 2005. "가족정책을 통해 본 한국의 가족과 근대성", 이화여자대학교 대학원 박사학위논문.

최은영. 1991. "80년대 한국여성복지정책의 성격에 관현연구" 연세대학교 석사학위 논문.

최은영. 2006. "취업여성의 일-가족 양립지원 정책방향", 『보건복지포럼』 111: 18-32.

최현수. 2007. 『국제 사회보장 동향』, 보건사회연구원.

최현수. 2001. "EITC(Eearned Income Tax Credit)제도의 빈곤감소효과 및 소득분배효과 분석", 서울대학교 석사학위논문.

최희경. 2003. "OECD 국가들의 사회복지지출 유형과 한국의 복지체제", 『한국정부학회』.

하연섭. 2004. 『제도 분석』. 서울: 다산 출판사.

한국노동연구원. 2007. 『세계노동소식:세계노사정소식』, 한국 노동연구원.

한국노동연구원. 2009. 『해외노동소식』.

황선혜. 2004. "독일 여성들의 정치참여와 할당제 :사민당과 녹색당을 중심으로". 『여성연구』 66: 41-74.

황숙현. 1987. "한국의 가족정책이 가족에 미치는 영향에 관한 연구". 서울대학교 석사학위논문.

황정미. 2004. "성차별과 한국의 여성정책:법담론과 위원회활동분석". 『페미니즘연구』.

황제인. 2006. "사회변동에따라복지국가이념의 헌법과제", 중앙대학교 석사학위논

문.

허성우. 2007. 『민주와 항쟁 20년과 여성』. 서울: 여성정책개발원.

홍경준. 1999. "복지국가의 유형에 관한 질적 비교분석". 『한국 사회복지학』 38: 309-335.

홍미희. 2007. "세계의 여성정책-독일", 여성신문, 2007년 12월 12일자.

홍성대·김철주·김주일. 2009. "독일 복지국가 재구조화의 양상과 성격". 『한독사 회과학협』.

홍승아. 2005. "미국의 보육정책: 시장화전략과 잔여적 보육정책", 『여성연구』.

홍승아. 2005. "복지국가모성정책의 유형과 결정요인에 관한 연구". 연세대학교 박 사학위논문.

홍인혜. 2006. "영유아 보육 및 유아교육 변화에 관한 연구", 성신여자 대학교 석사 학위논문.

외국 문헌

Gornick, A., and P. Whiteford. 2004. "Family Policy and the Restructuring of the Welfare State: A Comparative Analysis of OECD Countries." OECD.

Annesley, C. 2007. "Women`s Political Agency and Welfare Reform: Engendering the Adult Worker Model." Parliamentary Affairs Vil.60 No.3.

Balbo. 2004. "Making a European Quilt: Doing Gender in the European Social Sciences." European University Social Institute.

Bettencourt. 1999. "Gender Policy in the German Welfare State."tübinger universitat (http://tiss.zdv.uni-tuebingen.de/webroot/sp/spsba01_W98_1/ denver8.htm).

Bergqvist, C., and Jungar, A. C. 2000. "Adaptation or Diffusion of the Swedish Gender Model?." in Gendered Policies, editied by L. Hantrai. Europe. London:

Bergquist, C., and A. Nyberg. 2002. "Welfare state restructuring and child care in Sweden." pp. 288-307. In Child care policy at the crossroads.

Gender and welfare state restructuring, edited by Sonya Micel and Rianne Mahon. New York and London: Routledge.

Blank. 1998. "Trends in the Welfare System." in Welfare, The Family, And Reproductive Behavior edited by Moffitt.

Bäck-Wiklund, M., and S. Szücs. 2006. "National Report Sweden, Socio-economictrends and welfare policies", Göteborg University.

Bleses, P., and M. Seeleib-Kaier, 2004. The Dual Transformation of the German Welfare Sate. Palgrave.

Blood, R. O., and M. Wolfe. 1960. Husbands and Wives: The Dynamics of Married Living. Glencoe. IL: Free Press.

Blossfeld, H., and S. Drobnic. 2001. Careers of couple in Comtemporary Societies. OXFORD.

Bode and Nees. 2007. "Germany: Background to the debate over child care." World Socialist Web Site(http://www.wsws.org/articles/2007/may2007/nurs-m16.shtml).

Bock, G. 1991. "Antinatalism, Maternity and Paternity in National Socialist Racism." pp.233-255 in Maternity and Gender Politics: Women and the Rise of the European Welfare States.

Bock, G,. and P. Thane. 1991. Maternity and Gender Policies. London: Routledge.

Bjönberg, U., and L. Dahlgren. 2003. "Labour Supply: The Case of Sweden." National Working Paper, Social Policy Research Unit, University of York, United Kingdom.

Borchost, A. and B. Siim. 1987. "Women and the Advanced welfare state- a New Kind of Patriarchal Power?." in Women and the State: The Shifting Boundaries of Public and Private edited by Anne Showstack Sassoon. London: Hutchinson.

BMFSFJ(Federal Minstery for Family Affair, Senior Citizen, Women and Youth in Germany). 2007. "Family Policy is the Policy of the Future."

http://www.bmfsfj.de/eupresidency/service,did=96202.html.

BMFSFJ. 2005. Datenreport zur Gleichstellung von Frauen und Männern in der Bundesrepublik

Bradley, R. H., B. M., Caldwell, and Corwyn, R. F. 2003. "The Child Care HOME Inventories: assessing the quality of family child care homes." pp. 294-309. in Early Childhood Research Quarterly, 18.

Caiazza, A. 2002. The Status of Women in the States. Washington, DC: Institute for Women' Policy Research.

CEDAWE. 2007. "Executive Summary and Questions for the Pre-Session Working Group Shadow Report by the. Alliance of German Women's Organizations." the German Government on the Convention on the Elimination of All Forms of Discrimination against Women.

Christopher. 2002. 'Welfare State Regimes and Mother`s Poverty', Oxford University press

Chun, C. 2002. 통일한국여성의 경제적 세력화와 여성정책-독일 통일사례를 기초로, 서울대학교

Crompton. R. 1999. Restructuring Gender Relations and Employment: The Decline of the Male breadwinner. Oxford University Press.

Crompton, R. 2001. "Gender Restructuring, Employmnt, and Caring." Social politics.

Dahlerup, D. 1986. The New Women's Movement: Feminism and Political Power in Europe and the USA. London: Sage.

Daly. M. 1994. "Comparing Welfare States." pp.101-117 in:), Gendering Welfare States, edited by Sainsbury, Diane. London, S. (한국여성정책연구회 역, 복지국가와 여성정책, 서울: 새물결, 115-138쪽).

Diefenbach, H. 2002. "Gender Ideologies, Relative Resources, and the Division of Housework in Intimate Relationships: A Test of Hyman Rodman's Theory of Resources in Cultural Context." International Journal of Comparative Sociology.

Department of Labor. 2008. Federal Register, Rules and Regulation.

Dribbusch, H. 2008. Institute for Economic and Social Research, WSI.

Duvander, A. Z., Tommy Ferrarini, and Sara Thalberg. 2006. "Swedish Parental Leave and Gender Equality." Institute for future studies.

Engels. 1884. The Origin of the Family, Private Property and the State. in Hottingen-Zurich(김대웅역, 가족의 기원, 아침).

Esping-Andersen, G. 1999. Social Foundation of Postindustrial Economies. Oxfrod University Press(박시종 역, 복지체제의 위기와 대응, 성균관대학교출판부).

Esping-Andersen, G. 1990. The Three Worlds of Welfare Capitalism, Cambridge, Uk(박시종역, 복지자본주의의 세가지세계, 성균관대학교출판부)

European Foundation for the Improvement and Working Conditions. 2002. "Germany." Accessed May 31, 2002. http://www.eurofound.eu.int /emire/germany/nightwork-de.

EU. 2008. Gender equality and non-discrimination.

Ferrarini, A. Z., and T. Duvander. 2008. "Swedish Family Policy Contreversial reform of a success story." Friedrich ebert stiftung.

Ferrarini, T. 2003. "Parental leave institutions in eighteen post war welfare states." Swedish Institute for Social Research.

Fraserm N. 1994. "After the family : Gender Equity and Welfare State." Northwest University.

Geo and Gilbert 2006. "Welfare state regimes and family policy: a longitudinal analysis." International Journal of Social Welfare.

Gilbert, N. and P. Terrell. 2005. Dimensions of social welfare policy. Boston: Allyn and Bacon.

Ginn, J., D. Street and S. Arber. 2001. Cross-national trends in women`s work, Women, Work and Pensions. Open University Press pp11~30.

Glenn, N. 1987. "Social Trends in the United States: Evidence from Sample

Surveys." Public Opinion Quarterly, 51 (Winter, 1987), S109-S126.

Goodman, R., and I. Peng, 1996. "The East Asian Welfare state: Peripatetic Learning, adaptive Change and Nation-Building," on Welfare state in Transition, edited by Esping-Andersen. Sage.

Gornick , J and M. Meyers. 2008. "Creating Gender Egalitarian Societies: An Agenda for Reform." Politics and Society.

Gornick, J., and M. EYERS. 2001. "Lesson-Drawing in Family Policy: Media Reports and Empirical Evidence about European Developments", Journal of Comparative Policy Analysis: Research and Practice 3, 31-57.

Gottfried, H., and J. O`Reilly. 2002. "Reregulating Breadwinner Models in Socially Conservative Welfare Systems: Comparing Germany and Japan?." Social Politics, Spring 2002.

Gottschall, K., and K. Bird. 2003. "Family leave policies and labor market segregation in Germany: reinvention or reform of the male breadwinner model?" The Review of Policy Research.

Olsen, G., and J. O` Connor. 1998. "Understanding the welfare State: Power Resource Theory and Its Critics." in Power Resources Theory and the Welfare State: A Critical Approach.

Gauthier, A. H. 1996. The State and the Family. A Comparative Analysis of Family Policies in Industrialized Countries. Clarendon Press. Oxford.

Haas, L. 1992. Equal Parenthood and Social Policy: A Study of Parental Leave in Sweden. N.Y.: State University of New York Press.

Harding.F. L. 1996. Family, State and Social Policy, Houndmills; Maclillan.

Hernes, H. M. 1982. "Offentliggj ø ring av familien" in Kvinneforskning: Bidrag til samfunnsteori, edited by Runa Haukaa, Marit Hoel og Hanne Haavind. Scandinavian University Press, Oslo

Hernes, H. M. 1987. "Women and the welfare state: the transition from private to public dependence." in Women and the State: The Shifting Boundaries of Public and Private, editedy by Anne Showstack Sassoon. London: Hutchinson.

Hirdman. 1998. "state policy and gender contracts: sweden." in Women, Work and the Family in Europe, edited by Eileen Drew, Ruth Emerek, and Evelyn Mahon. New York, Routledge.

Hobson, B. 1994. "Solo Mothers, Social Policy Regimes and the Logics of Gender", in Gendering Welfare States, edited by D. Sainsbury. London, Sage Publication (한국여성정책연구회 역, 복지국가와 여성정책, 서울: 새물결, 339-362쪽).

Hobson, B., and M. Lindholm. 1997. "Collective Identities, Women`s Power Resources and Making of WelfareState." Theory and Society 26.

Huber, J. 1989. "Values and Partisanship in Left-right Orientations: Measuring Ideology." European Journal of Political Research 17: 599-621.

ILO. 2008. "Gender Mainstreaming in Sweden." ILO Partnership Programme.

Jang. 2007. "The 39th Session of the convention on the Elimination of All Forms of Discrimination. Against Women." UN.

Jancaityte. 2007. "Family-friendly Policies and Welfare State: A Comparative Analysis, Between Paid and Unpaid Work." Social Research Center of Vytautas Magnus University.

Jenson, J. 1987. "Both Friend and Foe: Women and State Welfare."pp. 535-556 in Becoming Visible. edited by R. Bridenthal, C. Koontz, and S.M. Stuard'. Boston: Houghton Mifflin.

Jones, K. 1985. Patterns of Social Policy, Tavistock Publication.

Karl. 1995. Women in Empowerment: Participation and Decision Making. London: Zed Books.

Kamerman, S., and A. Kahn. 1997. Family Change and Family Policies in Great Britain, Canada, New Zealand, and the United State. Clarendon Press · Oxford.

Kamerman, S., and A. Kahn. 1991. Child Care, Parental Leave, And The Under 3s Policy Innovation in Europe. Auburn House.

Kamerman, S., and A. Kahn. 1988. Family Policy: Government anad Family in fourtenn countries 1978, Columbia University.

Keelde. 2007. "the middleclass organization", http://middleclasshasavoice.com.

Kim, R. 2001. "Policy Factor Affecting Maternity Protection in South Korea and Sweden." Sookmyung Women`s University.

Kirsten Gillibrand. 2009. Resigned from the House on January 26, 2009, after being appointed to the United States Senate and was sworn in to the Senate on January 27, 2009.

Konenelly, R., and J. KImmel. 2007. "Spousal Influences on Parents Non-Market Time Choices." IZA Discussion Paper No. 2894 .

Korpi. W.1983. The Democratic Class Struggle. London: Routledge and Kegan Paul.

Korpi. W. 2000. "Face of Inquality: Gender, Class, and Pattern of Inequalities in Different Types of Welfare States." Social politic.

Koven, S., and Michel, S. 1993. Mothers of a new world: Maternalist politics and the origins of the welfare state. New York and London: Routledge.

Kriesi, H. 1996. The organizational structure of new social movements in a political context, pp. 152-184 in Comparative perspectives on social movements. Cambridge, edited by D. McAdam, J.D. McCarthy and M.N. Zald. Cambridge University Press.

Kwon, H. J. 1997. "Beyond European Welfare Regimes: comparative perspectives on East Asian Welfare systems." Journal of Social Policy, 26(4), 467-484.

Lambert, A. 2008. "Comparative Political Economy of Parental Leave and Child Care: Evidence from 20. OECD Countries." Social Politics. 15 (3).

Leira, A. 2002. Working Parents and the Welfare State: Family Change and

Policy Reform in Scandinavia. Cambridge, UK: Cambridge University Press.

Leira, A. 1998, The Modernisation of Motherhood, in Women, Work and the Family in Europe, edited by E. Drew, R. Emerek and E. Mahon. Routledge, London.

Lewis, J. 1992. "Gender and the development of welfare regimes." Journal of European Social Policy. 3, 159-73.

Lewis, J., and. I. Ostner. 1994. "Gender and the Evolution of European Social Policy'." pp.159-19. in European Social Policy. Between Fragmentation and Integration, edited by S. Leibfried and P. Pierson. Washington: Brooking.

Lewis, J. 1996. "Gender and welfare in Modern in Europe." Past and Present Society.

Lewis, J. 2001. "The Decline of the Male Breadwinner Model: Implication for Work and Care." Social Politics.

Lister, R. 1994. "he has other duties. Women, citizenship and social security." in Social Security and Social Change, edited by S. Baldwin and J. Falkingham. Harvester.

Lomardo and Meier. 2008. "Framing Gender Equality in the European Union Political Discourse." Oxford University press.

Lucal. 1999. "What it means to be gendered m e life on the boundaries of a dichotomous gender system." Gender and Society.

Lundqvist, Å., and C. Roman. 2008. "Construction(s) of Swedish Family Policy, 1930-2000". Journal of Family History, Vol. 33, No. 2, 216-236.

Mahon, R. 2002. "Child Care: Toward What Kind of Social Europe?" Social Politics: International Studies in Gender, State, and Society 9 (3):343‾79.

Marshall, T. H. 1950. "Citizenship and Social Class" in The Welfare State Reader, edited by C. Pierson and G. Castles.

Mandel, H., and M. Semyonov. 2005. "Family Polices, Wage Structures and Gender Gaps: Sources of Earnings Inequality in 20 Countries." American Sociological Review.

Martin. 2004. "Gender As Social Institution." Social Forces.

Mattes ,M. 2005. "Gender and Migration in Germany: The case of female labour migration from the 1950s to the 1970s."Frankfurt/ main; Campus verlag.

Maynard, Boehnen, Corbett, Sandefur and Mosley. 1998. "Changing Family Formation Behavior Through Welfare Reform." in Welfare, The Family, And Reproductive Behavior, edited by Moffitt(1998).

McIntosh, M. 1981. "Feminism and Social Policy." in The Welfare State Reader, edited by Pierson, C. and F. Castles.

Mink, G. 1995. "The Wages of Motherhood: Inequality in the Welfare State, 1917-1942". Ithaca: Cornell University Press.

Ministry of Health and Social Affairs. 2003, Sweden Social Insurance.

Misra. 1999. Women as Agents in Welfare State Development: A Cross-National Analysis of Family Allowance Adoption.

Montanari, I. 2000. "From family wage to marriage subsidy and child benefit: controversy and consensus in the development of family support." Journal of European Social Policy.

Mósesdóttir, L.1995. "The State and the Egalitzarian, Ecclestiastiacal and Liberalregimes of Gender Relations." British Journal of Sociology, vol 46, no 4, pp623-642.

Motiejunaite, A., and A. Höhne. 2006. "Female Employment and Gender-Role Attitudes in East/West Germany and the Baltic States (1990-1999)." Conference gender(in)equality in the european laobur market, Lisbon.

Nash, J.A. 1991. "Loving Nature: Ecological Integrity and Christian Responsibility. Abington Press, Nashville in cooperation with The Churches'

Center for Theology and Public Policy." Washington, D.C.

Neyer, G. 2003. "Family Policy and Low Fertility in Western Europe." Max Planck for Demographic Research.

O'Connor, J. 1993. "Gender Class and Citizenship in the Comparative Analysis of Welfare State Regimes: Theoretical and Methodological Issues." British Journal of Sociology, 44 (3).

O'onnor, J., Orloff, A. and S. Shaver. 1999. States, Markets, Families: Gender, Liberalism, and Social Policy in Australia, Canada, Great Britain, and the United States. Cambridge: Cambridge University Press.

OECD. 2007. OECD Database on Family Outcomes and Family Policies,/ www.oecd.org/els/social/family/database.

OECD. 2002. The U.S. was part of a 2000 OECD review of ECEC in twelve countries.

Olsen, G .M., and J. S. O'Connor, 1998. "Understanding the Welfare State: Power Resources Theory and Its Critics," in Power Resources Theory and the Welfare State, editedy by J.S. O'Connor and G.M. Olsen (eds.). Toronto: University of Toronto Press.

Orloff, A, S. 1993. "Gender and the Social Rights of Citizenship: The Comparative Analysis of Gender Relations and Welfare State", in: American Sociological Review 1993, Vol.53, June pp.303-328 (한국여성정책연구회 역, 복지국가와 여성정책, 서울: 새물결, 53-87 쪽).

Pavlova, A. 2004. "Shaping Equal Gender Policy in Sweden in 1960-70-s." Institute of General History, Russian Academy of Sciences.

Pfau-Effinger. 2004. "Social historical path of the male breadwinner model-an explanation of cross national difference." the British journal of sociological 2004 volume 55 issue 3.

Pateman, C. 1998. "The Patriarchal Welfare State." in The Welfare State Reader, edited by Pierson, C., and F. G. Castles. Blackwell Publisher Ltd.

Pascall, G. 1999. "UK Family Policy in the 1990s: The Case of New Labour And Lone Parents." International Journal of Law, Policy and the Family 13.

Pierson, P. 1991. Beyond the Welfare State, Oxford Polity Press.

Ragin, C. C. 1994. Constructing social research. Thousand Oaks, CA: Pine Forge Press.

Ray, Gornick and Schmitt. 2009, "Parental Leave Polices in 21 Countries." Center for economic and Policy Research.

R ø sen, M and M, Sundström. 2002. "Family policy and after-birth employment among new mothers - A Comparison of Finland, Norway and Sweden." European Journal of Population 18: 121-152.

Rodman. 1970. "Marital Power and the Theory of Resources in Cultural Context." Detroit : Merril-Palmer Institute.

Rollins, B. C., and S. J. Bahr, 1976. A theory of power of relationships. Journal of Marriage and Family, 38(4), 619-627.

Sainsbury, D. 1996. Gender, Equality and the Welfare State. Cambridge: Cambridge Univ. Press.

Sainsbury, D1999. "Gender and Social-Democratic Welfare State," in Gender and Welfare State Regime, edited by D. Sainsbury, ed. Oxford: OUP.

Saraceno, B. 1987. "Division of Family Labour and Gender Identity" in Women and the State: The Shifting Boundaries of Public and Private, edited by Anne Showstack Sassoon. London: Hutchinson.

Skocpol, T. 1992. "Protecting Soldiers and Mothers: The Political Origins of Social Policy in the United States." Camridge and London: Belknap Press of Harvard University Press.

Siaroff, A. 1994. "Work, Welfare and Gender Equality: A New Typology" in Gendering Welfare Regimes, edited by D. Sainsbury. London: Sage.

Stephens, J. 1979. The Transition from Capitalism to Socialism. London: Macmillan.

Sundström, M., and A. Duvander. 2002. "Gender division of child care and the sharing of parental leave among new parents in Sweden." European Sociological Review.

Statistics Sweden. 2004 Arbetskraftsundersökningen. Grundtabeller. Fjärde kvartalet. Statistiska centralbyrån.

Sevilla-Sanz. 2005. Social Effects, Household Time Allication, and the Decline in Union Formation, Congressional Budget Office Wahington DC, Working Paper/ 2002.

Government office of Sweden. 2008. Swedish family policy

The Clearinghouse. 2008. Sweden.

The Claeringhouse. 2009. Germany, USA.

UN. 2003. The Global Gender Gap Report .

UN. 2008. The Global Gender Gap Report 2008.

UNDP. 2008. Empower and Equal, Gender Equality strategy.

UNDP. 2007. Gender and Family. UNDP.

United Nation. 2006. Economic and Social Council, Commision on the Sttus of Women.

U .S, Library of Congress. 2009. "Women Labour".

U. S Bureau of Labour Statics, 2009, Current Population Survey.

United States. Congress. House. Committee on Ways and Means. Subcommittee on Human Resources(1994),"Welfare recipients -- Employment Law and legislation United States; Family policy -- United States; Child welfare -- United States; United States -- Social policy"Boston Public Library.

Warner, R. L., Lee, G. R., and Lee, J. 1986 Social organization, spousal resources, and marital power: a cross-cultural study. Journal of Marriage and the Family 48: 121-128.

Walby, S. 2001. "From community to coalition: the politics of recognition as the handmaiden of the politics of redistribution." Theory, Culture and Society. 18(2-). 113-35.

Walby, S. 1986. Patriarchy at Work. Cambridge: Polity Press.

Weiner, M. E. 1998. Human Services Management : Analysis and Applications. University of Connecticut. Wadsworth Publishing Company.

Weizman. 1985, "The Divorce Revolution." New York: Free Press.

Wennemo, I, 1998, "The Development of Family Policy." in Power Resources Theory and the Welfare State: A Critical Approach, edited by Julia S. O'Connor and Gregg M. Olsen eds, University of Toronto Press.

Wennemo, I. 1994. "Sharing the costs of children. Studies on the development of family support in the OECD countries." Swedish institute for social research 25. Stockholm.

Willenseky et al. 1985. Comparative Social Policy. University of California.

Woodward, Kath(1997), "Feminist Critiques of Social Policy", in: Lavalette, M./Prat, A. (eds.), Social Policy: A Conceptual and Theoretical Introduction, London, Sage Publication (한국여성정책연구회 역, 복지국가와 여성정책, 서울: 새물결, 89-113쪽).

Worldbank. 2001. Engendering Development Through Gender Equality in Rights, Resources and Voice. World Bank Policy Research Report. New York. Oxford University Press.

WorldBank. 2000. Engendering Development. Worldbank Washington.

World Economic Forum. 2008. Global Gender Gap Report.

World Economic Forum. 2005. Annual Report 2004/2005.

Women's Studies Institute : WSI. 2005. Economic and social situation of women 2005.

Zimmerman. 1995. Understanding Family Policy : Theories and application. Sage.

전자방

www.childpolicyintl.org/loneparents.html
www.irs.gov (미국 국세청)
www.hhs.gov (미국 보건복지부)
www.wagehour.dol.gov (미국 노동부)
www.ilo.org (국제노동기구)
www.oecd.org(국제협력기구)
www.undp.org(유엔개발부)

기타자료

월간 노동, 2003년 10월호.
여성신문, 2009년 7월 8일자.
원주인터넷뉴스, 2007년 11월 20일자.
월간노동, 2003년 10월호.
한계례신문, 2004년 5월 12일자.
한계례신문, 2008년 12월 12일자.

▌저자약력▌

홍 세 영

성균관대학교 사회복지 석사
성균관대학교 사회복지 박사
현 성균관대학교 사회복지 연구소 선임연구원

세계여성 복지정책의 비교연구

초판인쇄 2010년 10월 27일
초판발행 2010년 11월 08일

저   자 홍세영
발 행 인 윤석현
발 행 처 도서출판 박문사
책임편집 김진화
등록번호 제2009-11호

우편주소 ㉾132-702 서울시 도봉구 창동 624-1 현대홈시티 102-1206
대표전화 (02) 992 / 3253
전   송 (02) 991 / 1285
홈페이지 http://www.jncbms.co.kr
전자우편 bakmunsa@hanmail.net

ISBN 978-89-94024-47-9 93330   **정가** 16,000원